CW00518411

ISBN 978-0-260-38001-2
PIBN 10944876

For support please visit www.forgottenbooks.com

LA

PRESSE PARISIENNE

— 1853 —

DE SOYE ET BOUCHET IMPRIMEURS RUE DE SEINE 36

— PARIS —

LA PRESSE
PARISIENNE

STAT'STIQUE

BIBLIOGRAPHIQUE ET ALPHABÉTIQUE

DE TOUS LES JOURNAUX

REVUES ET CANARDS PÉRIODIQUES
NÉS, MORTS, RESSUSCITÉS OU MÉTAMORPHOSÉS A PARIS
DEPUIS LE 22 FÉVRIER 1848 JUSQU'A L'EMPIRE

CATALOGUE CURIEUX ET COMPLET

Indiquant minutieusement les titres, sous-titres, devises et épigraphes de chaque
journal, revue, etc , son degré de rareté, sa couleur apparente ou cachee, ses diverses spécialités,
les noms de ses collaborateurs, gérants, fondateurs, signataires ou anonymes, l'adresse
des bureaux qu'il habitait, le nom de l'imprimerie, etc., etc., etc.

PRÉCÉDÉ DES LOIS ACTUELLES QUI RÉGISSENT LA PRESSE, ET SUIVI DE LA LISTE EXACTE
DE TOUS LES JOURNAUX DES DÉPARTEMENTS

PAR HENRY IZAMBARD

PRIX 1 FRANC

PARIS
P.-H. KRABBE, LIBRAIRE-ÉDITEUR
RUE DE SAVOIE, 12

1853

AVANT-PROPOS.

    Jamais époque n'a vu naître et mourir une aussi curieuse population de journaux que ceux parus à Paris, depuis l'avènement de la République en 1848 jusqu'à la proclamation de l'Empire, le 2 décembre 1852. Aussi, pensons-nous intéresser le public en lui apprenant les titres, sous-titres, épigraphes et qualités, l'inconnu, l'histoire secrète et les mystères de la rédaction de ces feuilles excentriques qui, pour la plupart, n'ont vécu que l'espace d'un soir ou d'un matin. Nous avons minutieusement dressé notre catalogue afin qu'il fût plus qu'une nomenclature bibliographique et qu'il procurât de curieux éléments à l'histoire de la presse parisienne.

    Ce qu'il y a de remarquable dans la liste funèbre des journaux depuis 1848, ce n'est pas sa longueur, ni la grande variété des titres que le nouvel état des choses a fait imaginer, c'est la manière plus ou moins ingenieuse dont une quantité de publications périodiques se sont engendrées, métamorphosées, transformées et fondues les unes dans les autres. Telle feuille naît philippiste, vingt-quatre heures après sa mort renaît montagnarde; le troisième jour elle ressuscite légitimiste, puis revit gouvernementale et finit par s'éteindre sous la forme d'un programme de théâtre. Il en est qui, plutôt que de se laisser mourir, ont changé dix fois de suite d'enseigne et de couleur politique.

A ce sujet, bien des détails sont restés ignorés : personne ne s'est aperçu, pas même M. le rapporteur de la commission d'enquête (chapitre des journaux issus de février), que pendant cinq mois une gazette légitimiste a publié tous les jours un journal qui changeait presque chaque fois de titre, de devise, de bureau, de gérant et d'imprimeur, et qui pourtant était toujours le même, déguisé tous les matins. Chacun ignore aussi les tribulations d'un autre organe dévoué au comte de Chambord, et dont le rédacteur en chef, qui se trouvait en même temps administrateur et caissier, a changé d'adresse en laissant son imprimeur *inconsolable*.

Tel est, en résumé, le programme des renseignements que nous offrons dans l'*Histoire bibliographique de la Presse parisienne*, heureux si nous avons réussi à simplifier la tâche des collectionneurs et à faire une œuvre utile.

Henry IZAMBARD.

LOIS ACTUELLES

QUI RÉGISSENT LA PRESSE

La loi du 16 juillet 1850, sur le Cautionnement des Journaux et le Timbre des Écrits périodiques et non périodiques, insérée au Bulletin 289, n° 2294, doit être
rectifiée de la manière suivante :

Du 16 juillet 1850.
(Promulguée le 19 juillet 1850.)

L'ASSEMBLÉE NATIONALE A ADOPTÉ D'URGENCE LA LOI dont
la teneur suit :

TITRE Ier

DU CAUTIONNEMENT.

ART. 1er. Les propriétaires de journaux ou écrits périodiques politiques seront tenus de verser au Trésor un cautionnement en numéraire, dont l'intérêt sera payé au taux réglé
pour les cautionnements.

Pour les départements de la Seine, de Seine-et-Oise, de
Seine-et-Marne et du Rhône, le cautionnement des journaux
est fixé comme suit :

Si le journal ou écrit périodique paraît plus de trois fois
par semaine, soit à jour fixe, soit par livraisons irrégulières,
le cautionnement sera de vingt-quatre mille francs.

Le cautionnement sera de dix-huit mille francs si le journal ne paraît que trois fois par semaine ou à des intervalles
plus éloignés.

Dans les villes de cinquante mille âmes et au-dessus, le cautionnement des journaux paraissant plus de cinq fois par semaine sera de six mille francs. Il sera de trois mille six cents francs dans les autres départements, et respectivement de la moitié de ces deux sommes pour les journaux et écrits périodiques paraissant cinq fois par semaine ou à des intervalles plus éloignés.

2. Il est accordé aux propriétaires des journaux ou écrits périodiques politiques actuellement existants un délai d'un mois, à compter de la promulgation de la présente loi, pour se conformer aux dispositions qui précèdent.

3. Tout article de discussion politique, philosophique ou religieuse, inséré dans un journal, devra être signé par son auteur, sous peine d'une amende de cinq cents francs pour la première contravention, et de mille francs en cas de récidive.

Toute fausse signature sera punie d'une amende de mille francs et d'un emprisonnement de six mois, tant contre l'auteur de la fausse signature que contre l'auteur de l'article et l'éditeur responsable du journal.

4. Les dispositions de l'article précédent seront applicables à tous les articles, quelle que soit leur étendue, publiés dans des feuilles politiques ou non politiques, dans lesquels seront discutés des actes ou opinions des citoyens, et des intérêts individuels ou collectifs.

5. Lorsque le gérant d'un journal ou écrit périodique paraissant dans les départements autres que ceux de la Seine, de Seine-et-Oise, de Seine-et-Marne ou du Rhône, aura été renvoyé devant la cour d'assises par un arrêt de mise en accusation pour crime ou délit de presse, si un nouvel arrêt de mise en accusation intervient contre les gérants de la même publication avant la décision définitive de la cour d'assises, une somme égale à la moitié du maximum des amendes édictées par la loi, pour le fait nouvellement incriminé, devra être consignée dans les trois jours de la notification de chaque arrêt, et nonobstant tout pourvoi en cassation.

En aucun cas, le montant des consignations ne pourra dépasser un chiffre égal à celui du cautionnement.

6. Dans les trois jours de tout arrêt de condamnation pour

crime ou délit de presse, le gérant du journal devra acquitter le montant des condamnations qu'il aura encourues.

En cas de pourvoi en cassation, le montant des condamnations sera consigné dans le même délai.

7. La consignation ou le payement prescrit par les articles précédents sera constaté par une quittance délivrée en duplicata par le receveur des domaines.

Cette quittance sera, le quatrième jour au plus tard, soit de l'arrêt rendu par la cour d'assises, soit de la notification de l'arrêt de la chambre des mises en accusation, remise au procureur de la République, qui en donnera récépissé.

8. Faute par le gérant d'avoir remis la quittance dans les délais ci-dessus fixés, le journal cessera de paraître, sous les peines portées contre tout journal publié sans cautionnement.

9. Les peines pécuniaires prononcées pour crimes et délits par les lois sur la presse et autres moyens de publication ne se confondront pas entre elles, et seront toutes intégralement subies, lorsque les faits qui y donneront lieu seront postérieurs à la première poursuite.

10. Pendant les vingt jours qui précéderont les élections, les circulaires et professions de foi signées des candidats pourront, après dépôt au parquet du procureur de la République, être affichées et distribuées sans autorisation de l'autorité municipale.

11. Les dispositions des lois du 9 juin 1819 et 18 juillet 1828 qui ne sont pas contraires à la présente loi continueront à être exécutées.

La loi du 9 août 1848 et celle du 21 avril 1849 sont abrogées.

TITRE II.

DU TIMBRE.

12. A partir du 1er août prochain, les journaux ou écrits périodiques, ou les recueils périodiques de gravures ou lithographies politiques, de moins de dix feuilles de vingt-cinq à trente-deux décimètres carrés, ou de moins de cinq feuilles de cinquante à soixante et douze décimètres carrés, seront soumis à un droit de timbre.

Ce droit sera de cinq centimes par feuille de soixante et douze décimètres carrés et au-dessous, dans les départements de la Seine et de Seine-et-Oise, et de deux centimes pour les journaux, gravures ou écrits périodiques publiés partout ailleurs.

13. Les écrits non périodiques traitant de matières politiques ou d'économie sociale qui ne sont pas actuellement en cours de publication, ou qui, antérieurement à la présente loi, ne sont pas tombés dans le domaine public, s'ils sont publiés en une ou deux livraisons ayant moins de trois feuilles d'impression de vingt-cinq à trente-deux décimètres carrés, seront soumis à un droit de timbre de cinq centimes.

Par chaque dix décimètres carrés ou fraction en sus, il sera perçu un centime et demi.

Cette disposition est applicable aux écrits non périodiques publiés à l'étranger, lesquels seront, à l'importation, soumis aux droits de timbre fixés pour ceux publiés en France.

14. Tout roman-feuilleton publié dans un journal ou dans son supplément sera soumis à un timbre de un centime par numéro.

Ce droit ne sera que d'un demi-centime pour les journaux des départements autres que ceux de la Seine et de Seine-et-Oise.

15. Le timbre servira d'affranchissement au profit des éditeurs de journaux et écrits, savoir :

Celui de cinq centimes, pour le transport et la distribution sur tout le territoire de la République ; celui de deux centimes pour le transport des journaux et écrits périodiques dans l'intérieur du département (autre que ceux de la Seine et de Seine-et-Oise) où ils sont publiés, et des départements limitrophes.

Les journaux ou écrits seront transportés et distribués par le service ordinaire de l'administration des postes.

16. Les journaux ou écrits périodiques frappés du timbre de deux centimes devront, pour être transportés et distribués hors des limites déterminées par le troisième paragraphe de l'article précédent, payer un supplément de prix de trois centimes.

Ce supplément de prix sera acquitté au bureau de poste du

départ, et le journal sera frappé d'un timbre constatant l'acquittement de ce droit.

17. L'affranchissement résultant du timbre ne sera valable, pour les journaux et écrits périodiques, que pour le jour et pour le départ du lieu de leur publication.

Pour les autres écrits, il ne sera également valable que pour un seul transport, et le timbre sera maculé au départ par les soins de l'administration.

Toutefois, les éditeurs des journaux ou écrits périodiques auront le droit d'envoyer en franchise à tout abonné, avec la feuille du jour, les numéros publiés depuis moins de trois mois.

18. Un supplément qui n'excédera pas soixante et douze décimètres carrés, publié par les journaux qui paraissent plus de deux fois par semaine, sera exempt de timbre, sous la condition qu'il sera uniquement consacré aux nouvelles politiques, aux débats de l'Assemblée nationale et des tribunaux, à la reproduction et à la discussion des actes du Gouvernement.

Les suppléments du *Moniteur universel*, quel que soit leur nombre, seront exempts du timbre.

19. Quiconque, autre que l'éditeur, voudra faire transporter un journal ou écrit par la poste sera tenu d'en payer l'affranchissement à raison de cinq centimes ou de deux centimes par feuille, selon les cas prévus par la présente loi.

Le journal sera frappé, au départ, d'un timbre indiquant cet affranchissement.

A défaut de cet affranchissement, le journal sera, à l'arrivée, taxé comme lettre simple.

20. Une remise de un pour cent sur le timbre sera accordée aux éditeurs de journaux et d'écrits périodiques pour déchets de maculature.

Il sera fait remise d'un centime par feuille de journal qui sera transportée et distribuée aux frais de l'éditeur dans l'intérieur de la ville, et en outre, à Paris, dans l'intérieur de la petite banlieue.

Les conditions à observer pour jouir de cette remise seront fixées par un arrêté du ministre des finances.

21. Un règlement déterminera le mode d'apposition du

timbre sur les journaux ou écrits, la place où devra être indiqué le jour de leur publication, le mode de pliage, enfin les conditions à observer pour la remise à la poste des journaux ou écrits, par les éditeurs qui voudront profiter de l'affranchissement.

22. Les recueils et écrits périodiques qui étaient dispensés du timbre avant le décret du 4 mars 1848 continueront à jouir de cette exemption.

23. Les préposés de l'enregistrement, les officiers de police judiciaire et les agents de la force publique sont autorisés à saisir ceux de ces journaux ou écrits qui seraient en contravention, sauf à constater cette saisie par des procès-verbaux dont la signification sera faite aux contrevenants dans le délai de trois jours.

24. Pour les journaux, gravures ou écrits périodiques, chaque contravention aux dispositions de la présente loi sera punie, indépendamment de la restitution des droits frustrés, d'une amende de cinquante francs pour chaque feuille ou fraction de feuille non timbrée. L'amende sera de cent francs en cas de récidive.

Pour les autres écrits, chaque contravention sera punie, indépendamment de la restitution des droits frustrés, d'une amende égale au double desdits droits, sans que, dans aucun cas, cette amende puisse être moindre de deux cents francs.

Les auteurs, éditeurs, gérants, imprimeurs et distributeurs desdits journaux ou écrits soumis au timbre seront solidairement tenus de l'amende, sauf leur recours les uns contre les autres.

25. Le recouvrement des droits de timbre et des amendes de contravention sera poursuivi, et les instances seront instruites et jugées conformément à l'article 76 de la loi du 28 avril 1816 (1).

(1) Loi du 28 avril 1816, art. 76. Le recouvrement des droits de timbre et des amendes de contraventions y relatives sera poursuivi par voie de contrainte ; et, en cas d'oppositions, les instances seront instruites et jugées selon les formes prescrites par les lois des 22 frimaire an VII et 27 ventôse an IX sur l'enregistrement.

En cas de décès des contrevenants, lesdits droits et amendes seront dus par leurs successeurs, et jouiront, soit dans les successions, soit

DISPOSITIONS TRANSITOIRES.

26. Le droit de timbre afférent aux abonnements contractés avant la promulgation de la présente loi sera remboursé aux propriétaires de journaux ou écrits périodiques.

Un règlement déterminera le délai et la forme des réclamations, ainsi que les justifications à produire.

Cette dépense sera imputée sur le crédit alloué au chapitre 70 du budget des finances concernant les remboursements sur produits indirects et divers.

Un crédit supplémentaire de trente-cinq mille francs sur l'exercice 1850 est ouvert au ministre des finances pour l'exécution de la présente loi.

27. Il est accordé aux journaux actuellement existants, pour se conformer aux conditions imposées par les articles 3 et 4, un délai de deux mois, à partir du jour de la promulgation de la présente loi.

Le ministre des finances est autorisé à tenir compte aux éditeurs de journaux du prix du timbre pour les feuilles timbrées avant le décret du 4 mars 1848, et qui n'ont pas été employées.

28. Sont affranchis du cautionnement et du timbre tous journaux et publications imprimés en France, en langues étrangères, mais destinés à être publiés et distribués dans les pays etrangers.

Délibéré en séance publique, à Paris, le 16 juillet 1850.

Le président et les secrétaires,

Signé : DUPIN, ARNAUD (de l'Ariége), LACAZE, PEUPIN, CHAPOT, BÉRARD, DE HEECKEREN.

La présente loi sera promulguée et scellée du sceau de l'État.

Le président de la République,
Signé : LOUIS-NAPOLÉON BONAPARTE.

Le garde des sceaux, ministre de la justice,
Signé : E. ROUHER.

dans les faillites ou tous autres cas, du privilége des contributions directes.

DÉCRET

Qui défère aux tribunaux de police correctionnelle la connaissance de tous les délits prévus par les lois sur la presse, et commis au moyen de la parole.

Du 31 décembre 1851. (Promulgué le 7 janvier 1852.)

Le Président de la République,

Sur le rapport du garde des sceaux, ministre de la justice;

Considérant que, parmi les délits prévus par les lois en vigueur sur la presse, ceux qui sont commis au moyen de la parole, tels que les délits d'offenses verbales ou de cris séditieux, se sont considérablement multipliés;

Considérant que l'attribution à la cour d'assises de la connaissance de ces délits rend la répression moins rapide et moins efficace;

Considérant qu'il est de principe que les lois de procédure et de compétence sont immédiatement applicables aux affaires non encore jugées,

Décrète :

Art. 1er. La connaissance de tous les délits prévus par les lois sur la presse et commis au moyen de la parole est déférée aux tribunaux de police correctionnelle.

Art. 2. Ces tribunaux connaîtront de ceux de ces délits qui ont été commis antérieurement au présent décret, et ne sont pas encore jugés contradictoirement.

Art. 3. Les poursuites seront dirigées selon les formes et règles prescrites par le Code d'instruction criminelle pour la juridiction correctionnelle.

Fait au palais de l'Élysée, le 31 décembre 1851.

Signé : LOUIS-NAPOLÉON BONAPARTE.

Le garde des sceaux ministre de la justice,

Signé : E. ROUHER.

(B. 490. — No 3651.) DÉCRET organique sur la presse.

Du 17 février 1852 (Promulgué le 23 février 1852.)

LOUIS-NAPOLÉON, Président de la République française, décrété :

CHAPITRE I.

De l'autorisation préalable et du cautionnement des journaux et écrits périodiques.

Art. 1er. Aucun journal ou écrit périodique traitant de matières politiques ou d'économie sociale, et paraissant, soit régulièrement et à jour fixe, soit par livraison et irrégulièrement, ne pourra être créé ou publié sans l'autorisation préalable du gouvernement.

Cette autorisation ne pourra être accordée qu'à un Français majeur, jouissant de ses droits civils et politiques.

L'autorisation préalable du gouvernement sera pareillement nécessaire, à raison de tous changements opérés dans le personnel des gérants, rédacteurs en chef, propriétaires ou administrateurs d'un journal.

Art. 2. Les journaux politiques ou d'économie sociale publiés à l'étranger, ne pourront circuler en France qu'en vertu d'une autorisation du gouvernement.

Les introducteurs ou distributeurs d'un journal étranger dont la circulation n'aura pas été autorisée, seront punis d'un emprisonnement d'un mois à un an, et d'une amende de cent francs à cinq mille francs.

Art. 3. Les propriétaires de tout journal ou écrit périodique traitant de matières politiques ou d'économie sociale sont tenus, avant sa publication, de verser au Trésor un cautionnement en numéraire, dont l'intérêt sera payé au taux réglé pour les cautionnements.

Art. 4. Pour les départements de la Seine, de Seine-et-Oise, de Seine-et-Marne et du Rhône, le cautionnement est fixé ainsi qu'il suit :

Si le journal ou écrit périodique paraît plus de trois fois par semaine, soit à jour fixe, soit par livraisons irrégulières, le cautionnement sera de cinquante mille francs (50,000 fr.).

Si la publication n'a lieu que trois fois par semaine ou a des intervalles plus éloignés, le cautionnement sera de trente mille francs (30,000 fr.).

Dans les villes de cinquante mille âmes et au-dessus, le cautionnement des journaux ou écrits périodiques paraissant plus de trois fois par semaine, sera de vingt-cinq mille francs (25,000 fr.).

Il sera de quinze mille francs dans les autres villes, et, respectivement, de moitié de ces deux sommes pour les journaux ou écrits périodiques paraissant trois fois par semaine ou à des intervalles plus éloignés.

Art. 5. Toute publication de journal ou écrit périodique sans autorisation préalable, sans cautionnement ou sans que le cautionnement soit complété, sera punie d'une amende de cent à deux mille francs pour chaque numéro ou livraison publiée en contravention, et d'un emprisonnement d'un mois à deux ans.

Celui qui aura publié le journal ou écrit périodique, et l'imprimeur, seront solidairement responsables.

Le journal ou écrit périodique cessera de paraître.

CHAPITRE II.

Du timbre des journaux périodiques.

Art. 6. Les journaux ou écrits périodiques, et les recueils périodiques de gravures ou lithographies politiques de moins de dix feuilles de vingt-cinq à trente-deux décimètres carrés, ou de moins de cinq feuilles de cinquante à soixante-douze décimètres carrés, seront soumis à un droit de timbre.

Ce droit sera de six centimes par feuille de soixante-et-douze décimètres carrés et au-dessous, dans les départements de la Seine et de Seine-et-Oise, et de trois centimes pour les journaux, gravures ou écrits périodiques publiés partout ailleurs.

Pour chaque fraction en sus de dix centimètres carrés et au-dessous, il sera perçu un centime et demi dans les départements de la Seine et de Seine-et-Oise, et un centime partout ailleurs.

Les suppléments du journal officiel, quel que soit leur nombre, sont exempts du timbre.

Art. 7. Une remise de un pour cent sur le timbre sera accordée aux éditeurs de journaux ou écrits périodiques pour
déchets de maculature.

Art. 8. Les droits de timbre imposés par la présente loi
seront applicables aux journaux et écrits périodiques publiés
à l'étranger, sauf les conventions diplomatiques contraires.

Un règlement d'administration publique déterminera le
mode de perception de ce droit.

Art. 9. Les écrits non périodiques traitant de matières politiques ou d'économie sociale, qui ne sont pas actuellement
en cours de publication, ou qui, antérieurement à la présente loi, ne sont pas tombés dans le domaine public, s'ils
sont publiés en une ou plusieurs livraisons ayant moins de
dix feuilles d'impression de vingt-cinq a trente deux décimètres carrés, seront soumis à un droit de timbre de cinq
centimes par feuille.

Il sera perçu un centime et demi par chaque fraction en
sus de dix décimètres carrés et au-dessous.

Cette disposition est applicable aux écrits non périodiques
publiés à l'étranger ; ils seront, à l'importation, soumis aux
droits de timbre fixés pour ceux publiés en France.

Art. 10. Les préposés de l'enregistrement, les officiers de
police judiciaire et les agents de la force publique sont autorisés à saisir les journaux ou écrits périodiques qui seraient
en contravention aux présentes dispositions du timbre.

Ils devront constater cette saisie par des procès verbaux,
qui seront signifiés aux contrevenants dans le délai de trois
jours.

Art. 11. Chaque contravention aux dispositions de la présente loi, pour les journaux, gravures ou écrits périodiques,
sera punie, indépendamment de la restitution des droits frustrés, d'une amende de cinquante francs par feuille ou fraction de feuille non timbrée ; elle sera de cent francs en cas de
récidive. L'amende ne pourra, au total, dépasser le chiffre
du cautionnement.

Pour les autres écrits, chaque contravention sera punie,
indépendamment de la restitution des droits frustrés, d'une
amende égale au double desdits droits.

Cette amende ne pourra, en aucun cas, être inférieure à

deux cents francs, ni dépasser en total cinquante mille francs.

Art. 12. Le recouvrement des droits de timbre et des amendes de contravention sera poursuivi, et les instances seront instruites et jugées conformément à l'article 76 de la loi du 28 avril 1816.

Art. 13. En outre des droits de timbre fixés par la présente loi, les tarifs existant antérieurement à la loi du 16 juillet 1850, pour le transport, par la poste, des journaux et autres écrits, sont remis en vigueur.

CHAPITRE III.

Délits et contraventions non prévus par les lois antérieures.
— Juridiction. — Exécution des jugements. — Droit de suspension et de suppression.

Art. 14. Toute contravention à l'article 42 de la Constitution sur la publication des comptes rendus officiels des séances du Corps législatif, sera punie d'une amende de mille à cinq mille francs.

Art. 15. La publication ou la reproduction de nouvelles fausses, de pièces fabriquées, falsifiées ou mensongères, attribuées à des tiers, sera punie d'une amende de cinquante à mille francs.

Si la publication ou reproduction est faite de mauvaise foi, ou si elle est de nature à troubler la paix publique, la peine sera d'un mois à un an d'emprisonnement, et d'une amende de cinq cents à mille francs. Le maximum de la peine sera appliqué si la publication ou reproduction est tout à la fois de nature à troubler la paix publique et faite de mauvaise foi.

Art. 16. Il est interdit de rendre compte des séances du Sénat autrement que par la reproduction des articles insérés au journal officiel.

Il est interdit de rendre compte des séances non publiques du conseil d'État.

Art. 17. Il est interdit de rendre compte des procès pour délits de presse. La poursuite pourra seulement être annoncée ; dans tous les cas, le jugement pourra être publié.

Dans toutes affaires civiles, correctionnelles ou criminelles, les cours et tribunaux pourront interdire le compte rendu du procès. Cette interdiction ne pourra s'appliquer au jugement, qui pourra toujours être publié.

Art. 18. Toute contravention aux dispositions des articles 16 et 17 de la présente loi, sera punie d'une amende de cinquante francs à cinq mille francs, sans préjudice des peines prononcées par la loi, si le compte rendu est infidèle et de mauvaise foi.

Art. 19. Tout gérant sera tenu d'insérer, en tête du journal, les documents officiels, relations authentiques, renseignements, réponses et rectifications qui lui seront adressées par un dépositaire de l'autorité publique.

La publication devra avoir lieu dans le plus prochain numéro qui paraîtra après le jour de la réception des pièces.

L'insertion sera gratuite.

En cas de contravention, les contrevenants seront punis d'une amende de cinquante francs à mille francs. En outre, le journal pourra être suspendu par voie administrative pendant quinze jours au plus.

Art. 20. Si la publication d'un journal ou écrit périodique frappé de suppression ou de suspension administrative ou judiciaire est continuée sous le même titre ou sous un titre déguisé, les auteurs, gérants ou imprimeurs seront condamnés à la peine d'un mois à deux ans d'emprisonnement, et, solidairement, à une amende de cinq cents francs à trois mille francs, par chaque numéro ou feuille publiée en contravention.

Art. 21. La publication de tout article traitant de matières politiques ou d'économie sociale, et émanant d'un individu condamné à une peine afflictive et infamante, ou infamante seulement, est interdite.

Les éditeurs, gérants, imprimeurs qui auront concouru à cette publication, seront condamnés solidairement à une amende de mille à cinq mille francs.

Art. 22. Aucuns dessins, aucunes gravures, lithographies, médailles, estampes ou emblèmes de quelque nature et espèce qu'ils soient, ne pourront être publiés, exposés ou mis en vente sans l'autorisation préalable du ministre de la police à Paris, ou des préfets dans les départements.

En cas de contravention, les dessins, gravures, lithogra-

phies, médailles, estampes ou emblèmes pourront être con-
fisqués, et ceux qui les auront publiés seront condamnés à
un emprisonnement d'un mois à un an, et à une amende de
cent francs à mille francs.

Art. 23. Les annonces judiciaires exigées par les lois pour
la validité ou la publicité des procédures ou des contrats seront insérées, à peine de nullité de l'insertion, dans le journal ou les journaux de l'arrondissement qui seront désignés,
chaque année, par le préfet.

A défaut du journal dans l'arrondissement, le préfet dési-
gnera un ou plusieurs journaux du département.

Le préfet réglera en même temps le tarif de l'impression
de ces annonces.

Art. 24. Tout individu qui exerce le commerce de la librairie sans avoir obtenu le brevet exigé par l'article 11 de
la loi du 2 octobre 1814, sera puni d'une peine d'un mois à
deux ans d'emprisonnement, et d'une amende de cent francs
à deux mille francs. L'établissement sera fermé.

Art. 25. Seront poursuivis devant les tribunaux de police
correctionnels : 1° les délits commis par la voie de la presse
ou tout autre moyen de publication mentionné dans l'article 1er de la loi du 17 mai 1819, et qui avaient été attribués
par les lois antérieures à la compétence des cours d'assises;
2° les contraventions sur la presse prévues par les lois antérieures ; 3° les délits et contraventions édictés par la présente loi.

Art. 26. Les appels des jugements rendus par les tribunaux
correctionnels sur les délits commis par la voie de la presse
seront portés directement, sans distinction de la situation
locale de ces tribunaux, devant la chambre correctionnelle
de la cour d'appel.

Art. 27. Les poursuites auront lieu dans les formes et délais prescrits par le Code d'instruction criminelle.

Art. 28. En aucun cas, la preuve par témoins ne sera
admise pour établir la réalité des faits injurieux ou diffama-
toires.

Art. 29. Dans les trois jours de tout jugement ou arrêt
définitif de contravention de presse, le gérant du journal

devra acquitter le montant des condamnations qu'il aura encourues ou dont il sera responsable.

En cas de pourvoi en cassation, le montant des condamnations sera consigné dans le même délai.

Art. 30. La consignation ou le paiement prescrit par l'article précédent sera constaté par une quittance délivrée en duplicata par le receveur des domaines.

Cette quittance sera, le quatrième jour au plus tard, remise au procureur de la République, qui en donnera récépissé.

Art. 31. Faute par le gérant d'avoir remis la quittance dans les délais ci-dessus fixés, le journal cessera de paraître, sous les peines portées par l'article 5 de la présente loi.

Art. 32. Une condamnation pour crime commis par la voie de la presse, deux condamnations pour délits ou contraventions commis dans l'espace de deux années, entraînent de plein droit la suppression du journal dont les gérants ont été condamnés.

Après une condamnation prononcée pour contravention ou délit de presse contre le gérant responsable d'un journal, le gouvernement a la faculté, pendant les deux mois qui suivent cette condamnation, de prononcer, soit la suspension temporaire, soit la suppression du journal.

Un journal peut être suspendu par décision ministérielle, alors même qu'il n'a été l'objet d'aucune condamnation, mais après deux avertissements motivés, et pendant un temps qui ne pourra excéder deux mois.

Un journal peut être supprimé, soit après une suspension judiciaire ou administrative, soit par mesure de sûreté générale, mais par un décret spécial du Président de la République, publié au *Bulletin des Lois.*

CHAPITRE IV.
Dispositions transitoires.

Art. 33. Les propriétaires de journaux ou écrits périodiques politiques actuellement existants sont dispensés de l'autorisation exigée par l'art. 1er de la présente loi. Il leur est accordé un délai de deux mois pour compléter leur cautionnement. A l'expiration de ce délai, si le cautionnement n'est pas complété et si la publication continue, l'art. 9 de la présente loi sera appliqué.

Art. 34. Les dispositions de la présente loi relatives au timbre des journaux et écrits périodiques ne seront exécutoires qu'à partir du 1er mars prochain.

Les droits de timbre et de poste afférents aux abonnements contractés avant la promulgation de la présente loi, seront remboursés aux propriétaires de journaux ou écrits périodiques.

Les réclamations et justifications nécessaires seront faites dans les formes et délais déterminés par le décret réglementaire du 27 juillet 1850.

Cette dépense sera imputée sur le crédit alloué au chapitre LXX du budget des finances, concernant les remboursements sur produits indirects et divers.

Art. 35. Un délai de trois mois est accordé pour obtenir un brevet de libraire à ceux qui n'en ont pas obtenu et font actuellement le commerce de la librairie.

Après ce délai, ils seront passibles, s'ils continuent leur commerce, des peines édictées par l'article 24 de la présente loi.

Art. 36. La présente loi n'est pas applicable à l'Algérie et aux colonies.

Sont abrogées les dispositions des lois antérieures contraires à la présente loi, et notamment les articles 17 et 18 de la loi du 16 juillet 1850.

Art. 37. Les ministres sont chargés, chacun en ce qui le concerne, de l'exécution du présent décret.

Fait au palais des Tuileries, le 17 février 1852.

Signé : LOUIS-NAPOLÉON.

Par le Président :

Le ministre d'État, signé : X. DE CASABIANCA.

(B. 492. — N° 3693.) DÉCRET portant que les délits dont la connaissance est actuellement attribuée aux cours d'assises, et qui ne sont pas compris dans les décrets des 31 décembre 1851 et 17 février 1852, seront jugés par les tribunaux correctionnels.

Du 25 février 1852. (Promulgué le 29 février 1852.)

LOUIS-NAPOLÉON, Président de la République,

Sur le rapport du garde des sceaux, ministre secrétaire d'État au département de la justice;

Considérant que la règle de compétence posée par l'article 179 du Code d'instruction criminelle forme le droit commun; que déjà la connaissance des délits commis au moyen de la parole ou de la presse a été restituée aux tribunaux de police correctionnelle par les décrets des 31 décembre 1851 et 17 février 1852;

Qu'on ne saurait, sans une véritable anomalie, laisser encore aux cours d'assises la connaissance de quelques autres délits analogues par leur nature ou assimilés par le législateur à ceux qui sont déjà rentrés dans la règle commune;

Considérant qu'il est de principe que les lois de procédure et de compétence sont immédiatement applicables aux affaires à l'égard desquelles il n'y a pas jugement ou dessaisissement,

Décrète :

Art. 1er. Tous les délits dont la connaissance est actuellement attribuée aux cours d'assises, et qui ne sont pas compris dans les décrets des 31 décembre 1851 et 17 février 1852, seront jugés par les tribunaux correctionnels, sauf les cas pour lesquels il existe des dispositions spéciales à raison des fonctions ou de la qualité des inculpés.

Art. 2. Ces juridictions connaîtront de ceux de ces délits qui ont été commis antérieurement au présent décret, et sur lesquels il n'aurait pas été statué autrement.

Art. 3. Les poursuites seront dirigées selon les formes et les règles prescrites par le Code d'instruction criminelle.

Art. 4. Sont et demeurent abrogées toutes dispositions relatives à la compétence, contraires au présent décret; et notamment celles qui résultent de la loi du 8 octobre 1830, en matière de délits politiques ou réputés tels; de l'art. 6 de la loi du 10 décembre 1830, relative aux afficheurs et crieurs publics; de l'art. 10 du décret du 7 juin 1848, sur les délits d'attroupement; de l'art. 16, paragraphe 2, de la loi du 28 juillet 1848, sur les clubs et les sociétés secrètes; de l'art. 117 de la loi électorale du 15 mars 1849.

Art. 5. Le garde des sceaux, ministre secrétaire d'État au département de la justice, est chargé de l'exécution du présent décret.

Fait au palais des Tuileries, le 25 février 1852.

Signé : LOUIS-NAPOLÉON.

Le garde des sceaux, ministre secrétaire d'État au département de la justice,

Signé : ABBATUCCI.

———————

(B. 502. — N° 3786.) DÉCRET *relatif au timbre des journaux et écrits périodiques, et des écrits non périodiques traitant de matières politiques ou d'économie sociale, publiés à l'étranger et importés en France.*

Du 1er mars 1852. (Promulgué le 20 mars 1852.)

LOUIS-NAPOLÉON, Président de la République française,

Vu le décret organique sur la presse du 17 février 1852;

Vu l'ordonnance du 13 décembre 1842, relative à l'importation et au transit de la librairie;

Sur le rapport du ministre des finances,

Décrète :

Art. 1er. Les journaux et écrits périodiques et les écrits non périodiques traitant de matières politiques ou d'économie sociale, désignés dans les art. 8 et 9 du décret du 17 février 1852, publiés à l'étranger et importés en France par la voie de la poste, seront frappés par les agents de l'administration des postes d'un timbre spécial à date, portant, à l'encre rouge, le nom du bureau de poste par lequel ils seront entrés sur le territoire français.

Les droits de timbre exigibles, sauf conventions diplomatiques contraires, seront perçus par addition aux droits de poste.

Art. 2. Les expéditeurs, introducteurs ou destinataires d'écrits de ces catégories, adressés en France par une autre voie que celle de la poste, devront faire à un des bureaux de douane désignés pour l'importation des livres et écrits publiés à l'étranger, une déclaration des quantités et dimension des écrits assujettis au timbre. L'exactitude de cette déclaration sera vérifiée par les vérificateurs-inspecteurs de la librairie, ou, à défaut de ces agents, par les employés délégués à cet effet par les préfets.

Les écrits ainsi importés seront, après acquittement ou consignation des droits de douane, dirigés sous plomb et par acquits à caution, aux frais des déclarants, sur le chef-lieu du département le plus voisin ou de tout autre chef-lieu de département que les redevables auront indiqué pour y recevoir l'application du timbre moyennant le paiement des droits dus.

Art. 3. A défaut de la déclaration exigée par l'article précédent, les écrits et imprimés passibles du timbre qui seront importés en France seront retenus, selon le cas, au bureau des douanes, ou à la préfecture ; la saisie en sera opérée, conformément à l'art. 10 du décret du 17 février 1852, par les préposés de l'administration de l'enregistrement, et des poursuites seront exercées pour le recouvrement des droits de timbre, et, s'il y a lieu, des droits de douane, ainsi que des amendes contre les introducteurs ou distributeurs.

Les mêmes pénalités seront encourues, à défaut de décharge régulière et du rapport, dans les délais fixés, des acquits à caution délivrés en vertu de l'article précédent ; le tout sans préjudice de l'action qui pourrait être intentée en vertu de l'article 2 du décret du 17 février 1852.

Art. 4. Les ministres de la police générale et des finances sont, chacun en ce qui le concerne, chargés de l'exécution du présent décret, qui sera inséré au *Bulletin des Lois*.

Fait au palais des Tuileries, le 1er mars 1852.

Signé : LOUIS-NAPOLÉON.

Par le Président :

Le ministre des finances, signé : BINEAU.

(B. 512. — N° 3878.) DÉCRET *sur l'exercice de la profes-*
sion d'imprimeur en taille-douce, la possession ou l'u-
sage de presses de petite dimension, et la vente de ma-
chines et ustensiles servant à imprimer.

Du 31 mars 1852. (Promulgué le 2 avril 1852.)

Louis-Napoléon, Président de la République,

Vu le décret du 5 février 1810;

Vu les articles 11, 12, 13, 14, 15 et 16 de la loi du 21 octobre 1814;

Vu les articles 2 et 3 de l'ordonnance du 24 octobre 1814;

Vu l'ordonnance du 8 octobre 1817;

Sur le rapport du ministre de la police générale, décrète:

Art. 1er. Nul ne sera imprimeur en taille-douce s'il n'est
breveté et assermenté.

Art. 2. Nul ne pourra, pour des impressions privées, être
possesseur ou faire usage de presses de petite dimension, de
quelque nature qu'elles soient, sans l'autorisation préalable
du ministre de la police générale, à Paris, et des préfets, dans
les départements.

Cette autorisation pourra toujours être révoquée s'il y a
lieu.

Art. 3. Les contrevenants seront punis des peines édictées
par l'art. 13 de la loi du 21 octobre 1814.

Art. 4. Les fondeurs de caractères, les clicheurs ou sté-
réotypeurs, les fabricants de presses de tous genres, les
marchands d'ustensiles d'imprimerie, seront tenus d'avoir
un livre coté et paraphé par le maire, sur lequel seront
inscrites, par ordre de date, les ventes par eux effectuées,
avec les noms, qualités et domiciles des acquéreurs. Au fur
et à mesure de chaque livraison, ils auront à transmettre,
sous forme de déclaration, au ministère de la police générale, à Paris, et à la préfecture, dans les départements, copie
de l'inscription faite au registre.

Chaque infraction à l'une de ces dispositions sera punie
d'une amende de 50 à 200 francs.

Art. 5. Les maires, les commissaires-inspecteurs de la
librairie et les commissaires de police constateront les contraventions par des procès-verbaux.

Art. 6. Un délai de trois mois est accordé aux imprimeurs en taille-douce, aux détenteurs de presses et aux industriels mentionnés dans l'art. 4, pour se conformer aux obligations ci-dessus relatées.

Après ce délai, ils seront passibles des peines édictées par le présent décret, lequel n'est applicable ni à l'Algérie ni aux colonies.

Art. 7. Le ministre de la police générale est chargé de l'exécution du présent décret.

Fait au palais des Tuileries, le 22 mars 1852.

Signé : LOUIS-NAPOLÉON.

Par le Président,

De ministre de la police générale, signé : DE MAUPAS.

(B. 512. — N° 3879.) DÉCRET *portant qu'à l'avenir les brevets d'imprimeur et de libraire seront conférés par le ministre de la police générale.*

Du 22 mars 1852. (Promulgué le 2 avril 1852.)

LOUIS-NAPOLÉON, Président de la République ;

Vu les articles 5, 9, 29 et 30 du décret du 5 février 1810;

Vu les articles 1er des décrets des 2 février 1811 et 11 juillet 1812 ;

Vu l'art. 11 de la loi du 21 octobre 1814, portant que nul ne sera imprimeur ni libraire s'il n'est breveté par le roi et assermenté ;

Vu l'art. 1er de l'ordonnance du 8 octobre 1817, concernant les impressions lithographiques ;

Sur le rapport du ministre de la police générale, décrète :

Article unique. A l'avenir, les brevets d'imprimeur en lettres, d'imprimeur lithographe et de libraire, seront conférés par le ministre de la police générale, qui demeure chargé de l'exécution du présent décret.

Fait au palais des Tuileries, le 22 mars 1852.

Signé : LOUIS-NAPOLÉON.

Le ministre de la police générale, signé : DE MAUPAS.

(B. 510. — N° 3869.) *Rapport et décret sur la contrefaçon d'ouvrages étrangers.*

Du 28 mars 1852. (Promulgué le 31 mars 1852.)

Rapport au Prince Président de la République.

Monseigneur,

Le droit d'auteur, qui consiste dans le droit temporaire à la jouissance exclusive des produits scientifiques, littéraires et artistiques, est consacré par la législation française au profit des nationaux et même des étrangers, relativement aux ouvrages publiés en France. Mais l'étranger, qui peut acquérir et possède, sous la protection de nos lois, des meubles et des immeubles, ne peut empêcher l'exploitation de ses œuvres, au moyen de la contrefaçon, sur le sol d'ailleurs si hospitalier de la France. C'est là, Monseigneur, un état de choses auquel on peut reprocher, non-seulement de n'être pas en harmonie avec les règles que notre droit positif tend sans cesse à généraliser, mais même d'être contraire à la justice universelle. Vous aurez consacré l'application d'un principe salutaire ; vous aurez assuré aux sciences, aux lettres et aux arts un encouragement sérieux, si vous protégez leurs productions contre l'usurpation, en quelque lieu qu'elles aient vu le jour, à quelque nation que l'auteur appartienne.

Une seule condition me paraît légitime, c'est que l'étranger soit assujetti, pour la conservation ultérieure de son droit, aux mêmes obligations que les nationaux.

Si vous daignez approuver les vues que je viens d'exposer, j'aurai l'honneur de vous soumettre le décret ci-joint, qui aura pour effet de les réaliser.

Je suis, avec le plus profond respect, Monseigneur, votre très-humble et très-obéissant serviteur,

Le garde des sceaux, ministre secrétaire d'État au département de la justice,

Signé : ABBATUCCI.

DÉCRET.

Louis-Napoléon, Président de la République française ;

Sur le rapport du garde des sceaux, ministre secrétaire d'État au département de la justice ;

Vu la loi du 19 juillet 1793, les décrets du 1er germinal an XIII et du 5 février 1810, la loi du 25 prairial an III, et les articles 425, 426, 427 et 429 du Code pénal, décrète :

Art. 1er. La contrefaçon, sur le territoire français, d'ouvrages publiés à l'étranger et mentionnés en l'article 425 du Code pénal, constitue un délit.

Art. 2. Il en est de même du débit, de l'exportation et de l'expédition de ces ouvrages contrefaisants. L'exportation et l'expédition de ces ouvrages sont un délit de la même espèce que l'introduction, sur le territoire français, d'ouvrages qui, après avoir été imprimés en France, ont été contrefaits chez l'étranger.

Art. 3. Les délits prévus par les articles précédents seront réprimés conformément aux articles 427 et 429 du Code pénal.

L'article 463 du même Code pourra être appliqué.

Art. 4. Néanmoins, la poursuite ne sera admise que sous l'accomplissement des conditions exigées relativement aux ouvrages publiés en France, notamment par l'article 6 de la loi du 19 juillet 1793.

Art. 5. Le garde des sceaux, ministre secrétaire d'État au département de la justice, est chargé de l'exécution du présent décret.

Fait au palais des Tuileries, le 28 mars 1852.

Signé : Louis-Napoléon.

Le garde des sceaux, ministre secrétaire d'État au département de la justice,

Signé : Abbatucci.

(B. 512. — Nº 3889). — DÉCRET *qui exempte du droit de timbre les journaux et écrits périodiques et non périodiques, exclusivement relatifs aux lettres, aux sciences, aux arts et à l'agriculture.*

Du 28 mars 1852. (Promulgué le 2 avril 1852.)

Louis-Napoléon, Président de la République française,

Vu le décret du 17 février 1852 sur la presse;

Considérant que, si des conditions restrictives ont dû être imposées à la presse politique, il convient, au contraire, de favoriser le développement des publications consacrées aux sciences et aux arts;

Sur le rapport du ministre des finances, décrète:

Art. 1er. Sont exempts du droit de timbre les journaux et écrits périodiques et non périodiques, exclusivement relatifs aux lettres, aux sciences, aux arts et à l'agriculture.

Art. 2. Ceux de ces journaux et écrits qui, même accidentellement, s'occuperaient de matières politiques ou d'économie sociale, seront considérés comme étant en contravention aux dispositions du décret du 17 février 1852, et seront passibles des peines établies par les articles 5 et 11 de ce décret.

Art. 3. Le ministre des finances est chargé de l'exécution du présent décret.

Fait aux Tuileries, le 28 mars 1852.

Signé : Louis-Napoléon.

Par le Président de la République,

Le ministre des finances, signé : Bineau.

———

Décret relatif aux condamnations pécuniaires pour délits de presse.

NAPOLÉON,

Par la grâce de Dieu et la volonté nationale, Empereur des Français,

A tous présents et à venir, salut:

Vu l'art. 6 de la loi du 16 juillet 1850;

Vu les art. 29 et 31 du décret organique sur la presse du 17 février 1852;

Vu l'art. 9 de la Constitution;

Vu l'avis du conseil d'État du 3 janvier 1807, approuvé par l'Empereur le 25 du même mois;

Considérant que, d'après les loi et décret susvisés:

« Dans les trois jours de tout jugement ou arrêt définitif de condamnation pour crime, délit ou contravention de presse, le gérant du journal est tenu d'acquitter le montant des condamnations qu'il aura encourues ou dont il sera responsable, et qu'à défaut de paiement dans le délai fixé, le journal doit cesser de paraître, sous les peines portées par l'art. 5 du décret du 17 février 1852; »

Considérant qu'aux termes de l'avis du conseil d'État du 3 janvier 1807, toute amende versée dans les Caisses du Trésor lui est définitivement acquise et ne saurait être restituée;

Voulant concilier l'exercice du droit de grâce avec les règles de la comptabilité publique;

Sur le rapport de notre ministre secrétaire d'État au département des finances,

Avons décrété et décrétons ce qui suit:

Art. 1er. Les amendes à acquitter en exécution du paragraphe 1er de l'art. 6 de la loi du 16 juillet 1850, et de l'art. 29 du décret du 17 février 1852, seront versées, à l'avenir, à la caisse des consignations, à Paris, et à celle de ses préposés dans les départements; elles y resteront déposées pendant trois mois, avec leur affectation spéciale au profit du Trésor.

Les sommes consignées, en cas de pourvoi en cassation, conformément au paragraphe 2° des articles ci-dessus mentionnés, resteront également déposées pendant le même délai de trois mois, à partir de la date, soit du désistement, soit de l'arrêt de rejet, soit du jugement ou de l'arrêt définitif à intervenir.

Art. 2. A l'expiration du délai de trois mois, dans les deux cas prévus en l'article précédent, si le droit de grâce n'a pas été exercé, les sommes consignées seront irrévocablement acquises à l'État, et elles seront versées par la caisse des consignations au bureau du receveur de l'enregistrement chargé de la recette des amendes et frais de justice dans la ville où se publiait le journal.

Art. 3. Notre ministre secrétaire d'État au département des finances est chargé de l'exécution du présent décret, qui sera inséré au *Bulletin des Lois*.

Fait au palais des Tuileries, le 5 janvier 1853.

NAPOLÉON.

Par l'Empereur :

Le ministre secrétaire d'État au département des finances,

BINEAU.

LISTE PAR ORDRE ALPHABÉTIQUE

DES

PUBLICATIONS PÉRIODIQUES

DEPUIS LE 22 FÉVRIER 1848

JUSQU'A LA PROCLAMATION DE L'EMPIRE.

PRESSE PARISIENNE.

Abeille (l'). — *Moniteur de la Semaine.* — Ce journal littéraire, fondé en 1845, n'est devenu politique que depuis le 21 mai 1848. (Romans, nouvelles et variétés.) Gérant : A. Richet. Collaborateurs : Em. Souvestre, F. Latrade, Marie Aycard, A. de Jonnès. Bureaux : rue des Bons-Enfants, 3. Imprimerie Proux.

Abeille impériale (l'). — Messager des familles; revue du grand monde, des modes et de l'industrie. (Novembre 1852.) Imprimerie Brière. Bureaux, rue des Bons-Enfants, 12; mensuel; est la continuation du *Messager des Fiancés.*

Abeilles parisiennes (les). — Tablettes mensuelles de l'industrie et du commerce, par Mme Constance Aubert. N° 1er, octobre 1849. Bureaux : rue Vivienne, 55. Imprimerie Chaix.

Abeilles parisiennes (les). — Illustration de l'industrie confortable. (Janvier 1852.) Imprimerie Poussielgue. — Boulevard des Italiens, 19; rue Vivienne, 55, et chez la directrice, Mme Constance Aubert, rue de Milan, 12.

Accusateur public (l'). — Par Alphonse Esquiros, Adèle Esquiros (Sophie Battanchon) et les membres fondateurs du club du Peuple. (Montagnard.) Gérant . Feuillâtre, secrétaire du club. Collaborateurs : Deflotte et Pierre Lachambaudie ; vice-présidents du club, Leloué, Fombertaux fils et Beraud ; secrétaires du club : Toupié, Marche, G. Guttero ; Morel, Desjobert, Javelot, Petremann, Lefebvre, Thomassin, membres du bureau (11 juin 1848). Bureaux : rue Monsieur-le-Prince, 28. Imprimerie de Lacour. — Ce journal, qui, le 1er mars, a paru sous le titre : *le Peuple*, gérant; Pierre Bry, accusait, dans son deuxième numéro, les *boutiquiers réactionnaires* du premier et du deuxième arrondissement de vivre des « *dépenses folles et scandaleuses des lorettes, des produits du marchandage et de la débauche, etc.* » Les quatre numéros parus de l'*Accusateur public* sont très-rares.

Accusateur révolutionnaire (l'). — *Journal des ouvriers* (démocratique et socialiste), 2 avril 1848. Propriétaire-gérant : Douhet-Rathail. Bureaux : rue de Seine, 57. Imprimerie de René. — Journal très-recherché par les collectionneurs. — Sur les 34 représentants à nommer à Paris, il proposait la candidature de 24 ouvriers.

Actualité (l'). — *Journal memento.* Guide de l'acheteur dans Paris, (décembre 1849). Bureau : faubourg Montmartre, 9. Rédacteur-gérant : Commerson.

Affiches républicaines (les). — Recueil des placards politiques paraissant en livraisons périodiques (1849). Cette idée a été reprise par un éditeur de la rue Dauphine, qui a publié les *Murailles révolutionnaires.*

Afrique française (l'). — *Journal des intérêts politiques et civils de l'Algérie* (couleur républicaine). 11 juin 1849. Rédacteur en chef : Montagne père. Bureaux à Alger, rue Duquesne, 69. Imprimerie Bestel. — Nous avons compris ce journal dans notre nomenclature, parce qu'il s'en trouvait dans tous les dépôts à Paris, où beaucoup de personnes le croyaient imprimé.

Agenda parisien (l') — Semaine politique et industrielle, journal général des locations parisiennes. Bureaux : rue des Trois-Frères, 9. Imprimerie Vrayet de Surcy. Du 8 mars 1849.

Aigle (l'). — Journal quotidien, littéraire et commercial, n'a paru qu'en prospectus en octobre 1848. Bureaux : rue d'Amsterdam, 37. Imprimerie Bonaventure et Ducessois. — Spécimen rare.

Aigle (l'). — Journal religieux, politique, agricole, scientifique et industriel, paraissant tous les jours, les dimanches et les jours solennellement fêtés par l'Eglise excepté. (Février 1851). Imprimerie de Lacombe. Bureaux : rue Jean-Jacques-Rousseau, 20.

Aigle républicaine (l'). — Journal hebdomadaire, moitié prose, moitié vers (17 juin 1849). Gérant : L. Guillemin ; Bureaux : rue de Seine, 32. Imprimerie A. René. — Il avait paru le 1er juin sous le titre de : la République des Femmes (Journal des cotillons).

Aimable faubourien (l'). — Journal de la Canaille. — Signé : l'un des rédacteurs, J.-B. Siméon (1er juin 1848). Il était colporté dans les rues par des canardiers qui beuglaient en annonçant son titre : Vendu par la crapule et acheté par les honnêtes gens. — Montagnard. — Collaborateurs : Albert Xetzel, Jules Choux, Charles Trouveur (non Charles Tondeur, comme l'a indiqué par erreur l'auteur de la Revue critique des Journaux de 1848]. — Bureaux : rue Saint-Jacques, 98. Imprimerie de René. — L'Aimable Faubourien avait choisi pour épigraphes :

> La grande populace et la sainte canaille
> Se ruaient à l'immortalité.
>
> (Auguste Barbier.)

> Ce peuple qui, sur l'or jonché devant ses pas,
> Vainqueur, marchait pieds nus et ne se baissait pas.
>
> (Hégésippe Moreau.)

La collection des sept numéros manque à beaucoup d'amateurs.

Aimable faubourien (l'). — Journal des gens honnêtes (mai 1849). Bureaux : rue des Bons Enfants, 1. Imprimerie de De Soye. Rédacteur-gérant : A. Hubbard.

Alambic (l'). — Journal des spécialités thérapeutiques, contenant tous les documents indispensables à la pharmacie et à la médecine, et fondé sous le patronage des notabilités les plus émérites en ce genre (Décembre 1851). Imprimerie Beaulé. Bureaux : rue Jacques de-Brosse, 10. — Chaque numéro, tiré à 6,000 exemplaires, disait le prospectus, sera envoyé franc de port à MM. les docteurs et pharmaciens de toute la France.

Album révolutionnaire (l') — démocratique et socialiste, signé : Ch. Vincent (1848)—Sans date ni indication d'imprimeur.

Album de la jeune République (l') (août 1848).—Imprimerie Dondey-Dupré ; bureaux : quai du Marché-Neuf, 52, et chez Lucis, rue Saint-Antoine, 203. A publié quatre chansons : *le Choléra des Rois ; à Metternich ; la Jeune République ; Comme Charles X*, et des dialogues, par Alexandre Testu.

Album de l'Atelier (l'),—journal en chansons (mai 1851). Imprimerie Boisseau. Chez Garnier frères, au Palais-National.

Album de l'Industrie (l'),—journal de l'Exposition de 1849. — Hebdomadaire. Spécimen, 1er juin 1849. Bureaux, rue Chauchat, 17. Imprimerie Chaix.

Album de l'Ouvrier. — (Mai 1848). « Egalité dans les moyens pour arriver au même but... le bonheur. »— Deux vignettes : 1º Groupe de pièces de 5 francs à diverses effigies ; légende : *Si ma puissance dure encore un siècle, l'homme, pour me posséder, mangera son frère. Nous admettons cette inégalité entre les hommes, c'est l'aristocratie du présent.* 2º Groupe d'instruments de travail ; légende : *Admettons celle-ci, elle est plus noble ; c'est l'aristocratie de demain.* — Il devait paraître sous le titre de *la Fraternité.* Bureaux : rue du Jardinet, 8. Imprimerie Bonaventure et Ducessois. — Fort rare.

Album des Chansonniers (l'), — sous titre du *Républicain lyrique* (Consulter ce journal).

Album des Dames (l'), — organe de la littérature, des modes et du théâtre, paraissant le 10 de chaque mois ; renfermant les feuilletons les plus remarquables de nos sommités littéraires (juillet 1852). Imprimerie Bureau. Bureaux : rue Gaillon, 14.

Album du Peuple (l').—Le prospectus-spécimen a paru en décembre 1850. — Ne signifie absolument rien. — Imprimerie de Saintin.

Alliance des Peuples (l'),—*journal des nationalités démo-*

cratiques. « Solidarité de tous les peuples, affranchissement universel. Le fer a été donné à l'homme pour qu'il n'y ait point d'esclaves. » Plan de propagande républicaine. Rédacteur en chef, Veillerot. — N'a paru que le spécimen en juin 1848. Bureaux : rue de la Victoire, 56. Imprimerie Schneider. — Très-curieux.

Allusion démocratique (l'), — *Etoile du Peuple* (janv.1851). Imprimerie Dupont. Signé : J.-B. Bérault-Dyngré.

Les Alpes, — revue administrative et politique (janvier 1850). Bureaux : rue de l'Ouest, 102. Imprimerie Schneider.

Amateur (l'), — journal des jeunes artistes des théâtres, de la littérature et des arts (octobre 1851). Imprimerie Saintin ; bureaux : rue du Renard-Saint-Méry, 6.

Amazone (l'), — journal de la noblesse (mai 1850). Imprimerie Dondey-Dupré. — Publiait aussi des modes. Administrateur : Salanson, tailleur.

Amer du Chêne (l'), — ou amertume des révolutions passées, présentes et futures (juillet 1849). — Spéculation sur la badauderie parisienne ; mais, comme la *Vraie Raie publique, le Perdu-chêne, le Jacque au bain, le Beau nez rouge,* ce canard ignoble a été bien vite saisi au *vol.* — Imprimerie de Jules Frey.

Ami de la Jeunesse (l'), — journal hebdomadaire (janvier 1850). Bureaux : rue de Rumfort, 11. Imprimerie de Ducloux.

Ami de la Maison (l'), — journal universel des familles, gazette des connaissances indispensables. Messager des Dames (octobre 1850). Bureaux: rue Bergère 11. Imprimerie Lange-Lévy.

Ami de la Religion (l'), — journal ecclésiastique, politique et littéraire. Gérant : Adrien Leclerc. — Fondé sous la monarchie, a changé, depuis le 1er avril 1848, ses conditions de périodicité. A dater d'octobre, il est signé : Charles et Henry de Riancey. Bureaux, rue du Vieux-Colombier, chez Jacques Lecoffre.

Ami des jeunes Filles (l'), — journal des loisirs utiles (juin

1850). Bureaux : rue de Bagneux, 14. Imprimerie de Cerf, à Sèvres.

Ami du peuple en 1848 (l'), — *an Ier de la République reconquise*, par F. V. Raspail. « *Dieu et patrie, liberté pleine et entière de la pensée, tolérance religieuse illimitée, suffrage universel.* » (27 février 1848.) Bureaux : rue du Four-Saint-Germain, 49. Imprimerie Schneider. — Les premiers exemplaires ont été affichés; le n° 2 a été brûlé en cérémonie par les étudiants sur la place Saint-Michel. Collection curieuse.

Ami du Peuple (l'), — fondé par le duc de Mortemart. Rédacteur en chef : Charles Marchal; rédacteur principal : H. Delombardy; collaborateurs : Béljard, A. Lucas, René de Mortemart, Nicol de Kergrist; gérant : F. de Lacombe. Bureaux : rue d'Enghien, 8. Imprimerie de Lacombe. — Le numéro spécimen a paru le 10 avril 1850; n° 1 à 111 du 25 avril au 15 août 1850, et le n° 112 le 22 août. — Nous dirons plus loin un mot sur son rédacteur en chef.

Ami du Peuple (l'), — fondé par M. Jouffroy (Achille de), rédacteur en chef. Rédacteurs principaux : H. Delombardy, A. Lucas, Du Theil, Ch. Marchal. — Il n'a paru qu'en spécimen triple. Un premier a été imprimé le 26 octobre chez Garcin, un deuxième le 1er novembre chez Schiller, et le dernier a été tiré à la même imprimerie à la date du 5 novembre. — Tendances légitimistes.

Amour de la Patrie (l'), — *ordre, bienfaisance, bonnes mœurs, instruction, art, industrie* (16 avril 1848). Bureaux : rue de l'École-de-Médecine, 4. Imprimerie de René. Directrice : madame Legrand. Un feuilleton en vers, appel aux femmes riches en faveur des pauvres, se terminait comme suit :

> Donnez, riche! donnez! donnez toujours du pain
> Au pauvre qui languit et supporte la faim....
> Un peu d'or à l'enfant sans asile et sans mère,
> Un peu d'or au vieillard courbé sous la misère.
> De l'or, de l'or, un peu pour tous les malheureux;
> Dieu bénira votre âme, et vous irez aux cieux!!!...

Ce journal a paru le 2 avril sous le titre de *L'Enfer et le Paradis du peuple.* — Nous en parlerons plus loin.

An de Salut (l'), — ou la Solution des élections, par un fou, un mendiant, un apôtre (sic). Mars 1851. — Signé : Jean Journet, disciple de Fourier. Imprimerie Boisseau. Bureaux ; chez l'auteur, rue de Seine, 46. — Le seul numéro de l'*An de Salut* contenait une pièce en vers intitulée : *le Réveil de l'humanité*, ou le *Travail attrayant*.

An mil huit cent quarante-huit (l'), — poëme historique en douze chants, par Emile-Marco Reverchon. — Se publiait avec des vignettes, par Ch. Mettais. Novembre 1848; chez Martinon.

Anarchie (l'), *journal de l'ordre*, — par A. Bellarigue. — Le n° 1 a paru en avril 1850. Imprimerie de Beaulé. Bureaux : rue Richelieu, 102.

Ancien et le Nouveau-Monde (l'), — *l'Age d'Or, ou le règne de la vérité pour constituer le royaume des élus aussitôt des adhérents*. — Signé : Juste, génie des Anonymes. — République ardente. — 29 avril 1849. Bureaux ; rue Saint-Etienne-Bonne-Nouvelle, 15, chez le fontainier; rédacteur : le fils du fontainier (sic). Imprimerie de Boulé.

Ange gardien (l'), — (avril 1848). Religion, littérature. Bureaux : quai des Augustins, 33. Imprimerie Prévot.

Ange gardien (l'), — lecture des familles. Revue mensuelle, religieuse, historique et littéraire, suivie d'une chronique religieuse, par une réunion d'ecclésiastiques et d'hommes de lettres (janvier 1852). Imprimerie Hennuyer, aux Batignolles. Chez Hivert, quai des Augustins, 33.

Annales (les). — *Faits contemporains de l'histoire de l'Eglise*, (avril 1849). Imprimerie et bureaux chez Saintin. Rédacteur en chef; l'abbé Petit.

Annales agronomiques (les), — Recueil de Mémoires sur l'agriculture; compte rendu des missions données par le ministère de l'agriculture et du commerce, et des expériences tentées dans les établissements nationaux d'instruction agricole; publiés par ordre du ministère de l'agriculture et du commerce (avril 1851). Imprimerie de Gerdès. Bureaux ; rue des Petits-Augustins, 5.

La publication des *Annales agronomiques* a lieu sous la

direction d'un comité spécial formé par le ministre. M. Ernest Dumas, secrétaire du comité, est spécialement chargé de la traduction et de la publication des Mémoires étrangers.

Annales illustrées du Gastronome (les). —Nouvelliste des plaisirs du goût, repas, concerts, bals, théâtres. (Juin 1852.) Imprimerie Poussielgue. Bureaux, rue Mazagran, 2. Directeur : de Pellane; rédacteur en chef : Borel d'Hauterive. — Continuation de l'*Entremets* qui mourut à son vingt-septième numéro. Par une coïncidence assez bizarre, le *Nouveau Journal* et le *Journal du Plaisir*, deux journaux littéraires aussi hebdomadaires, disparurent chacun après vingt-sept numéros.

Annales législatives de l'instruction primaire. — (15 mars 1850.) Imprimerie Delalain. Bureaux : rue des Mathurins-Saint-Jacques. Fondateurs : Nau et Delalain.

Annales Militaires (les).— Origine et histoire de toutes les armées. (Janvier 1850.) Bureaux : 22 et 24, rue du Battoir-Saint-André-des-Arts. Imprimerie de Pilloy, à Montmartre.

Annales de l'administration française et étrangère (les). — Bi-mensuel. Prospectus spécimen (Mai 1850.) Bureaux : rue Mandar, 7. Imprimerie, aux Batignolles.

Annales de la Charité (les).— Journal de la Société d'économie charitable. Revue mensuelle destinée à la discussion et à l'examen des questions qui intéressent les classes pauvres. *Les Annales de la Charité* sont publiées au profit des indigents et paraissent par livraisons de quatre à cinq feuilles, grand in-8. (Juillet 1850). Bureaux : rue Cassette, 28. Directeur : Chevalier.

Annales de l'extinction du paupérisme — (Août 1850.) Bureaux : place de la Bourse, 11. Imprimerie Plon.— Directeur : Paganelli di Zicavo, avocat.

Annales de l'Imprimerie.—Journal spécial de la typographie, de la lithographie, de la taille-douce, de la photographie et de tous les arts et industries qui se rattachent à l'imprimerie : gravure et fonderie en caractères. gravure sur bois, polytypage, papiers peints, coloris, papeteries. (Avril 1851.) Rédigées par des praticiens, sous la direction de

M. Jules Desportes. Imprimerie Bailly. Bureaux : rue de l'École-de-Médecine, 2.

Annales des sciences naturelles. — Comprenant la zoologie, la botanique, l'anatomie et la physiologie comparées des deux règnes de l'histoire des corps organisés fossiles. (Juillet 1851.) Imprimerie Martinet. Bureaux : chez Mᵐᵉ veuve Masson. — Rédacteurs : Milne Edwards, Ad. Brongniart et J. Decaisne.

Année Apostolique (l'). — Journal des prônes et institutions pratiques pour tous les dimanches de l'année. (Janvier 1852) Imprimerie Prève. Bureaux : rue Cassette, 31.

Année Littéraire (l').—Revue mensuelle des lettres et des arts. nᵒ 1. (Mars 1849.) Bureaux : 44, rue Trévise. Imprimerie Chaix. — Directeur : M. Auguste Vitu. — M. Auguste Vitu est un écrivain de talent dont nous retrouverons le nom lorsqu'il sera question du *Pamphlet* et du *Pouvoir*, journaux dont il était le rédacteur en chef.

Annonce (l').—Ce journal, qui avait disparu depuis 1847, a repris son titre en avril 1850, Bureaux : rue Mandar, 4. Imprimerie Schiller.

Annonce (l'). — Journal de publicité des ventes de propriétés et de fonds de commerce. (Juin 1851.) Imprimerie Chaix. Bureaux : rue Saint-Honoré, 45.

Annonciorama commercial (l'). — (Juillet 1851). Journal-Affiche. Imprim. Beaulé. Bureaux : rue Jacques-de-Brosse, 10.

Annuaire du Théâtre (l').—Répertoire mensuel. (Janvier 1852.) Imprimerie Dondey-Dupre. — Premières représentations, reprises, analyses des pièces du mois, notices biographiques, nouvelles dramatiques.

Anti-Conseiller (l'), — ou le Conseiller républicain ; Réponses mensuelles au *Conseiller* de M. de Lamartine, par P. Dugers. Bureaux : rue Montmartre, 129 ; imp. Malteste. — L'*Anti-Conseiller* se tirait à un très-grand nombre d'exemplaires. Dans les départements du Rhône et de la Seine-Inférieure, il s'en écoulait considérablement. Le prix était de 10 centimes. A publié un bulletin bibliographique par Gustave Naquet.

1.

Anti-Rouge (l'), anti-socialiste, anti-communiste n'était pas le titre d'un journal, comme l'ont prétendu à tort quelques historiens ; c'était celui d'un almanach édité en février 1851, par Garnier frères. Imprimerie d'Hardel, à Caen. Signé : Julien Travers.

Apôtre du Peuple (l'). —Journal socialiste, politique, littéraire et artistique : « *Liberté, justice et vérité pour tous.* » Gérant : Lamelin. Feuilleton de MM. Cuendias et V. de Féréal, n° 1 du 13 juin 1849. Bureaux : rue du Marché-Saint-Honoré, 32. Imprimerie Pilloy, à Montmartre.

Appel au Peuple (l').—Prospectus spécimen d'un journal mensuel ; 10 avril 1849. Bureaux : rue Duphot, 12, Imprimerie Schneider. Rédacteur-gérant : A. Demorgny.

Arche d'Alliance (l'). — Revue Catholique, par David et Marion. — Cette feuille, qui existait avant février, a pris depuis une importance plus grande dans la presse parisienne. Elle est adressée à tout le clergé des villes et des campagnes.

Arche populaire (l'). — Essai d'une constitution gouvernementale, fondée sur la souveraineté du peuple, précédée de considérations politiques et économiques ; août 1851 (un seul numéro). Imprimerie De Soye. Dépôt : boulevard des Italiens, 15. Signé : Croce Spinelli.

Archives consulaires (les), — recueil mensuel (1re livraison du 8 janvier 1851. Imprimerie Thunot. Bureaux : rue Boursault, 10. Directeur : Moreuil.

Archives républicaines (les). — Deux numéros ont paru sous ce titre en mai 1849, chez Pauckouke.

Archives de la République (les). — Tel était le titre du prospectus lancé par la rédaction des *Archives du Peuple* (fort rare).

Archives de l'art français (les). — Recueil de documents inédits relatifs à l'histoire des arts en France, publiés et annotés par Ph. de Chennevières. (1re livraison du 15 janvier 1851.) Imprimerie Pillet fils aîné. Dépôt chez Dumoulin.

Archives de l'Empire. Feuilles d'annonces légales pour toute la France. (Novembre 1852). Imprimerie Grimaux.

Archives de France (les). — Les hommes d'État, de guerre, de sciences et d'art, divisés par catégories de la même nation, par des savants, des historiens et d'autres hommes de lettres (janvier 1851). Imprimerie de Cordier. Bureaux ; à l'*Institut des Archives historiques*, rue Richelieu, 85.

Archives des missions scientifiques et littéraires (les). — Choix de rapports et instructions, publié sous les auspices du ministère de l'instruction publique et des cultes (janvier 1850). Imprimerie nationale. Se trouve chez Gide et Baudry, rue des Petits-Augustins, 5. (Arrêté du ministre de l'instruction publique du 26 octobre 1849.)

Archives du paupérisme (les). — Juillet 1850. Bureaux : place de l'Oratoire, 6. Directeur ; M. A. Saintes.

Archives du peuple (les). — Registre politique du bien et du mal. « Ce journal est le livre du peuple ; les citoyens électeurs doivent le consulter souvent. » (juin 1848) Bureaux : rue Saint-Étienne. Imprimerie Chaix. Directeur : Eugène Roch. Collaborateur : Claude David, ouvrier mécanicien, (Ancien journal *le Scrutin*). — Très-rare.

Argot et jargon. — Dictionnaire du langage des filous, publié par livraisons. Signé : Alexandre Pierre, directeur de l'Office général des Espions de Paris. Bureaux : rue des Noyers, 27. Imprimerie de Bonaventure et Ducessois. N'a paru que la 1re série, format à 5 centimes (une page à 6 colonnes).

Argus (l'), — journal artistique et littéraire (fondé en 1844). — Nous l'avons compris dans notre liste parce qu'après un moment de suspension, vers la fin de 1847, il a reparu en 1848 pour y vivre jusqu'en avril. — Rédacteur en chef : Alfred Leroy ; collaborateurs : Raymond Deslandes, Gustave Naquet, Bourdin, Salvador-Tuffet, Édouard Martin, Baltu, Charles, H. Izambard. Bureaux : rue d'Enghien, 18. Imprimerie de Lacombe. — Le no du 5 mars est très-curieux et se trouve dans toutes les collections.

Argus (l') est aussi le titre d'un journal - programme des théâtres, paraissant chaque soir avec des caricatures de Cham. — Collaborateurs : Taxile Delord, Louis Huart, Clément

Caragnel. Gérant: Grimaux. Bureaux : rue du Croissant, 16. Imprimerie Lange-Lévy.

Arlequin démocrate(l').—*Journal de toutes pièces, de toutes couleurs, politique, littéraire et blagueur comme ses grands confrères, ce n'est pas peu dire. Suum cuique (sic).* Arlequinades et blagues a la main ; feuilleton en vers signé Pluchonneau. — Democratique-socialiste. — 2¿ juin 1848. — Numéro unique, très rare.— Gérant : E. Lazé. Bureaux : rue du Faubourg Saint-Denis, 11. Imprimerie Marc-Aurel.

Arlequin lyrique (l'),—Echo des concerts. (Juin 1851.) Imprimerie Beaulé. Dépôt : rue Rambuteau, 32.

Assemblée constituante (l'),—*Journal de tous les intérêts.* Fondé par des rédacteurs dissidents de *l'Assemblée nationale,* dont il avait les tendances. Rédacteur eu chef : M.-B. Saint-Edme, ancien rédacteur de la *Tribune* et de la *Biographie des hommes du jour* (1ᵉʳ mai 1848). — A eu neuf numéros. — Imprimerie Frey. Bureaux : rue Croix-des-Petits-Champs, 33. Avait pour gérant : Mugneu.

Assemblée nationale (l'), — journal quotidien, politique, scientifique et littéraire. Couleur monarchique. Rédacteur en chef : M. Adrien de la Valette, ancien rédacteur de l'*Echo du monde savant.* — Le nᵒ 1, du 28 février 1848, est fort rare. — Collaborateurs : Guizot, de Salvandy, de Robillard, Ed. Thierry (pour le feuilleton du lundi).Gérant: X. Pommier.— Les bureaux, autrefois rue Coq-Héron, 3, sont maintenant rue Bergère, 20. Imprimerie Chaix.

Association démocratique des amis de la Constitution (l'),—organe du Cercle-Club, fondé au Palais-National sous la présidence de M. Buchez, en faveur de la candidature du général Cavaignac (novembre 1848). Imprimerie Malteste. — Dans la liste des fondateurs publiée au nᵒ 1, au lieu de Coubrouse, il faut lire Guillaume Coubrouse.

Association fraternelle et universelle des Travailleurs (l')— (21 juillet 1848). Le titre est surmonté d'une ruche.—Ce journal convoquait les travailleurs à la réalisation immédiate de son plan, à l'achat de grands établissements industriels et d,usines, par des cotisations de chaque semaine. —Bureaux :

rue de Grenelle-saint-Honoré, **33. Imprimerie Boulé.—Rare.**
— Directeur-fondateur : Larive de la Rivière. Rédacteur :
Grasseau, étudiant en droit.

Association libertiste (l'), — ou embrigadement moral de
la société, par Pinto, fondateur du Libertisme et frère des
Croyants (29 septembre). — Bureaux : rue du Marché-saint-
Honoré, 15. Imprimerie Proux. — A été affiché sur papier
rouge et bleu.

Association nationale (l').—*Journal mensuel des améliorations immediates : « L'ouvrier sans travail est une non-va-
leur. »* — République ardente. — Redacteur-gérant : D. Be-
sède. Bureaux : rue de Grenelle-saint-Honoré, 42. Imprimerie
Doudey-Dupré. — Le numéro de juillet, que nous possédons,
contient un exposé d'association nationale des arts et métiers,
finissant par une chanson.

Association pour l'éducation populaire (l'). — Bulletin
mensuel ; 1ᵉʳ avril 1849. Bureaux : 47, rue Richelieu. Imprimerie Rignoux.

Athenœum français (l'), — journal universel de la littéra-
ture, de la science et des beaux-arts, paraissant tous les samedis. (Juillet 1852.) Imprimerie E. Thunot et Cⁱᵉ. Bureaux :
rue Guénégaud, 8. Rédacteur directeur-gérant : Vivien de
Saint-Martin. Collaborateurs : B. de Saulcy, Ed. Delessert,
Alex. Dufaï, Paulin Paris, Ern. Reyer, Julien Lemer, de
Longpérier, le prince Emmanuel Galitzin, Ampère (de l'Ins-
titut), le docteur Bamberg, Mérimée, Ch. Nisard, Philarète
Chasles. Ancelot, L. de Wailly, le comte Horace de Viel-
Castel, Cocheris. Charles de Frémery, Léopold Delille, Du-
laurier, Edelestang Duméril, Foucaux, J. Hanne, Jal, Lalanne,
Lasaussaye, Mallefille, Martin Saint-Ange, Alfred Maury, Pé-
rez-Roldan, Quatrefages, Tardif, de Waterville, Louis de
Viel-Castel, Villot, conservateur du Louvre; l'abbé Michon,
vicomte Rougé, Asselineau, Louis Paris, Francis Lacombe,
Venet. P. Lebas (de l'Institut), Anatole de Montaiglon, Emile
Chasles, Louis Enault, etc. etc. — Le journal l'*Athenœum
français* est très-consciencieusement rédigé, et tous les cabinets de lecture feront bien de l'ajouter à leur carnet d'abonnement.

Aurifère (l'), — Journal des mines d'or de la Californie (janvier 1850). Bureaux : boulevard Poissonnière, 6. Imprimerie Schneider.

Aurore (l'). — Éphémérides politiques et scientifiques. — Hebdomadaire, — Prospectus lithographié chez Patinier, (21 mai 1848.) — Journal des intérêts polonais. — Très-recherché.

Aurore de la République (l'). — Contient la prophétie de mestre Fracès Caoubel (en provençal). Gérant : Camille Gaillard; 27 février. Bureaux : rue Saint-Jacques, 98. — A été réimprimé en septembre, dans une des banlieues de Paris, afin de pouvoir spéculer plus facilement. — Des exemplaires ont été vendus sept et huit francs pièce.

Ausonie (l'). — Revue hebdomadaire des intérêts italiens. Rédacteur en chef : Léopold Isoard. Gérant : H Marotte. — Fondé en 1847, mais a pris une importance grande depuis la République. — Bureaux : rue Taitbout, Imprimerie Guiraudet.

Autorité (l'). — Revue critique de la Révolution; politique, philosophique et littéraire. — Sous la direction de M. Laurentie. — Mensuel. — 10 janvier 1850. Bureaux : rue Bourbon-le-Château. Imprimerie Simon Dautreville.

Autorité (l'). Journal quotidien, politique et littéraire. — Spécimen, samedi 26 mai 1849. — Bureaux : rue Saint-Honoré, 293. Imprimerie Schneider. M. A. M. P. Mancel (de Bacilly), propriétaire, rédacteur en chef. — Assez rare.

Aux abonnés de la Presse. — (31 juillet 1848). — Consultation pour les propriétaires du journal *la Presse*, pendant la mise au secret de son infatigable rédacteur en chef. — In 4° d'un quart de feuille. — Imprimerie Plon. — Signé Émile de Girardin. — Se trouve dans la collection de beaucoup d'amateurs.

Aux Ouvriers. — *Premier Évangile républicain.* — (Juin 1848). — Imprimerie Rilleux, à Neuilly. — Chaque évangile était suivi d'une explication politique; signé Monestrol. — Des exemplaires étaient distribués dans les faubourgs et les principaux ateliers. L'unique numéro que nous possédons nous a été donné par un ébéniste du quartier Saint-Antoine, qui en avait sur papier de différentes couleurs.

Avant-Garde (l'). —Couleur république ardente (2 mai 1848). — Rédacteur en chef ; l'Herminier (du Portefeuille). Gérants : Lévêque et V. Berger. — Imprimerie Brière. — Bureaux : passage Jouffroy, 44.

Avant-Garde de la République (l'). — Journal spécial de la garde nationale mobile. Bulletin des armées républicaines. Démocratique-socialiste. — Un numéro du 14 mai 1848. — Rédacteur en chef : Louis Dauriol. Collaborateur : Louis Cipoline. — Bureaux : rue Massillon, 4. Imprimerie Gratiot. — Assez rare.

Avant-Garde (l'). — *Journal des Écoles.* —République ardente (mars 1848). — Rédacteur en chef : H. Bosselet. Collaborateurs : Léon Plée, A. Delahaye, Esquiron de Saint-Aignan, C. Fourrier, Auguste Profilet. — Bureaux : rue Corneille, 5. Imprimerie Dondey-Dupré.

Avènement du Peuple (l'), avec cette épigraphe de Victor Hugo : «Soyez tranquilles, vous êtes souverains.» — Nº 1 du 19 septembre 1851.— Rédacteur en chef : Auguste Vacquerie. Collaborateurs : Victor Hugo, A. Erdan, Camille Berru, J. Paradis, Pierre Bernard, Nozahie. Chargé du feuilleton dramatique : A. Gaiffe.—Continuation de l'*Événement*, suspendu par la cour d'assises de la Seine. —Même format, même imprimeur.—Bureaux : boulevart des Italiens, 15. Imprimerie Serrière.

Avenir (l'). —Société de l'Union nationale (avril 1850). — Imprimerie de Brière. Bureaux : rue Grange-Batelière, 22. — Rédacteur en chef : H. Peut. Administrateur ; Vergniolle.

Avenir littéraire (l'). —Journal hebdomadaire (août 1850). — Rédacteur en chef : Léon de Bernis. — Bureaux : rue Lancry, 17. Imprimerie Schneider.

Avenir musical (l'). — (Novembre 1852). Imprimerie Gerdès. Bureaux : rue Lepelletier, 3.

Avenir national (l'). —Journal des libertés civiles, politiques et religieuses (4 juin 1848). — Continuation du *Bon sens du*

Peuple. — Rédacteur en chef : Paul Féval. Collaborateurs : A. Vitu, A. Ponroy Rédacteur-gérant : P. de Caux. — Bureaux : rue Bergère, 11. Imprimerie de Maulde.

Avenir républicain (l'). — Journal des intérêts démocratiques (*Liberté, ordre, émancipation, progrès*). — N'a paru qu'un manifeste sans signature ni indication d'imprimeur. — Bureaux : passage des Panoramas, galerie Montmartre, 16. — Un marchand de journaux du quartier de Rivoli avait acheté tous les exemplaires. Il en a tiré bon parti. — Manque à beaucoup d'amateurs. M. Rougier qui, dit-on, possède le plus de richesses bibliographiques, n'a pu se procurer ce numéro. — M. Dupin a été assez heureux pour en enrichir sa précieuse collection.

Avenir de la France (l'). — *Haine à l'anarchie* (1er août 1849). — Devait paraître sous le titre de la *Sorcière républicaine*, qui fut saisie à l'imprimerie. — Contient la prophétie d'Olivarius. — Gérant : J. M. D. Mingillon. — Bureaux : place des Victoires, 4 bis. Imprimerie Brière.

Avenir des Travailleurs (l'). — (1er numéro 18 juin 1848). — Couleur démocratique-socialiste. — Rédacteur-gérant : Lambert. Collaborateur : Pinto. Bureaux : rue Neuve-Coquenard, 23. Imprimerie Poussielgue. Rare.

Baillon, (le) — *Société du progrès libre et universel, propagation de la pensée.* — (Montagnard), 28 septembre 1848; tirage sur papier blanc et de couleur. Rédacteur : Edouard Houel ; bureaux : rue du Rocher, 6. Imprimerie de Pilloy, à Montmartre. A publié le toast porté par Ledru-Rollin à la république socialiste, le 24 septembre 1848, au banquet des Champs-Élysées.

Ballon (le), — annoncé depuis plus d'un mois comme devant être lancé dans le monde littéraire ; il sera, assure-t-on, dirigé par un *bas-bleu.*

Banque du Peuple (la). — Titre d'un bulletin sans date (octobre 1848), donnant le compte-rendu d'une réunion qui tendait à organiser une banque du peuple, un syndicat général de la consommation, couleur Proudhon. Bureaux : rue du faub. Saint-Denis, 25. Imp. Lacrampe. — Recherché.

Banquet social (le), — journal du douzième arrondissement. — (Démocratique-socialiste). Rédacteur en chef:
Georges Olivier; collaborateurs. Ern. Amyot, J.-B. Barthé-
lemy. F. de Gosselin, C.-A. Séguin, F. Desmaisons, secré
taire du club des Intérêts du Peuple du douzième arrondissement. 25 numéros; le premier est du 24 mars. Bureaux :
place Maubert, 9. Imprimerie Bonaventure.

Beau Nez rouge (le) — est un journal-canard, cité par la
Vraie Raie publique.

Bellone, — Revue des armées (mensuel); mars 1850.
Bureaux : rue Jacob, 38. Imprimerie Gerdès.

Berger de Kravan (le), — ou Entretiens démocratiques
sur la République, les Prétendants à la Présidence, par
Eugène Sue (novembre 1848). Imprimerie Plon, — à la Librairie phalanstérienne, quai Voltaire, 25, et rue de Beaune,
2, au journal *la Démocratie pacifique.* — Beaucoup de collectionneurs possédant cet écrit, nous avons cru devoir le
comprendre dans notre nomenclature.

Bêtises de la Semaine (les), — Revue intérimaire, ministérielle, parlementaire, parisienne, provinciale et étrangère.
(République rouge). — Le n° 1 porte la date du 26 mai 1847
pour 1848. Rédacteur-gérant : Alphonse Bonnevalle. Bureaux : rue Saint-André-des-Arts, 26. Imprimerie Blondeau.

Bibliothèque démocratique (la), — journal du peuple, publié par André Marchais. Bureaux : rue Caumartin, 58: imprimerie Blondeau.

Bibliothèque médicale des familles (la). — Revue pratique
des journaux de médecine, hygiène, pharmacie, botanique
et sciences accessoires. Directeur : le docteur Antonin Bossu,
médecin de l'hospice Marie-Thérèse (janvier 1852). Imprimerie Lacour. Bureaux : rue de Seine, 31.

Bibliothèque républicaine (la). — Examen des principes
applicables a la Constitution française, par J. Lagarde,
avoué. — A paru en mai chez Garnier, Palais-National, 215.
Imprimerie Appert.

Bibliothèque des enfants du peuple, politique, philosophique, littéraire, artistique ; par livraisons (septembre 1849).—

Articles par Proudhon, Aug. Cannes, d'Outrepont, Benne, Victor Arnaud, J.-J. Barrau, Jules Thibou, ancien rédacteur du *Peuple constituant*, M™° Casamajor, etc., etc. — N'indiquait pas son mode de périodicité.

Bibliothèque des Familles (la), — journal d'éducation morale et religieuse, spécialement destiné à la jeunesse (1ᵉʳ février 1852). Directeur ; Pierre Zaccone. Imprimerie Hennuyer. Bureaux : rue Sainte-Anne, 57.

Bien du Peuple (le), — journal des réformes religieuses, sociales et politiques, par une société de prêtres, d'ouvriers et d'hommes du monde (25 avril 1849). Gérant : Capé ; bureaux : rue Saint-Dominique-Saint-Germain, 39. Imprimerie Schneider.

Bien-être (le), — journal d'association mutuelle des familles ; le prospectus porte la date de janvier 1850. — Directeur-gérant ; M. P. Déterville; bureaux ; rue du Faubourg-Saint Honoré, 67, imprimerie de Boulé. — « Le *Bien être* assure à ses abonnés : 4° une pension viagère aux travailleurs en cas de blessures ou infirmités mensuelles; 2° une pension de retraite après trente années d'abonnement ; 3° les frais d'inhumation (troisième classe) et une indemnité de cent francs à la veuve ou aux héritiers du défunt. On a droit à ces avantages après six mois d'abonnement.—Le *Bien-être* est mort et enterré et a laissé son titre pour tout héritage.

Bien-être (le), — journal de tout le monde (mars 1850). Bureaux : faubourg Montmartre, 7. Imprimerie Boulé. Directeur : Barras-Déterville.

Bien-être universel (le), — journal de la vie et du gouvernement à bon marché, paraissant tous les lundis, sous la direction de M. Emile de Girardin (24 février 1851). — Bureaux : boulevard des Italiens, 15. Imprimerie Serrière.

Bien public (le), — journal quotidien. D'abord fondé à Mâcon sous le patronage de M. de Lamartine, s'est établi à Paris en mai 1848.—Gérants : Eugène Pelletan, Ch. de La Guéronnière. Bureaux : rue Neuve-des-Mathurins, 13. Imprimerie Guyot.

Bienfaisant (le).—N'a paru qu'un spécimen (26 juin). Im-

primerie Cosson. Bureaux : Place Louvois, 2. — Fondateur :
Périer. — Le numéro 4 est signé Chaufard, et contient un
feuilleton de M. Eugène de Monglave. M. Périer affectionnait
surtout les concierges de la capitale, qu'il considérait comme
abonnés, quand, dans une même maison, il se trouvait trois
adhérents à son insignifiant et chétif canard, dont l'abonnement coûtait cinquante centimes par mois, et donnait droit à
un médecin gratuit et à des médicaments.

Blagueur (le). — *Journal de l'époque*, paraîtra dimanche
prochain, 25 juin. EN VOILA UN VRAI, UN BON JOURNAL !!..,
— Tel était le contenu d'une grande affiche sur papier jaune
placardée dans Paris. Bureaux : rue Neuve-Trévise, 5 ; administrateur gérant : Pierre Bénard. Les événements de Juin
en ont empêché la publication ; dix *paquets* seulement ont
été tirés au rouleau chez Lacrampe ; en voici l'exacte des-
cription :

Le Blagueur, journal de l'époque : *Chasse aux imbéciles,
guerre aux ambitieux*. Rédacteur en chef ; Blaguinski (Henry
de Kock) ; n° 1, 2 juin, Paraissant les dimanches ; format
5 centimes, sur trois colonnes — Premier paquet, article
intitulé : *Profession de foi la main sur le cœur* ; deuxième et
troisième paquets : *Qui je suis* ; quatrième et cinquième :
Ce que je veux ; sixième : un dialogue ; septième : *Variétés* ;
huitième : *les Épiciers véridiques* ; neuvième et dixième :
Je veux donner un cautionnement !

Bohémien de Paris (le) — (juillet 1848). Bureaux : place
des Victoires, 4 ; rédacteur : D. Devillers. Imprimerie de Frey.
Même couleur, collaboration, prix et format de *la Mère
Duchêne*, qu'il remplaçait durant l'état de siège. — Les
journaux ont fait grand bruit, dans ce temps-là, d'un article
paru dans *le Bohémien de Paris*, et qu'on attribuait à Ch.
Varmasse (dit *Mitraille*). Il avait pour titre ; *une Mine d'or
à exploiter*, et demandait que les titulaires d'emplois au-
dessus de 10,000 francs versassent mensuellement, dans les
caisses de l'État, une contribution extraordinaire pour venir
au secours des associations d'ouvriers.

Boléro (le). — journal des bals, fêtes et concerts (11 mai
1850). Bureaux ; rue Joubert, 7. Imprimerie Dupont.

Bon Bourgeois (le), *Journal quotidien, politique, sociable et sanitaire*, annoncé par d'énormes affiches rouges, — n'a jamais existé.

Bon Conseil (le), — journal socialiste, politique, commercial, industriel et littéraire du jour et de la semaine (république rouge). Rédacteur en chef : Léon Plée ; collaborateurs : A. de Salin, G. Z***, A. Delcamp, R. L***, E. Pessenuaux ; propriétaire-gérant, Clodomir Taste. Spécimen du 22 mars 1848. Très-rare. Bureaux : passage Saulnier, 7. Imprimerie Chaix. — S'est transformé en :

Bon Conseil républicain (le), — Mêmes gérant, rédaction et imprimerie que son devancier. Les deux derniers numéros ont paru sous le titre du *Conseil republicain*.

Bon cultivateur (le), — écho des progrès agricoles et horticoles (Janvier 1851). Imprimerie Beaulé. Bureaux : rue d'Anjou Saint-Honoré. Directeur : L. Henry, agronome.

Bon Dieu (le), — pamphlet républicain, par Henri de Kock (mai 1848). Bureaux : chez Baudry, rue Coquillière. Imprimerie Doudey-Dupré.

Bon républicain (le) — est le titre d'un journal paru avant le 15 mai. — Excessivement rare.

Bon Sens (le), — journal de Paris, quotidien, politique, littéraire et commercial. — A paru sous le titre de *Journal de Paris* et du *Nouvelliste*. — Cette feuille, qui comptait quatorze années d'existence, avait subi d'importantes modifications en mai 1848. Bureaux : rue Grange-Batelière, 22. Imprimerie Lange-Lévy ; gérant : Thiboust.

Bon Sens du Peuple (le), — journal des honnêtes gens, par Paul Féval « *Le Peuple est l'universalité des citoyens français.* » — Constitution de 1793, (Chap. IV, art. 1er). Bureaux : cité Trévise, 14. Imprimerie Brière. Rédacteur-gérant : Auguste Vitu. — Le premier numéro a paru le 28 mars 1848 ; s'est tranformé en juillet, sous le titre de l'*Avenir national*.

Bonapartiste (le), — organe des départements algériens (14 juin 1848). Gérant : A. Taquet ; bureaux : à Paris, rue

Bertin-Poirée, 4, et à Alger, place du gouvernement. Imprimerie Doudey-Dupré.

Bonapartiste républicain (le). — Mêmes gérant, format, imprimerie et bureaux que le journal précédent. Collaborateurs : L. Béthune, B. Fleury, A. D***, J. Desfontaines, B. Desfontaines, etc.

Bonheur public (le). — *Prophétie de Nostradamus*, par Girault de Saint-Fargeau (30 septembre 1848).

Bonheur public en général (le). — ou les Confessions du Montagnard, par le citoyen Béjot, 143, rue Saint-Antoine. — Premier numéro du 8 avril 1848. — Imprimerie Claye. Avec cette épigraphe : • *Dans les petits pots, les bons onguents.* •

Bonhomme Picard (le). — journal mensuel (1er mai 1850). Bureaux : rue Saint-André-des-Arts, 27. Imprimerie De Soye ; rédacteur en chef : Antonio Watripon. — Petit bonhomme ne vit plus !...

Bonhomme Richard (le). — journal de Franklin (2 juin 1848). Bureaux : rue des Grands Augustins, 7. Imprimerie Pillet fils aîné. Rédacteur en chef : Wallon ; collaborateurs : Champfleury et Prioux. Différents articles sont signés Richard Saunders.

Bonne Compagnie (la). — Sporting and fashionable review (novembre 1852). Imprimerie Poussielgue. Bureaux : rue Sainte-Anne, 63. Directeur : Jules Lucas ; Collab. : Blanche de Chennevières. Paraît deux fois par mois, et accompagne chaque numéro de la *Chronique de France*.

Bonne Foi (la). — journal des intérêts populaires (spécimen en avril 1850). Bureaux : rue des Beaux-Arts, 11. Imprimerie De Soye. Rédacteur-gérant : Petit.

Bonne Nouvelle (la). — revue politique et religieuse (juin 1850). Bureaux : rue de la Feuillade, 2. Imprimerie Doudey-Dupré.

Bonnet rouge (le). — drapeau des sans-culottes. • *La vérité, le droit.* • — • Tout citoyen qui n'est ni royaliste, ni aristocrate, ni mauvais riche, ni égoïste, ni modéré, mérite d'être salué du titre honorable de sans-culotte. » (Prud'homme, *Révolution de Paris*). Bureaux : rue du Petit-Reposoir, 2. Imprimerie Bonaventure et Ducessois (11 juin 1848). Gérant : Dorroux, ouvrier.

Les bureaux provisoires du *Bonnet rouge* étaient établis rue des Boucheries-Saint-Germain, 32, avec dépôt rue Git-le-Cœur, 4. — Les quatre numéros sont rares.

Bonté (la). — *Journal philosophique* (août 1848). Bureaux : rue Saint-Georges, 28. Redacteur-gérant : Goupy, qui, dans différents journaux, se sert du pseudonyme de Nozahie, cultivateur.

Bossu (le), — journal satirique français, paraissant le samedi avec des dessins, a été fondé à Londres vers septembre 1848, par Lucien de la Hodde, ex-employé à la préfecture de police. Publiait des gravures anti-bonapartistes.

Bouche d'Acier (la), — pamphlet démocratique ; continuation de la *Queue de Robespierre* et du *Canard*. « *Fais ce que dois, advienne que pourra ; haine au despotisme, quel que soit son masque.* » Bureaux : rue Vivienne, 2 bis. Imprimerie Dondey-Dupré. Rédacteur en chef : Alfred de Bassignac; collaborateurs : Armand Comet, Claude Genoux (2 septembre 1848). — A été saisi, et a reparu sous le titre de la *Casquette du père Duchêne*.

Bouche de Fer (la), — pamphlet politique et quotidien. Rédacteur en chef : Alphonse de Calonne ; administrateur : Magne ; Bureaux : rue de la Chaussée-d'Antin, 24. Imprimerie Frey (24 août 1848). — Saisi pour sa protestation contre le décret qui frappait le *Lampion* d'interdit. — Rare.

Boulets rouges (les), — feuille du club pacifique des droits de l'homme, avec double épigraphe : « *Abolition des sinécures et des priviléges, abolition de la misère.* » (Démocratique-socialiste.) Un numéro du 22 juin 1848, contenant la profession de foi, en vers, du citoyen Pélin, rédacteur-gérant, transporté à Saint-Lazare comme insurgé (blessé). — Bureaux : rue Porte-Foin, 14. Imprimerie Malteste. — Fort rare.

Boulevards (les), — journal quotidien (spécimen du 2 août

1651). Littérature, beaux-arts. Bureaux : 59, rue Laffitte ; imprimerie Brière.

Bourgeoisie (la), — journal des amis de l'ordre, donnant deux portraits par jour (spécimen mai 1849). Bureaux : 10, rue Monthyon. Imprimerie De Soye.

Bourse (la). — Écho des intérêts français (3 octobre 1849). Bureaux : rue Notre-Dame-des-Victoires, 23. Imprimerie de Schiller.

Boussole républicaine (la). — Journal des intérêts et de l'avenir de la République (8 juin 1848). M. P. B. Gasc, rédacteur. — N'a été tirée qu'à un très-petit nombre. — Rare.

Bulletin (le). — Journal quotidien des spectacles et des voyages (spécimen, 27 juin 1849). Bureaux : rue Taitbout, 17. Imprimerie Dupont. — Tiré sur papier jaune.

Bulletin agricole (le). — Recueil de législation, jurisprudence, etc., etc. Bureaux : rue du Dragon, 30. Imprimerie Maulde. — Le prospectus, paru en septembre 1846, est signé P. de Lagarde, chef de bureau des encouragements et des secours au ministère de l'agriculture et du commerce. — Publication mensuelle.

Bulletin bibliographique. — (Mars 1849.) Bureaux : rue des Saints-Pères, 10. Destiné aux correspondants de la maison Reinwald.

Bulletin bibliographique. — (Octobre 1849.) Catalogue exclusivement réservé aux publications relatives à l'économie politique, aux finances, au commerce, à l'administration, au paupérisme, de la librairie Guillaumin, rue Richelieu, 14.

Bulletin commercial et agricole (le). — Courrier des halles et des marchés ; paraissait trois fois par semaine dans le format du *Constitutionnel*. Bureaux : rue Coq-Héron, 5 ; directeur : A. Dumont.

Bulletin officiel des chemins de fer. — (Juin 1849.) Imprimerie Chaix.

Bulletin officiel des séances de l'Assemblée nationale (août 1848). — « Proposition du citoyen Napoléon Chaix aux citoyens membres de l'Assemblée nationale d'établir un bulletin pour les communes, lequel contiendrait le compte rendu exact et fidèle de tous les débats parlementaires, pour être mis gratuitement à la disposition de tous les citoyens. » — Imprimerie Chaix ; dépôt : rue Bergère, 20. — A été répandu à un très-grand nombre d'exemplaires.

Bulletin de censure. — Examen critique et mensuel de toutes les productions de la librairie française. Bureaux : rue des Grands-Augustins, 7. Imprimerie Pillet fils aîné. — Les éditeurs de ce recueil ont donné en prime à leurs abonnés, pour 1849, la *Revue critique des journaux* publiés à Paris, depuis la révolution de février jusqu'à la fin de décembre 1849.

Bulletin de la garde nationale sédentaire et mobile. (Juillet 1849). — Imprimerie Proux. Bureaux : rue Montyon, 10. — Rédacteur en chef : Pignollet.

Bulletin de la médecine et de la pharmacie militaires. — Recueil de tous les documents officiels relatifs à la médecine et à la pharmacie militaire (novembre 1852). Imprimerie Gerdès. Bureaux : rue Childebert, 11.

Paraît à des époques et avec un nombre de pages indéterminées, toutes les fois que quelque document officiel nécessite sa publication.

Bulletin de la Société de l'Histoire du Protestantisme français. — Histoire religieuse, politique et littéraire (juin 1852). Imprimerie Ducloux. — Chez Cherbuliez.

Bulletin de la Société de Saint-Vincent-de-Paul. — Le premier numéro porte la date du 1er juillet 1848. Chez Bailly, rue Garancière, 8.

Bulletin de la Société des Auteurs, Compositeurs et Editeurs de musique, publié avec l'autorisation et sous la surveillance du syndicat (septembre 1852). — Imprimerie Chaix. Bureaux : faubourg Montmartre, 25.

Bulletin de l'Assemblée nationale (le). — Un seul numéro, a paru le samedi 16 mai 1848, sans indication de prix ni de signature. Dépôt à la Tente (Palais-National). Imprimerie Chaix.

Bulletin de l'Association des médecins du département de la Seine — (29 mai 1848). Bureaux : rue des Fossés-Montmartre, 15. Imprimerie Dondey-Dupré. Fondateur : Bouillaud.

Bulletin des chemins de fer et de la navigation. — Spécimen d'un journal annoncé, depuis 1849, comme devant paraître chaque mois. Bureaux : place de la Bourse, 12 ; gérants : Pauis et Martin.

Bulletin des Halles et Courrier des marchés — (réunis), feuille agricole et commerciale. Rédacteur-gérant : Augis ; administrateur : L. Desgras. Le premier numéro a paru le 1ᵉʳ août 1848. Bureaux : rue de Sartines, 1. Imprimerie Wittersheim.

Bulletin des lois civiles ecclésiastiques. — Journal encyclopédique du droit et de la jurisprudence en matière religieuse, et du contentieux des cultes (janvier 1849) ; rue Cassette, 25. Imprimerie Bonaventure et Ducessois.

Bulletin du club de l'Égalité. — (4 mai 1848). Journal-affiche sorti à la fin d'avril 1848. Imprimerie Bautruche. — A eu quatre numéros.

Bulletin du Comité central provisoire — pour la candidature permanente des ouvriers démocrates-socialistes à l'Assemblée nationale et à toutes les fonctions électives (décembre 1848). A Paris, chez Lévy, place de la Bourse, 13. Imprimerie Prève. — Rare.

But social (le). — Journal de philosophie positive et des moyens transitoires (*Liberté, égalité, solidarité, fraternité.*) — République ardente. — Le premier numéro est du 18 juin 1848. Rédacteur en chef : Raginel ; bureaux : rue du Vert-Bois, 16 bis. Imprimerie Dondey-Dupré.

Cache Folie (le). — Journal de la coiffure parée (janvier 1850). Bureaux : rue Richelieu, 76, chez Croizat. Imprimerie Boisseau.

Cagliostro (le). — Journal des soirées fantastiques de Robert-Houdin, journal des rieurs, passe-temps de l'entr'acte (ne jamais lire passe-t-en). Le rédacteur prévient qu'il n'est

2

pas timbré... le journal. Paraissant le soir, il ne peut être lu que par des gens éclairés. Prix de l'abonnement : 1 fr. 50 ; 3 et 4 fr. par soirée (prix des places à l'élégante petite salle de la galerie de Valois.) Rédacteur en chef : Robert-Houdin ; collaborateur : Hamillon. Imprimerie Guiraudet.

Californie (la). — Journal des intérêts généraux de l'Océan Pacifique. (Mai 1849.) Bureaux : rue Richer, 10. Gérant : Henry.

Californie agricole (la). — Journal mensuel, organe des intérêts d'émigrants, publié par la compagnie la Bretonne. Bureaux : 24, rue de Trévise. Imprimerie Bonaventure.

Californien (le). — Le premier numéro a paru le 6 août 1850. Bureaux : rue Richer, 30. Imprimerie Chaix. — Mensuel. — Rédacteur en chef : Auguste Lacoste, ancien marin. Tirage annoncé à 40,000 exemplaires.

Caméléon (le). — Revue des modes, ameublements et objets d'art. Bureaux : rue Neuve-Saint-Augustin, 6. Imprimerie Plon. — Recueil très-soigné.

Caméléon (le) artistique et industriel. — Publié par Dessaigne, 19, rue de Cléry.

Canard (le). Journal drôlatique, fantastique, anecdotique, politique et critique de l'an 1er de la République (légitimiste pur-sang). Rédacteur en chef : Xavier de Montépin ; collaborateurs Alphonse de Calonne, marquis de Foudras. Numéro 1, du 9 avril 1848. Bureaux : rue Neuve-des-Bons-Enfants, 3. Imprimerie Proux. Il terminait ainsi sa profession de foi : Le Canard criait à la fraternité, mais, hélas! l'égalité lui paraît un mythe !... En effet, si tous les Français étaient égaux, ils auraient tous assez d'esprit et assez d'argent pour s'abonner au Canard. Or, ils ne le sont pas. Donc, concluez. » Le numéro 11 a été poursuivi et condamné par un article sur Garnier-Pagès. S'est fondu avec le Lampion, le 19 juin. — Le numéro 9 est introuvable.

Cancans de la semaine (les). — Revue anti-monarchique. — Le premier numéro est du 7 mai 1848 et ne porte aucune signature. Bureaux : rue de Sorbonne, 1. Imprimerie Bonaventure ; directeur-gérant : Mazielle. — Avec cette épigraphe : « En se décernant des éloges à soi-même, on ressemble un peu trop à ces charlatans qui, sur les tréteaux du boulevard, annoncent des phénomènes au public. L'homme à la trompette est absolument le même que l'on fait voir aux curieux dans la baraque. »

Canon d'alarme (le). — Spécimen in-16 publié en septembre 1848; le premier numéro (format de journal) le 8 septembre. Gérant : Allain, avocat; collaborateurs ; Raymond Brucker, Austin de Larche. Bureaux : rue de Seine-Saint-Germain, 6. Imprimerie Claye.

Carmagnole (la). — Journal des enfants de Paris. Directeur-gérant : A. Collin ; collaborateurs : Edouard Martin, E. Nyon, Eug. Wœstyn. — Le premier numéro est du 1er juin 1848. — Des exemplaires ont été tirés sur papier de couleur. — Bureaux : rue Saint-Louis, 46, imprimerie Dondey-Dupré. — Le 4 juin, A. Collin et E. Martin ont fait paraître concurremment le Gamin de Paris, qui est devenu, le 9 juin, le vrai Gamin de Paris, transformé lui-même, le 15 juin, en Petit Caporal. (Voir plus loin.)

Carcan politique (le). — Revue en vers. — Signé ; Alphonse Hermant. Imprimerie Proux.

Caricature (la). — Programme illustré des théâtres. Bureaux : rue du Croissant, 16, Imprimerie Lange-Lévy; rédacteurs : Louis Huart, Clément Caraguel, Taxile Delord, les trois hommes d'esprit du Charivari. — Se vend à la porte des spectacles et concerts. — Même texte que l'Argus, le titre seul est changé.

Caricaturiste (le). — Revue drôlatique du dimanche (n° 1, 3 juin 1849). — Dessins de Quillembois (de Sarcus) ; bureaux : rue Bergère. Imprimerie Chaix; rédacteur en chef : de Bragelonne (de Relathier) ; collaborateurs ; A. Vitu, Molé, Gentilhomme, Constant Guéroult, Solar, Nicolle. Max de Rével. — Etait devenu la propriété de M. Delamarre, du journal La Patrie. — A cessé de paraître.

Casque à Mèche (le). — (Avril 1849), revue en vers par C. Vermasse (dit Mitraille). Bureaux ; 25, rue Bourg-l'Abbé. Imprimerie Beaulé.

Casquette du Père Duchêne (la). — Pamphlet socialiste. « *M'entendra qui voudra, pour moi je m'entends bien !* » Même couleur que *la Bouche d'acier*. Signé : Bassignac (26 septembre 1848). Bureaux : rue Masséna, 7. Imprimerie Bonaventure. — A été saisi et a attiré, le 27 novembre, à Montbrial, une condamnation à six mois de prison et 1,000 francs d'amende.

Catéchisme républicain (le). — Par le père André (Ad. Rion), a paru pour la première fois en 1833, et a attiré des poursuites à son auteur. La deuxième édition, sans date, a paru vers le 1er mai 1848 sous le titre : *le Père André*. (Voir les détails à la lettre P.)

Cauchemar des Intrigants politiques (le). — Revue mensuelle critique et philosophique, par J.-B.-Munier. Le n° 1 a paru le 9 octobre 1848. Bureaux : place de la Bourse, 13. Imprimerie Bénard.

Cause du Peuple (la). — Par Georges Sand (9 avril 1848). Collaborateurs : Victor Borie, Paul Rochery. Bureaux : rue Richelieu, 60. Imprimerie Plon.

Le Causeur. — Littérature, théâtres, beaux-arts, modes, voyages, industrie (octobre 1852). Imprimerie Vinchon. Bureaux : rue Lamartine, 9.

Ce que l'on ne voudrait pas que l'on sache (*sic*). — (Août 1848). — Imprimerie Claye. Dépôt chez Mazarguille, 12, faubourg Saint-Honoré. Rédacteur : Bony. — Contient 3 pièces en vers : la *Sibylle*, les *Satyres de l'inconnu* et l'*Année républicaine*. — Ce journal-canard s'est vendu fort cher à cause de son titre original et de ses excentricités poétiques. — Rare.

Cendrillon. — Journal encyclopédique de tous les travaux de dames. Bureaux : rue Neuve-Vivienne, 43. Imprimerie Martinet. — Cette revue mensuelle publie des gravures de modes d'une coquetterie charmante.

Censeur républicain (le). — Journal de la démocratie radicale. Directeur-gérant : Ch. Cellier ; collaborateurs : Jacob Le Brun, Noël Castera ; n° 1 du 14 mai 1848. Bureaux : rue d'Anjou-Saint-Honoré, 68. Imprimerie Lacombe. — Rare.

Chandelle démocratique et sociale (la), — journal mensuel, politique, critique et charivarique (mars 1849). Bureaux : chez Laffuteur, 97, rue Croix-des-Petits-Champs. Imprimerie Lacombe ; rédacteur-gérant : Jules Choux. Collaborateurs : A. Dunay et G. Dunan-Mousseux, l'un des gens d'État du *Pierrot*. — La *Chandelle démocratique et sociale* s'est éteinte après son deuxième numéro, tiré sur papier rouge comme son style.

Chansonnier des Honnêtes Gens (le). — N'a eu qu'une livraison en mars 1848. Auteur : Marion Dumersan. Bureaux : rue Neuve-des-Petits-Champs, 12. Imprimerie Delanchy, et chez l'auteur, rue Neuve-des-Petits-Champs, 12.

Chapeau chinois (le). — N'a jamais paru ; a été annoncé comme suit, par pure plaisanterie, dans le journal *le Polichinelle :*

« *Le Chapeau chinois*, journal destiné à faire beaucoup de bruit, paraissant trois fois par jour, sans supplément, et donnant toutes les nouvelles intéressantes qui ne le sont pas. Tout abonné pour un an recevra le journal gratis ; celui qui s'abonnera pour six mois aura droit à une paire de bottes molles, et pour trois mois à une paire de bottes et un gilet à revers. On ne fait pas d'envoi à l'étranger. S'adresser pour l'abonnement rue Vide-Gousset. Qu'on se le dise !!... — Allez, musique !!... »

Charité et Justice, —*journal de propagande fraternelle.* « Chacun pour tous, tous pour chacun. » (19 mars 1848.) Bureaux : rue du Battoir-Saint-André-des-Arts, 7. Imprimerie Henry. — Assez rare.

Choléra-Morbus (le) (*moyen de s'en préserver*).— Rue de La Harpe, 45. — Différents collectionneurs ont classé dans leurs journaux cet horrible canard médical, bon tout au plus à envelopper des drogues,

Christ républicain (le), — journal du citoyen Delclergues, administré par *le citoyen Ridel*. — Anti-clérical. — Collaborateurs : Gandon, ouvrier ; Agathen Bougiehs (d'Athènes). (8 juin 1848). Bureaux : rue du Petit-Lion-Saint-Sauveur, 10. Imprimerie Bonaventure.— Mort pendant les événements de juin.

Chronique musicale (la),—journal mensuel (5 avril 1850). Bureaux : rue Neuve-Saint-Augustin, 59. Imprimerie Bénard.

Chronique parisienne et départementale (la). — « Ce journal, qui n'est *ni le soutien d'un drapeau, ni le représentant d'un principe*, se propose de faire *un Mémorial qui embrasse toutes les nouvelles de Paris et de la France* » (premier numéro, du 13 août 1848). Gérant : Richard ; collaborateur : Ad. Guy; sans indication de bureau d'abonnement. Imprimerie Poussielgue.

Chronique de France (la)—(septembre 1852). Imprimerie Poussielgue ; Bureaux : rue Sainte-Anne, 63. — Continuation de *la Chronique de Paris*. Rédacteurs en chef : H. de Villemessant et René de Rovigo ; collaborateurs : de Bragelonne (de Balathier), Jouvin, Louis Enault, R. Chapelain, Marie de L'Epinay. Directeur : J. Lucas.

Chronique de Paris (la). —Politique, littérature, modes. — Ultrà-légitimiste (janvier 1850). — Bureaux rue du Faubourg-Montmartre, 9. Imprimerie de Bureau ; directeur-fondateur : H. de Villemessant ; collaborateurs : B. Jouvin ; Ch. de Besselièvre, de La Pierre, Réné de Rovigo, de Balathier.—Sous le titre de *Coulisses de la Presse*, la *Chronique de Paris* a publié différentes mónographies fort curieuses, entre autres celles de *l'Assemblée nationale*, de *l'Opinion publique*, du *Siècle* et de *la Patrie*.—Le numéro du *Poisson d'Avril* a été fort recherché par les collectionneurs.

Cicérone indicateur (le), — industriel et commercial. Bureaux : rue Sainte-Appoline, 6; gérant : Lefils.

Cicérone parisien (le) —devait porter le titre *de Cinq heures à Minuit*, journal des théâtres et des arts. Le prospectus-spécimen a paru en octobre 1848. Bureaux : rue de Seine, 16. Imprimerie René.

Cicérone des Chemins de Fer (le). — Renseignements sur toutes les lignes (avril 1849). Bureaux : place Saint-Sulpice, 12. Imprimerie Beaulé.

De Cinq heures du matin à Minuit, —journal des théâtres et des arts. — Numéro spécimen et unique paru en octobre 1848. Imprimerie René; bureaux : rue de Seine, 48 ; rédacteur : Ch. Tondeur.

Cité (la), — Indicateur général des appartements meublés et non meublés à louer dans Paris (novembre 1848). Bureaux : place Louvois, 2. Imprimerie de Brière.

Cité nouvelle (la), — *journal politique,* a paru en mars 1848. Rédacteur : Graudsart, professeur au lycée de Mâcon. — Très-rare.

Civilisateur (le), — par Lamartine (mars 1852), Imprimerie Serrière ; bureaux : rue Richelieu, 102. — Continuation du *Conseiller du Peuple.* — Chaque numéro du *Civilisateur* contient la vie et le portrait d'un grand homme de l'humanité.

Club (le), — moniteur des sociétés et des réunions populaires (avril 1849). Imprimerie Appert ; bureaux : rue Verdelet, 8, et rue des Bons-Enfants, 1. Signé : Leprovost.

Colère d'un Vieux Républicain (la) *contre tout le monde.* — « En avant ! Vive la République ! Marchons donc !!... » — (Montagnard.) — A eu sept numéros : le premier numéro est du 1er juin 1848, le dernier du 22. Gérant : Diney ; bureaux : rue Saint-Jacques, 110, Imprimerie Sirou. — Ce journal recommandait à ses lecteurs un projet de Constitution du père Paul Chantôme, rue Sainte-Hyacinthe-Saint-Michel, 8. — Collection rare.

Colère (la) *et le Désespoir d'un Vieux Républicain.* — Un seul numéro a paru sans date (5 août 1848). Directeur-gérant : Maziellé. — Anti-socialiste. — Bureaux : rue de Sorbonne, 1. Imprimerie Bonaventure.

Colonne républicaine (la). — Ne pas confondre ce journal avec celui que rédigeait, sous la monarchie, M. Eug. Carpentier. — Deux numéros de *la Colonne républicaine* ont paru les 12 et 28 mars 1848 ; ils renferment des lettres franc-maçonniques avec signature à la main de l'auteur, P. Cassagne. Imprimerie Béuard.

Colporteur parisien (le), — recueil de nouvelles utiles, curieuses et amusantes (2 juillet 1848). Directeur-gérant :

Félix Renou; collaborateur : Carle Ledhuy ; bureaux : rue de La Harpe, 45. Imprimerie Vravet de Surcy. — Ce journal s'est transformé en *Pilier des Tribunaux* (voir à son rang alphabétique.)

Comète (la) — journal quotidien des intérêts vinicoles, agricoles, horticoles, séricoles, médicoles, apothicaroles, scientificoles, archéolocoles, etc., etc.; spécimen publié avant mai 1848 par le spirituel rédacteur du *Tintamarre*, M. Commerson. Bureaux : chez madame Citrouillard, 76, rue Notre-Dame-de-Lorette ; le nom de l'imprimeur n'est pas indiqué (Lange-Lévy). — Le trop rare prospectus de *la Comète* a tourmenté bien des collectionneurs.

Comète du Nouveau-Monde, — *Panthéon de l'esprit civilisateur* (7 août 1849). Rédacteur en chef : J. P. Moules. — Bureaux : boulevart Bonne-Nouvelle. Imprimerie Lacombe.

Comité central électoral (le). — 1er bulletin des séances du Comité central électoral du boulevard Montmartre, 10, en faveur de la candidature de Louis-Napoléon Bonaparte à la Présidence de la République. Imprimerie Poussielgue. Dépôt : à la salle Valentino, rue Saint-Honoré, 359 ; — le 2e bulletin a publié un manifeste, et le 3e un discours remarquable de M. Patorni, avocat, ex-consul de la République. — Ces trois bulletins sont très-recherchés.

Commission (la), Moniteur du commerce de Paris, achats et expéditions pour la France et pour l'étranger (septembre 1852). Imprimerie de Lacombe. Bureaux : rue Bergère, 9. — Cinq mille exemplaires, dit le numéro spécimen, seront distribués *gratis* en France et à l'étranger, en dehors des abonnements.

Commune sociale (la), journal mensuel des travailleurs (décembre 1848). Imprimerie Bautruche. Bureaux : rue Hautefeuille, 30. Rédacteur en chef : Eug. Fombertaux.

Commune de Paris (la), MONITEUR DES CLUBS. *Liberté, égalité, fraternité, solidarité.* Avec cette épigraphe : « Se rallie à notre bannière qui voudra, l'attaque qui l'ose. » — Couleur ultrà montagnarde (1er numéro, 8 mars 1848). Directeur : Sobrier ; rédacteur en chef et gérant : J. Cahaigne ; collaborateurs : E. Ayasse, Chautard, A. Decou, Scipion Dumoulin, P. Delavigne, A. de Fronsac, A. Esquiros, Adèle Esquiros (née Sophie Battanchon), L. Gallois, Honneau, L. Lalou, Jean Journet, E. Legouvé, J. Machet, A. Monbrial de Rassignac, J. Mochin, Paulowski, Pélin, Al. Peyret, George Sand, Stourm, Eugène Sue, Villain, Villebranche, C. A. Vuitonnet, Ch. Woirnez. Bureaux : rue Blanche, 25. Imprimerie Lacrampe. A dater du 11 avril, les bureaux sont rue de Rivoli, 16 (ancienne maison de la Liste civile). — *L'Extrait du journal* LA COMMUNE DE PARIS (fait avec le n° 42 du 19 avril) a été tiré sur papier blanc et rouge. Il a été vendu et placardé dans les rues. Il était signé Sobrier et contenait un seul article : *A la Réaction*. Il avait pour devise : *La garde nationale, c'est l'universalité des citoyens armés.* A partir du n° 50, il devient : LA COMMUNE DE PARIS, journal du citoyen Sobrier, Moniteur des clubs, des corporations d'ouvriers et de l'armée, avec les devises suivantes : • Liberté, égalité, fraternité, solidarité, alliance des peuples. — Agriculture, industrie, arts, sciences. — Maintien de la famille et de la propriété, droit au bien-être, droit au travail. — Vivre en travaillant, mourir en combattant (juin 1848). » Collaborateurs : Vulmart, ouvrier bijoutier ; E.-A. P. Her, ouvrier tanneur et corroyeur. — Pour le comité de rédaction, signé : Aug. Decou. Imprimerie Cosson. Bureaux : passage de l'Entrepôt des Marais, 4. *La Commune de Paris* est morte le 8 juin. Les premiers numéros ont été expédiés francs de port aux départements, sous le couvert du ministre des finances. — Collection rare et très-recherchée.

Commune de Paris (la), par Barbès, Sobrier, George Sand et J. Cahaigne (février 1849). Imprimerie Frey. Prospectus ou profession de foi, sans indication de bureaux. — Cet écrit a été démenti par Cahaigne.

Commune de Paris (la), par J. Cahaigne (février 1849). Imprimerie Blondeau, rue Notre-Dame-des-Victoires, 6. L'auteur proteste contre la publication annoncée sous le titre précédent et qui, bien que portant son nom, n'est pas de lui.

Commune de Paris (la), journal historique, politique et

littéraire (30 septembre 1849). Imprimerie Boulé. Bureaux :
rue Notre-Dame-des-Victoires, 6. Rédacteur en chef : Cahaigne.

Communes de France (les), journal politique administratif, agricole, scientifique et littéraire (juillet 1850). Imprimerie Chaix. Bureaux : rue Saint-Georges, 56.

Communiste (le), journal mensuel (mars 1849). Imprimerie Lacour. Bureaux : rue d'Orléans-Saint-Honoré, 16.
Rédacteur-gérant : Gay.

Compère Mathieu (le), ou bigarrures de l'esprit humain,
(mai 1851). — Imprimerie Pilloy frères. Bureaux : rue du
Pain, 7. Signé : Dulaurens.

Conciliateur (le). — Nouvelles du jour, avec la devise :
« *L'Union fait la force.* » (Juillet 1848.) Imprimerie Chaix.
Bureaux : rue Bergère, 19.
Couleur républicaine. — Gérant : J.-B. Adam. Collaborateurs : Louis Jourdan, Fr. Vidal. — Continuation du journal
les *Nouvelles du jour.*
Le *Conciliateur* publiait 3 éditions par jour : la 1re après
la Bourse, la 2e après la séance, et la troisième dès le matin.

Conciliation (la.)—Revue mensuelle de l'alliance des peuples. (Juin 1849.) Imprimerie Lacombe. Bureaux : passage
Tivoli, 13 bis.

Concorde (la). — *Journal des intérêts de la république.*
Couleur Cavaignac. (N° 1, du 25 juillet 1848.) — Imprimerie
Chaix. Bureaux : rue Bergère, 8. Rédacteur-gérant : Bullot.
Collaborateurs : P. Jabas, L. Médale.

Conseil républicain (le). — *Journal quotidien de l'émancipation politique, commerciale, industrielle et littéraire.*
Même rédaction que pour le *Bon Conseil*, dont il est la continuation ; onze numéros ont paru sous ce titre ; le dernier
est du 5 avril 1848. Bureaux : passage Saulnier, 7. Imprimerie
de Chaix.

Conseiller de l'enseignement public (le). — (Août 1852.)
Imprimerie Bonaventure ; chez Dézobry et E. Magdeleine ;
rue des Maçons-Sorbonne, 1.

Conseiller des campagnes (le). — Journal hebdomadaire. Bureaux : boulevard Montmartre, 2. Imprimerie Schiller.

Conseiller des enfants (le). —Journal complet des plaisirs de l'enfance (octobre 1849). Bureaux : rue Montmartre, 169. Imprimerie Penaud. Avec la collaboration de Théophile Gauthier, Louis Desnoyers, E. Nyon, Emile Marco de Saint-Hilaire, P. Fertiault, Marie Aycard, Léo Lespès, E. Pagès, Jules de la Teste, Boissard, A. Jadin, Félix Tournachon, Fauchery, G. Bourdin, etc.

Conseiller du peuple (le). — Journal mensuel, par A. de Lamartine (avril 1849); propriétaire : Mirés. Bureaux : rue Richelieu, 85. Imprimerie Lacrampe. A été remplacé par le *Civilisateur*.

Conservateur (le). — Journal des rentiers et des propriétaires, publié par M. Charles Malo (1er juillet 1850). Bureaux: rue du Cherche-Midi, 28. Imprimerie Maulde.

Conservateur de la république (le). — Journal quotidien. Le premier numéro a paru le 16 avril 1848. Rédacteur en chef : Charles Marchal. Collaborateur : P. M***. Bureaux: rue du 29 Juillet. Imprimerie Blondeau. Il promettait à ses lecteurs des manuscrits inédits d'*Alibaud*. — M. Charles Marchal, dont le nom a eu quelque retentissement dans la presse et ailleurs, a publié la *Presse républicaine* et la *Fraternité*, avant d'occuper la rédaction en chef de l'*Ami du peuple*. Il a lancé aussi des canards non périodiques : *Cri de misère ! Cri de liberté !* qui n'ont pas eu plus de succès que ses ignobles et tristes pamphlets.

Conservatoire (le). —Journal des arts et métiers (premier numéro, 3 juin 1849). Bureaux : quai Malaquais, 15. Imprimerie Gratiot.

Conspiration des poudres (la.)—Journal fulminant. Démocratique-socialiste. (Numéro unique, 4 juin 1848. Gérant : P. Sony; collaborateurs : Ch. Trouveur, F. Vidal. Bureaux : rue Mazarine, 36. Imprimerie Dupont. —Rare.

Conspiration du capital (la). —Publication populaire, par Léo Saporta. Couleur montagnarde (un seul numéro, du 17 octobre 1848). Imprimerie Bénard. — Très-rare.

Conspiration des pouvoirs (la). — Mentionné par erreur typographique dans le rapport de la Commission d'enquête. On a voulu désigner la *Conspiration des poudres*.

Constituante (la). — Déclaré en février 1848. N'a paru que le spécimen.

Constitution (la). —Journal des vrais intérêts du pays (numéro premier, du 10 juin 1848). Gérant : Domange (ne pas confondre...) ; collaborateur : A. F***. Bureaux : rue Bergère, 8. Imprimerie Chaix.

Ce journal s'appelait dès le 12 juin :

Constitution (la). — Journal de la république napoléonienne. Mêmes gérant, rédaction, bureaux et imprimerie que le précédent. A paru le 13 juin, sous le titre de la *République napoléonienne* (la *Constitution*, journal de la (*sic*) et des vrais intérêts du pays.) — Voir plus loin.

Constitution (la). —Journal quotidien. Numéro premier, du 3 mars 1848 ; couleur du *Siècle*. Rédacteur en chef : Dunoyer ; gérant : Alex. Delouche. Bureaux : rue Richer, 12 ; imprimerie Marc-Aurel. Le troisième et dernier numéro est fort rare ; il a été imprimé chez Vrayet de Surcy.

Constitution (la) *comme je la voudrais, avec des débats imaginaires.* — Numéro unique du 5 octobre 1848. Couleur démocratique et socialiste. Imprimerie Chaix. Dépôt : passage de l'Opéra, 7.

Rédacteur : Louis Émar.

Constitution et le socialisme (la).—(Juillet 1848). Imprimerie Marc-Aurel.

Rédacteur : le citoyen Courtois, rédacteur en chef du *Progrès industriel* et président du club du Faubourg du Temple.

Constitution (la) (« *République du présent et de l'avenir* »). — 28 février, 1849. Imprimerie Maulde. Bureaux : rue Saint-Marc, 39 Rédacteur en chef : Marie, aîné ; Rédacteur-gérant : Ch. Martin. Collaborateur : Ch. Tondeur.

Contredanse (la), —journal de musique qui se publie rue du Coq-Saint-Honoré, 6.

Corbeille (la). —Journal de modes de la maison Mariton et

Comp., 64, rue Sainte-Anne; continuation de la *Corbeille de Mariage*. — Il serait trop long d'énumérer ici les titres des différentes feuilles ou revues qui se publient à la même adresse; presque toutes sont antérieures à 1848. La plus remarquable, sans contredit, est la *Sylphide*, imprimée sur papier de luxe et renfermant de jolis dessins. La rédaction littéraire et théâtrale en est confiée à M. Julien Lemer, qui a sa place très-favorablement marquée dans le journalisme parisien.

Correo de Ultramar (el). — Journal politique, littéraire, industriel, commercial et de modes, écrit en langue espagnole et paraissant tous les quinze jours en quatre grandes feuilles. Faubourg Montmartre, 10.

Coureur de Paris (le). — Désigné à tort dans le rapport Bauchard. — N'est-ce pas le *Courrier de Paris* qu'on a voulu dire?

Correspondance de Paris. (la) —Recueil de nouvelles, faits du jour, comptes-rendus de l'Assemblée nationale, envoyé aux journaux des départements. Gérant: B. Pauchet (numéro premier du 17 mars 1848). Bureaux : rue Sainte-Anne, 55. Imprimerie Brière. — La *Correspondance de Paris* était imprimée sur papier à calquer. Noms des principaux gérants : Pellagot, Justin, Pava ; le 31 août elle était signée Rascol; le 3 avril elle a publié l'*Echo du soir* et le 9 le *Messager*. (Voir plus loin.)

Correspondant (le) —Revue mensuelle (8 mars 1848.) Bureaux : rue des Saints-Pères, 64. — Imprimerie De Soye.

Correspondant de Paris (le). — (Septembre 1849.) Rédacteur en chef, gérant : Noël Castéra. Bureaux : galerie de Valois, 185. Imprimerie de Maistrasse.

Correspondant des départements(le).—Propagande démocratique; (mai 1849.) Bureaux : rue du Mail, 17. Imprimerie Maulde.

Coupeur (le). —Journal des tailleurs. Bureaux : 64, rue Sainte Anne. Imprimerie Brière.

Cosmos (le).—Revue encyclopédique hebdomadaire du progrès des sciences et de leur application aux arts et à l'industrie (mai 1852). Imprimerie Crapelet. Bureaux : dans les salles du

Cosmos (sic), 8, boulevart des Italiens. Directeur-fondateur : M B.-R. de Montfort. Rédacteur en chef : l'abbé Moigno. — Continuation de la *Lumière*.

Coup de trique (le). — Journal mensuel, politique, économique et des reformes sociales (numéro unique, mars 1849). Rédacteur en chef : Barillon. Bureaux : rue Notre-Dame-des-Victoires, 7. Imprimerie Blondeau.

Coureur des Spectacles (le). — « La vérité aux œuvres, le silence aux personnes. » Directeur, rédacteur en chef : Charles Maurice (ancien *Coureur des Théâtres*); a changé son titre le 14 mars 1848. Bureaux : rue du Faubourg-Montmartre, 13. Imprimerie Lacombe. M. Ch. Maurice, par son âpreté, s'était fait une triste réputation.

Courrier français (le). — Bulletin du soir. Rédacteur en chef : Xavier Durrieu. (1er juillet 1848.) Bureaux : rue du Bouloi, 26. Imprimerie Proux.

Courrier médical (le). — Journal des journaux de médecine (juin 1852). Imprimerie Bailly. Bureaux : rue Guénégaud, 3. (Mensuel.)

Courrier de l'Assemblée nationale (le). — Journal politique et littéraire (république gouvernementale); signé : Édouard le Françay. Directeur : Dumont. Un seul numéro a paru le 4 juin 1848 pour citer les noms des cent soixante-neuf candidats à la représentation nationale ; il s'agissait alors de onze nominations. Bureaux : rue Coquenard, 5. Imprimerie Maro-Aurel.

Courrier de la Bourse (le) — Journal des banquiers et des actionnaires. Revue hebdomadaire des chemins de fer, des sociétés industrielles et agricoles, des compagnies d'assurances ; offied de renseignements sur toutes les entreprises nouvelles ; opérations de bourse, etc., etc. Paraissant tous les jeudis (Novembre 1852.) Imprimerie Bureau. Bureaux : rue Gaillon, 14.

Courrier de la Californie (le). — Directeur : Philippart. Bureaux : rue Dauphine, 24. Imprimerie Bonaventure. (Juin 1850.)

Courrier de la Chambre (le). — Séance du jour, revue de

tous les journaux, nouvelles étrangères, de Paris, des départements ; bulletin de la Bourse ; théâtres, tribunaux, industrie, etc. (juin 1848). On attribue ce journal aux rédacteurs du *Pamphlet*. Gérant : A. Herr. Bureaux : rue de Chartres, 12. Imprimerie Schneider.

Courrier de l'Industrie et de la Propriété (le). — Bulletin général des ventes immobilières, sous le patronage et avec le concours des industriels, des propriétaires, des notaires et avoués (janvier 1852). Imprimerie Maulde. Bureaux : boulevart Pigalle, 36, à Montmartre. Le numéro spécimen est signé Gordet, employé en retraite.

Courrier de la Librairie (le). — (Le spécimen a paru en janvier 1850). Bureaux : rue des Bons Enfants, 28. Imprimerie Guiraudet. Directeur : Jannet.

Courrier de Monterey. — Journal des actionnaires des mines d'or la *Fortune*, (janvier 1851). Imprimerie Poussielgue. Bureaux : 62, faubourg Poissonnière. — Il fallait voir la mine de ces pauvres gens lors de la fermeture de l'établissement.

Courrier de Paris (le). — Directeur : Giroud de Gand. Rédacteur en chef : Nerée Désarbres. Littérature, théâtres, modes. Bureaux : rue Favart, 4.

Courrier de Paris, des départements et de l'étranger (le). — Couleur de l'*Assemblée nationale*. Rédacteur : W. Duckett. Administrateur : Ernest de Vincens (4 mai 1848). Mort en août, faute de cantonnement. Bureaux : rue Christine, 3. Imprimerie Firmin Didot.

Courrier de San-Francisco (le). — (Février 1850.) Bureaux : rue de Bondy, 11. Imprimerie Schneider.

Courrier des Baigneurs (le). — Imprimé sur papier imperméable, permanent pendant un mois dans les cabinets des principaux établissements de bains de Paris (avril 1852) Imprimerie Vrayet de Surcy. Bureaux : rue Grégoire-de-Tours, 4. — Ce journal n'a pas tardé à tomber dans l'eau, et, malgré son imperméabilité, il s'est noyé.

Courrier des Chemins de fer (le). — Journal du progrès

et du crédit public. (Plus de chaumières, paix aux châteaux).
Couleur républicaine. Rédacteur en chef : docteur Bureau
Bioffrey. Collaborateurs : Gardissal, Bastide d'Izar. (5 mars
1848.) Bureaux : rue Bergère, 8 Imprimerie Chaix.

Courrier des Colléges (le). — Bureaux : rue Grenelle-St-
Honoré, 36. Imprimerie Vrayet de Surcy.

Courrier des Électeurs (le). — Journal mensuel (avril
1849). Bureaux : rue de l'Ancienne-Comédie, 18. Imprimerie Lacrampe. Continuation du *Tocsin des Électeurs*. (Voir
ce journal.

Courrier des Enfants (le).—Journal mensuel. Directeurs :
Hostein et Marsaix. Bureaux : rue Neuve-Trévise, 7.

Courrier des Spectacles et des Concerts (le). —Programme
des théâtres. Fait par les compositeurs du *Corsaire* dans le
but d'obtenir des billets de faveur. (18 avril 1850.) Bureaux :
rue d'Enghien, 9. Imprimerie Lacombe.

Courrier du Soir (le). —Nouvelles de la journée. République gouvernementale. Rédacteur en chef : L. Chambel-
land : gérant : Sirasse. (20 mars 1848.) — A pris le titre de
la Dépêche. — Bureaux : rue de Monnaie, 11. Imprimerie
Gratiot. — Rare.

Cours de Droit social (le) pour les femmes. — (Mai 1848.)
Imprimerie Plon. Bureaux : rue de Miroménil, 4. Signé
Jeanne Deroin.

Courtier (le). — Journal des acheteurs et des vendeurs,
publié par la maison de courtage général de la maison du
Pont de fer. Directeur : Vieherat père ; rédacteur : Ch. Sou-
lier. Bureaux : 14 bis, boulevard Poissonnière. Imprimerie
Schiller.

Courtier de Paris (le). — Journal des charcutiers, bou-
chers et éleveurs, paraissant les lundis et jeudis, après la
fermeture des halles et des marchés, avec le cours. (Jeudi
4 mars 1852.) Imprimerie Dubuisson. Bureaux : rue Montorgueil, 45.

Cousin de Migromégas (le).—Aux Robert-Macaires, industriels civils et politiques de la bonne ville de Paris. (Octobre

1848.) Journal-canard en vers, par Raynaud. Bureaux : rue Saint-Honoré, 355. Imprimerie Cordier.

Crédit (le). — Journal quotidien. Spécimen sans date. (17 septembre 1848) Rédacteur en chef : Ch. Duveyrier ; gérant : Léopold Amail. Bureaux : place Bourbon, 101. Imprimerie de Martinet.

Le premier numéro a paru le 1er novembre sous le patronage, dit-on, du général Cavaignac. Il a eu depuis cette époque, pour rédacteur principal, Louis Jourdan. Bureaux, 154, rue Montmartre. Imprimerie Poussielgue.

Crédit foncier (le) en France, en Belgique et en Allemagne, (novembre 1852). Imprimerie Constant aîné, à Orléans. Bureaux : rue du Mail, 30. Rédacteur en chef : Jules Lévita. Collaborateurs ; Emile Jay, C. Hertz, A. Sacré, etc.

Cri de détresse (le) *des ouvriers.* (Janvier 1849.) Signé : B.-D. Lefranc. — On voit que l'auteur connaît les Monts-de-Piété ; il en parle tout le long, le long de son programme.

Croque-Mort de la Presse (le). — Nécrologie politique, littéraire, typographique et bibliographique de tous les journaux, pamphlets, revues, nouvelles à la main, satires, chansonniers, almanachs et canards périodiques nés, morts, avortés, vivants, ressuscités ou métamorphosés à Paris, à Lyon et dans les principales villes de France, depuis le 22 février jusqu'à l'installation du président de la République, en décembre 1848.

Catalogue curieux et complet comprenant plus de 1,500 articles et plus de 6,000 noms propres, indiquant minutieusement les titres, sous titres, devises et épigraphes de chaque journal, revue, etc.; sa couleur politique apparente ou cachée, ses diverses spécialités ; les noms de ses collaborateurs, gérants, fondateurs et parrains, signataires ou anonymes ; son format, le nombre de ses pages et de ses colonnes ; ses conditions de prix et de périodicité ; sa filiation politique et industrielle ; les mystères de sa naissance et la date de sa mort ; l'histoire de ses modifications et transformations secrètes ; l'adresse des bureaux qu'il habitait, le nom de l'imprimeur, qu'il laisse souvent inconcevable ; les différents titres sur lesquels le même journal a recommencé son commerce, autre rue, autre numéro; les accidents qui ont hâté sa mort ou qui perpétueront son existence; son degré de rareté, etc., etc., etc., etc.; *suivi de l'art de déterrer les journaux morts de s'en faire 3,000 livres de revenu*, par un bibliophile bien informé, actionnaire de quatorze imprimeries, membre de vingt-sept clubs, et rédacteur de trente-trois gazettes mortes et enterrées. — A eu six *convois*, le premier en décembre 1848, le dernier en janvier 1849. Rédacteur: H. Deloulhardy; collaborateur: H. Izambard. Bureaux; place de la Bourse 10. Imprimerie Lacrampe. — Tirage sur papier de couleur. — *Le Croque Mort* est le travail le plus complet, le plus soigné qui ait encore paru sur la presse parisienne. Renseignements exacts, détails curieux et puisés à bonnes source, rien n'y manque. Les publications qui ont projeté d'être périodiques, ou même qui ont feint de l'être, ont été recueillies dans cette revue précieuse pour les collectionneurs. — Pour figurer les titres de journaux, on a employé les caractères les plus propres à en reproduire la forme, travail énorme, pénible, et dont il faut savoir gré à l'auteur.

Le Croque Mort de la Presse s'offre aux hommes politiques et aux hommes de lettres pour leur servir de guide dans ces immenses catacombes qui sont encore pleines de détours et de ténèbres pour beaucoup de gens. S'il est sobre de paroles, prodigue de renseignements, avare de médisance, en revanche on le trouvera beaucoup plus gai qu'un enterrement.

Curé de Campagne (le) — Journal du clergé catholique. (Hebdomadaire 10 septembre 1852.) Bureaux : rue du Faubourg-Saint Honoré, 54. Imprimerie Brière.

Curiosités révolutionnaire (les), — *les affiches rouges reproduites*. Reproduction exacte et histoire critique de toutes les affiches ultra républicaines placardées sur les murs de Paris depuis le 24 février 1848, avec une préface par un *Girondin* (septembre 1851). Bureaux : rue Guénégaud, 18, Imprimerie Gratiot.

Daguerréotype républicain (le) n'est pas un journal, c'est un recueil périodique de lithographies sans texte.

Daguerréotype théâtral (le), — journal littéraire illustré, reproduisant les principaux types, costumes et tableaux des

pièces à succès (février 1849). Rédacteur en chef : P. Avenel ;
gérant : Jourdain ; bureaux : rue Mazarine, 36. Imprimerie
Schneider. Les premiers numéros de cette petite feuille dramatique étaient d'un luxe qui nous rappelait *le Succès*, de
M. Achille Collin ; les gravures de MM. Jourdain et Rouar-
gues reproduisaient avec une scrupuleuse exactitude les
scènes importantes de nos pièces en vogue ; mais le texte
laissait à désirer beaucoup. Un peu plus tard, il en fut de
même des dessins. Les frais cependant étaient lourds, et les
adhésions n'arrivaient pas... De là la mort du *Daguerréotype
théâtral*, dont le service d'abonnements a été repris par le
Journal du plaisir. — Reparaît depuis quelques mois ; Gérant :
Huzard.

Dandy (le), — Gazette des Modes (mars 1849). Bureaux :
rue Larochefoucault. 39. Imprimerie Proux.

Débats de l'Assemblée nationale. — Séance du jour, actes
officiels, nouvelles étrangères, bourse, etc. — Couleur de la
Gazette de France. — Gérant : Ch. Thorez (20 juin 1848).
Bureaux : rue du Doyenné, 17. Imprimerie Schneider. —
Rare. — Ce journal était une des dix-neuf éditions de la
Gazette de France (voir ce journal).

Défense des intérêts tontiniers (la). — Bulletin mensuel
(février 1849). Bureaux : rue Bellechasse, 10.

Le Défenseur du Peuple, — journal mensuel (montagnard). Gérant : Narcy ; collaborateurs : Ch. Sarrans, P. Ri-
mant.—Le seul numéro paru est daté du 10 novembre 1848.
—Bureaux : rue de l'Arbre Sec, 20. Imprimerie Blondeau.

Délégué du Luxembourg (le), — journal mensuel (mai
1849). Rédacteur en chef : Gautier, ex-délégué du Luxembourg et collaborateur du *Père Duchêne.* Bureaux ; rue de
Bondy, 28. Imprimerie Malteste.

Démocrate (le). — Journal politique, commercial et littéraire (janvier 1850). Bureaux : rue Jacob, 18. Rédacteur en
chef : Charles Sieurac. Gérant : J.-G. Bollier.

Démocrate (le), — journal de la réforme sociale (octobre
1849). Rédacteur en chef : l'abbé Chantôme. Bureaux : rue
Jacob, 3. Imprimerie Vrayet de Surcy.

Démocrate (le), — semaine sociale et républicaine, journal des villes et des campagnes (Republique ardente) Propriétaires, fondateurs et rédacteurs : D'Alton-Shée et Frédéric Gérard (ex-maire provisoire de Montrouge). Premier numéro (2 avril 1848). Bureaux : rue Percée-Saint-André-des-Arts, 11. Imprimerie Bautruche. — Un deuxième et dernier numéro a paru le 20 avril, sous le titre de :

Démocrate égalitaire(le), — semaine sociale et républicaine. Rédacteur en chef : F. Gérard; collaborateur : C.-A. Chardon. Mêmes format, prix, bureaux et imprimerie que le précédent. — Très-rare. — Le récit du banquet donné le 2 avril, sur la place du Châtelet, par le *club des Incorruptibles*, est assez curieux pour que nous en donnions un extrait : « Le club des Incorruptibles, composé de démocrates éprouvés, organisa, dimanche 2 avril, sur la proposition du citoyen Delente, une fête populaire, un banquet auquel il invita tous les patriotes. La préoccupation des élections empêcha que cette fête de famille ne comptât de plus nombreux convives ; mais, à deux heures, des clubs partis des divers quartiers de Paris et de la banlieue se rendirent à cette franche et loyale invitation, et ce furent même les points extrêmes qui se montrèrent les plus empressés. Les clubs de Ménilmontant, Passy, la société populaire de Montrouge arrivèrent bannière flottante, au milieu des chants patriotiques, et reçurent l'accolade. — Au centre de la place du Châtelet, s'étendaient deux longues tables chargées de pain et de viandes froides. La société populaire de Montrouge avait apporté un énorme gâteau, dû au citoyen Flotte, frère du démocrate de ce nom, et il fut destiné à la communion républicaine. A trois heures, les citoyens Parenton, Frédéric Gérard, Delente, toujours pleins de cœur et d'énergie, et les orateurs des autres clubs, prononcèrent des discours empreints des sentiments les plus fraternels, et le peuple qui assistait à cette manifestation fut appelé à prendre part au banquet. Des corbeilles pleines de vivres furent distribuées, ainsi que quelques rafraîchissements, et le gâteau du citoyen Flotte, coupé en petits morceaux, servit de pain béni dans cette communion démocratique. »

Démocrate chrétien (le), — Revue catholique (septembre

1848). — se publiait par livraisons chez Dentu, au Palais-National. Rédacteur : de Gérande.

Démocratie égalitaire (la), est un titre cité par erreur dans la commission d'enquête. — Il fallait dire : Le *Démocrate égalitaire.*

Démocratie Pacifique (la). — Organe des socialistes-fourriéristes, fondé en 1832. Rédacteur en chef : Victor Considerant. — A publié, en mai 1848, une édition du soir. — Gérant : F. Cantagrel. Bureaux : rue de Beaune, 2. Imprimerie L. Lévy. — Une édition du 24 fevrier, sur demi-feuille, et contenant le récit des évenements, est fort rare.

Démocratie Pacifique (la). — Journal hebdomadaire, paraissant le dimanche (4 août 1849). Suite de la publication quotidienne interrompue le 22 mai. Rédacteur-gérant: Victor Hennequin, représentant du peuple. Bureaux : rue de Beaune, 2.

Démocratie Napoléonienne. — (Janvier 1852). Imprimerie Dubuisson ; bureaux : rue Coq-Héron, 5. — Est devenue la *France Napoléonienne.* — Rédacteur en chef : J. Chautar. Gérant : Margaillan. Collaborateurs : Alfred le Roy, Th. Labourieu, Christien Ostrowski, Firmin Buvignier.

Démocrite (le). — Voir le *Journal de Démocrite.*

Département (le). — *Gazette des communes et des provinces* (juillet 1850). Rédacteur en chef : Eugène Blanc. Bureaux : rue d'Enghien, 14. Imprimerie Lacombe.

Dépêche (la). — *Courrier du soir.* — Rédacteur en chef : E. Chambellan. Gérant : Sirasse (21 mai 1848). Bureaux : rue de la Monnaie, 11. Imprimerie Gratiot. — Rare.

Diable (le) est le titre d'un journal publié fin mai 1848. — Nous n'avons pu mettre la main sur ce *Diable* là.

Diable (le). — Journal mensuel anglo-français (voir *The Lucifer*).

Diable Boiteux (le) *à l'Assemblée nationale.* — « Cet animal est fort méchant ; quand on l'attaque, il se défend. » Avec une vignette representant Asmodée. — Couleur bonapartiste. — Le premier numéro est du lundi soir, 29 mai. —

3.

N'est pas signé. — Collaborateur et fondateur : Chambaud, président du club démocratique de la garde nationale; J. Clermont, Ch Tondeur, Michelet. — Bureaux : rue des Grands-Augustins, 27. Imprimerie Bailly. — Le nº 5 du 21 juin est signé : Michelet. — Le 23 juin, il a paru sous le titre : *Pamphlet de la République rouge*; gérant : Ch. Tondeur. — *Le Diable Boiteux* (qui était la continuation de la *Nation armée*) n'était pas si méchant qu'on le pense; pendant son règne, très-court il est vrai, il a distribué quelques *coups de béquilles*, mais ils n'ont tué personne.

Diable Boiteux (le). — Journal politique, véridique, charivarique, dramatique, et vive la République! — Couleur de l'*Assemblée nationale*. — Le numéro spécimen ne porte ni date ni signature (3 mai 1848). Rédacteur en chef : Gigault de la Bédollière. — Bureaux : rue Jean-Jacques Rousseau, 14. Imprimerie Bureau. — Très-rare.

Diable Rose (le). — Supplément au journal l'*Indépendant*. — Rédacteur : E. Labédollière. — Numéro du 5 juin, sans indication de bureau ni de date. — Imprimerie Bureau. — A été tiré sur papier rose.

Diable Rose (le). — Avec une vignette; le diable regardant par les tuyaux des cheminées. — Couleur monarchique. — Rédacteur en chef : E. Labédollière; gérant : Féllens. — Sur papier rose, numéros 1, 2, 3 des 15, 18 et 22 juin 1848. — Bureaux : rue Coquillière, 22. Imprimerie Bureau. — Disparu aussitôt les événements de juin. Au bas de son numéro deux, nous avons remarqué l'avis suivant : *à vendre, au plus offrant et dernier enchérisseur, plusieurs chiens couchants ayant appartenu à l'ex-roi Louis-Philippe. On garantit que ces animaux ont totalement oublié leur maître, et montreront pour n'importe qui toute la docilité désirable.* *Nota :* Ces animaux ne sont pas à louer.

Diable Vert (le) n'a jamais paru; il a été compris à tort dans la liste des marchands de journaux. — Le *Croque-Mort de la Presse* indique ce titre comme ayant été cité en juin par *Arlequin démocrate*.

Dictionnaire démocratique. — *Manuel du citoyen*, par Francis Wey. — A paru en livraisons. — Imprimerie Lacrampe. — A Paris, chez Paulin, rue Richelieu, 60. — De nombreux et importants fragments ont été publiés dans le tome XI de l'*Illustration*.

Diligence (la). — Journal littéraire et d'annonces commerciales (mars 1849). — Était déposé dans toutes les administrations de voitures publiques. — Rédacteur en chef : Ch. Lepage ; bureaux : 131, rue Montmartre.

Dimanche illustré (le). — Journal pittoresque des plaisirs de Paris et de ses environs. Devait être publié par les fondateurs du *Petit Caporal*. — N'a jamais existé.

Diogène sans-Culotte. — Avec la devise : «Ai-je vu des coquins, des coquins et des sots, des sots et des coquins !» N° 1 du 22 juin 1848. — Gérant : Daniel. — Bureaux : rue de la Harpe, 90. Imprimerie Bautruche.

Distractions *géographiques, physionomiques, anecdotiques, historiques, épigrammatiques, scientifiques, etc., etc., aussi instructives qu'amusantes* (lisez le contraire). — Par l'auteur du *Micromégas* (Raynaud). — Bureaux ; rue Saint Honoré 355. Imprimerie Cordier.

Divan (le), — journal des flâneurs ; numéro 1, du dimanche 30 mai 1852. Imprimerie Beaulé ; bureaux : rue Jacques-de-Brosse, 10.
Rédacteur en chef : Alexandre Guérin ; collaborateurs : Henry de Warens, Maignand, A. Osmond, Pierre Laudry, Rémy Camboulas, H.-Frédéric Degeorge, etc. Ce journal publie une page d'annonces coloriées, dont la combinaison est des plus heureuses Une souscription est ouverte dans ses bureaux pour un monument à élever à Hégésippe Moreau. — Publie des illustrations, par Bouchot.

Dix-Décembre (le). — *Journal de l'ordre* (15 avril 1849) Bureaux : boulevart Montmartre, 48. Imprimerie Schneider. — Gérant : Lamartinière.

Dominicale (la). — Journal des vicaires et des curés de campagne. Numéro spécimen, juin 1851. Imprimerie Simon d'Autreville. Bureaux : rue Neuve-des-Petits-Champs, 48.

Dominicale (la). — *Manuel des vicaires et des curés de* *campagne* (mai 1850). Bureaux : rue Neuve-des-Petits-Champs, 48. Imprimerie Simon d'Autreville.

Dominicales (les). Satires publiées en livraisons hebdomadaires (juillet 1848). Auteur : M. Edmond de Sérigny.

Dook (le), (novembre 1852.) — Imprimerie Chaix. Administrateur : Léopold Amail. Collaborateurs : P. Robert, Henry Augu. Bureaux : rue de Provence, 13.

Drapeau français (le). — *Journal universel de la semaine* (prospectus, avril 1851). Secrétaire du comité de rédaction : J. Gourmez. Bureaux : rue Grange-Batelière, 13. Imprimerie Simon d'Autreville.

Drapeau national (le). — *Écho des gardes nationales de France*. S'est fondu, en septembre 1848, avec l'*Opinion publique*.

Drapeau républicain (le). — *Journal des intérêts du peuple* (montagnard). Fondateurs et imprimeurs : Beauié et Moignand; collaborateurs : L. Festeau, Aug. Jolly, n° 1 du 29 février 1848. Bureaux : rue Jacques-de-Brosse, 8. — Très-rare.

Drapeaux de la Presse républicaine (les). — Nomenclature des journaux parus depuis février 1848; l'auteur n'est pas désigné. — La 1re livraison est du 11 octobre. Quatre seulement ont paru. — Ce travail bibliographique est attribué à Antony Thouret. — Ce catalogue, fait très-consciencieusement, a été fort utile aux marchands et aux collectionneurs.

Drapeau de la République (le). — « *Liberté, égalité, fraternité.* » — Couleur de la Gazette de France. Numéro spécimen du 14 mai 1848 — Rédacteur. — Gérant : A. Demorgny, ouvrier porcelainier. Collaborateurs : A. D***, A. Kermor, Fortunat, Aug. Johanet, L. de Kentzinger. Bureaux : rue Croix des-Petits Champs, 33. Imprimerie Frey.

Drapeau de la République (le). — *Écho des gardes nationales de France*. N° 1 du 24 mai 1848. Mêmes bureaux et imprimerie que le précédent.

Drapeau du peuple (le). — *Christianisme, démocratie,*

socialisme. — A paru en décembre 1849. — Rédacteur en chef : l'abbé P. Chantôme. Gérant : Didier. Bureaux : rue Jacob, 3. Imprimerie Vrayet de Surcy. Collaborateurs : les abbés P. C***. et Au. L. (Anatole Leray).

Droit du peuple (le). — *Journal des intérêts sociaux* (février 1850). Chez Breteau, 7, passage de l'Opéra. Imprimerie Vrayet de Surcy. Rédacteur en chef : Jean-Jacques Danduran.

Droit social (le). — *Journal quotidien, politique, commercial et littéraire.* (Format du *National*.) Le spécimen est daté d'août 1849. Directeur : Eteillard. Bureaux : boulevard Bonne Nouvelle, 9. Imprimerie Prève.

Droits de l'homme (les). — *Liberté, égalité, fraternité, association, alliance des peuples.*—Couleur de la montagne. Rédacteur-gérant : T. Dézami. Nº 1, du 2 mars 1848. Bureaux : rue de la Harpe, 92. Imprimerie Bautruche.

Droits de l'homme (les). — *Tribune des prolétaires. Liberté, egalité, fraternité. Émancipation du travail, alliance des peuples.* Mêmes rédacteurs, format, prix, bureaux et imprimerie que le précédent journal. — Le titre seul a été changé.

Droits de l'homme (les). — *Organe du peuple.* Nº 1, paru en janvier 1849. Rédacteur en chef : le citoyen Gally. Administrateur : le citoyen Jacques Danin. Bureaux provisoires : rue de l'Echiquier, 6. Imprimerie Blondeau.

Droits du peuple (les). — Journal extrêmement rare ; manque à notre collection. — L'auteur, J. Terson, a été transporté après les événements de juin, et a publié dans la *Réforme*, du 7 décembre 1848, un *Bulletin de la transportation*. Sous la monarchie, il avait fondé la *Revue sociale*.

Echo agricole (l') — « *Le sol, c'est la patrie* » — n'est pas un journal fondé depuis 1848 ; il a été compris à tort sur les listes publiées il y a trois ans ; son origine remonte à 1826. Imprimerie Boulé. Bureaux : rue Coquilière, 22. Redacteur en chef : A. Pommier.

Echo littéraire (l'). — Lectures des familles. — Recueil paraissant le 15 de chaque mois (octobre 1852). Imprimerie Brière. Bureaux : rue Sainte-Anne, 55.

Echo national. — *Edition mensuelle.* — Couleur anti-démocratique. Gérant : Baraton ; fondateur : B. Delessert fils ; rédacteur : A. Vitu. Imprimerie Chaix. Bureaux : rue Bergère, 20. — Est devenu le *Guide des Electeurs.*

Echo populaire (l'). — Journal de la propriété du peuple (mai 1849). Imprimerie Proux. Fondateurs-collaborateurs : P.-J. Brunemaire, A. Grandvallet, Junius, Lelièvre ; gérant : Géhay. — Continuation du *Socialisme napoléonien,* organe de la ligue démocratique pour l'extinction du paupérisme, publié avec l'appui sympathique de M. Pierre Bonaparte.

Echo de l'Algérie (l'). — Organe spécial des colons d'Afrique. Politique, agricole, littéraire (2 avril 1849). Imprimerie Boniface. Bureaux : rue du Bac, 20. Rédacteur en chef : Michel, de Bone. (Hebdomadaire.)

Echo de la Californie (l'). — (Septembre 1849.) Bureaux : rue Neuve-Saint-Augustin, 20. Imprimerie d'Arbieu, à Poissy.

Echo de la Marine (l'). — *Marine militaire et marchande,* colonies, commerce, industries maritimes (octobre 1849). Imprimerie Schneider. Bureaux : rue Corneille, 3.

Echo de la Métallurgie (l') et de la quincaillerie.—Journal général de l'industrie et du commerce des fers et des métaux (juin 1852). Imprimerie de Lacombe. Bureaux : rue Jean-Jacques-Rousseau, 14. — Rédacteur en chef : Auguste Duvigneau.

Echo de la Presse (l'). — Journal des intérêts généraux de l'agriculture, de l'industrie et du commerce (avril 1849). Imprimerie de Lacombe. Bureaux : boulevard Saint-Denis, n° 4. — Ils ont été transférés, 1 et 3, boulevard des Italiens. — Nous avons lu dans ce journal, qui a pris le format de la *Presse,* des articles fort remarquables sur l'exposition de Londres.

Echo de la Sorbonne (l').—Journal scientifique et littéraire illustré. Imprimerie Lahure. Bureaux : rue Vavin, 15. — Hebdomadaire.

Echo des bons Drilles (l') — (5 mars 1848). Imprimerie Pollet. Bureaux : rue de la Charité, 2, chez l'auteur, le citoyen Albe Bernard, dit Albigeois le Bien-Aimé, « compagnon passant, charpentier bon drille du tour de France et du devoir. »

Echo des Concerts parisiens (l'). — (Mai 1851). Imprimerie Béaulé. Bureaux : rue Rambuteau, 32.

Echo des Délégués du Luxembourg (l'). — A eu trois numéros. — Manque à notre collection.

Echo des Ecoles (l'). — Les rédacteurs de ce journal, qui existait sous la monarchie, ont fondé, en 1848, l'*Emancipation de l'Enseignement* (voir plus loin).

Echo des Employés (l'). — *Journal spécialement consacré à la défense des droits et des intérêts des employés de toutes les administrations publiques.* — Deux numéros ont paru en novembre et décembre 1848. — Directeur-propriétaire : E. Larade. — Bureaux : rue de Bondy, 7. Imprimerie Blondeau.

Echo des Instituteurs (l') — a été annoncé à tort par la *Revue critique des journaux*. Existe depuis 1841. Directeur : Louis Arsène Meunier. Palais-National, 148.

Echo des Journaux. — *Journal mensuel* (septembre 1819). Bureaux : rue Colbert, 10. Imprimerie Blondeau.

Echo des Journaux. — Revue littéraire mensuelle, contenant, en quarante pages à deux colonnes, les feuilletons les plus remarquables des auteurs en vogue, tels que : Alexandre Dumas, Jules Janin ; plus une revue des théâtres et des modes, et un catalogue général des ouvrages de librairie et de musique publiés dans le cours du mois chez tous les éditeurs de Paris (juillet 1852). Imprimerie Bureau. Bureaux : rue Richelieu, 54.

Echo des Journaux. — *Revue politique, littéraire, et pittoresque de la semaine.* — Le prospectus spécimen est daté du 20 septembre 1848. — Directeurs : Fellens frères. Bureaux : rue Jean-Jacques-Rousseau, 14. Imprimerie Bureau. Le 25 octobre le premier numéro a paru dans le format du *Constitutionnel*. — République gouvernementale. — Rédacteur en chef-gérant : Martell. — Bureaux : rue des Vieux-Augustins, 37. Imprimerie Bureau.

Echo des Marchands de vins (l'), *des Vignerons et des Ouvriers.* — (Numéro-spécimen du 20 octobre 1848). Gérant : Cl. Genoux; rédacteur en chef : J. de la Madelène; collaborateur : Pierre Dupont. — *L'Echo des Marchands de vins* était l'organe du comité central des boissons, dont voici les principaux membres : Félix Lebreton, Hamelin, Devers, Dourlans, Peccato, Rollet, Lappey, Collas, Blacker, Couverchelle, François de Rueil, Chenu. — Il annonçait comme devant paraître en novembre le **Républicain**, *journal politique, commercial et agricole*, qui, disait le prospectus, « par l'importance de sa rédaction, était appelé à se placer au premier rang des grands journaux. » N'a jamais existé. — Bureaux : rue de Chartres, 7. Imprimerie Schneider.

Echo des Modes (l'). — (Février 1849). Bureaux : boulevard des Italiens, 1. Imprimerie Dondey.

Echo des Pensions (l'). — *Journal hebdomadaire*, prospectus-spécimen, août 1849. Rédacteur en chef : Tarteyre. Bureaux : rue Racine, 6. Imprimerie Guillois.

Echo des Provinces (l') — (Octobre 1848). Imprimerie Poussielgue. Bureaux : rue Saint-Joseph, 6. Rédacteur en chef : Durand de la Bouvardière, fondateur de la *Revue de l'Echo*.

Echo du Pays (l'). — *Journal mensuel* (18 janvier 1849). Bureaux : faubourg Montmartre, 43. Imprimerie Schneider. — Propriétaire-gérant : Dutacq.

Echo du Peuple (l'). — *Journal politique et social.* (Couleur Ledru-Rolliniste). Rédacteur en chef : Alp. Vernet (9 avril 1848). Bureaux : rue Favart, 12. Imprimerie Bureau.

Echo du Peuple (l'), — *journal populaire des vrais intérêts sociaux.* (Janvier 1849). — N'a paru qu'un prospectus-spécimen. Imprimerie Bailly.

Echo du Peuple (l'), — *journal des intérêts moraux et matériels.* (« Gouverner, c'est prévoir. ») Rédacteur en chef : Honoré Arnoul. Gérant : Just. Siauve. N° 1 (sans date, 9 mai

1848). Bureaux : rue de la Paix, 63, aux Batignolles. Imprimerie Maulde et Renou, rue Bailleul, à Paris.

Echo du Sacramento (l'). — *journal mensuel*, publié par la compagnie des *Mines d'Or de la Californie*. Boulevard Poissonnière, 24. N° 1 (novembre 1849). Imprimerie Boulé. — Tirage annoncé à quarante mille exemplaires. Erreur!!!...

Echo du Soir (l'). — Reproduction textuelle du journal la *Correspondance de Paris*. Propriétaire gérant : E. Pellagot. N° 1 (du 3 avril 1848). Bureaux : rue Sainte-Anne, 63. Imprimerie Brière. — Très-rare. — Ce journal est devenu *le Messager*.

Echo du Soir (l'). — (29 mars 1848.) Propriétaire : Fellens. Imprimerie Bureau.

Echo du Val de Grâce (l'), — *journal des médecins militaires*. Rédacteur en chef : Potier-Duplessis (25 mars 1848). — Le numéro du 11 juin est signé : Gailhard Celui du 13 octobre désigne comme rédacteur en chef : Jama. Collaborateurs : Comon, Cuisinier, Jourdan, Manjot, Guillemette, Watteaux. A dater de juillet 1849, le journal devient hebdomadaire, et la rédaction en chef est confiée à L. Watteaux. — Bureaux : rue d'Enfer. 25. Imprimerie Bautruche.

Eclair (l'). — Revue hebdomadaire de la littérature, des théâtres et des arts, paraissant tous les samedis. (Janvier 1852.) Imprimerie Gerdès. Bureaux : rue Laffite, 1 (maison dorée). Rédacteur en chef : Cornélius Holf (comte de Villedeuil). Collaborateurs : Méry, Gaiffe, Banville, Alexandre Dumas fils, Ed. et J. de Goncourt, Veuet, Paul de Kock. — Avec caricatures, par Nadar. — Tres-répandu.

Eco (el) **de Ambos mundos.** — Organo imparcial de la politica, la filosofia, la ciencia, la literatura, la industria, las artes, etc. Orden y progreso (15 de marzo 1852). Imprimerie Delacombe. Bureaux : rue Lepelletier, 18. — Ce journal est destiné à l'Espagne et à ses colonies.

Eco (el) **del mundo catolico.** — Periódico, universal, religioso, político, científico, literario, por el Señor Canonigo D.-D. Eduardo de Valette, El Señor Drafaël, M. Baurel, con asistancia de un selecto comitado de redacion en Paris (septembre 1850). Imprimerie Plon. Bureaux : rue de Vaugirard, 15.—Mensuel.

Ecole politique du Peuple (l'), *journal des travailleurs des villes et des campagnes.* — A paru en décembre 1848. — Rédacteur en chef : Meunier. Dépôts chez tous les libraires du Palais-National. Imprimerie Proux.

Ecole de dessin (l'). — Journal des jeunes artistes et des amateurs, donnant, tous les mois, des modèles élémentaires et nouveaux pour tous les dessins. (25 novembre 1851.) Imprimerie Schneider. Bureaux : rue Suger, 8.

Ecriteau (l'). Organe central de publicité (janvier 1849). Bureaux : cité d'Antin, 6. Imprimerie Juteau.

Education (l') Journal d'enseignement élémentaire pour les écoles et les familles. (Février 1852.) Imprimerie Beau, à Saint-Germain en-Laye. Bureaux : rue Garancière, 10.

Education nationale (l'), — ou explication complète du principe de la République. (Novembre 1848.) Imprimerie Gerdès. Bureaux : rue Saint-Germain-des-Prés, 10, et chez le rédacteur en chef, Robert (du Var), rue Rambuteau, 19.

Education professionnelle et progressive. — Imprimerie Poussielgue. Bureaux : rue Croix-des-Petits-Champs, 29. Directeur-fondateur, administrateur, rédacteur en chef, composeur et colleur de bandes, garçon de bureau et caissier : Ch. Tondeur. Collaborateurs : l'élite de la littérature scientifique et industrielle. — Ce journal compte de nombreux adhérents, le chiffre en augmente chaque jour. — Et c'est justice. —

Education religieuse (l'), — n'existe pas. Plusieurs listes l'indiquent par erreur.

Education Républicaine (l'). — *journal des maîtres d'études des lycées de la République.* Fondateurs : H. Fontan, Maurin Rossat, A. Bonnefous, Calonge, Nuéjouls, Reynac, de Kyspoter, Oger, Moine, H. Joatton, Jabcéne, Richart N° 1 (du 20 mai 1848). Gérant : Bonnefous. Bureaux : place du Panthéon, 9. Imprimerie Bautruche. — Le n° 2, du 4 juin, est signé par le secrétaire gérant : F. A. Reynac, et le secrétaire de la rédaction : Joatton. Le n° 3 a pour sous-titre :

Journal spécial paraissant tous les quinze jours. Bureaux : rue de Cluny, 4. — Les derniers exemplaires ont été imprimés chez Lacour.

Égalité (l'), *Journal des Campagnes,* — « paraissant tous les mois et bientôt tous les dimanches, » démocrate-socialiste. — Avril 1849. — Rédacteur en chef-gérant : Raginel ; collaborateurs : Victor Chippron, Napoléon Lebon, Félix Pyat. Bureaux rue de Cléry, 74. Imprimerie Doudey-Dupré. — Contient le *Chant des payrans,* de Pierre Dupont ; a reparu en octobre 1849, avec le sous-titre de *Moniteur des Élections.*

Égalité (l'), — journal des intérêts de tous. — Politique, agriculture, industrie, commerce, science, littérature, beaux-arts (avril 1848). — Imprimerie Schneider. Bureaux : rue de Choiseul, 23 — Titre que prenait, pour Paris, le journal les *Nouvelles du Soir,* le lendemain matin de sa publication. — Rédacteur en chef : Julien Lemer. Collaborateurs : Oscar Honoré, Henry Nicolle, Rabuteau, Buchler, A. Vitu.

Électeur (l'), *Journal de la Constitution et des élections de l'Assemblée nationale, de la garde nationale, des conseils généraux, des conseils d'arrondissement, etc., etc.,* ou CATÉCHISME CIVIQUE *des droits et des devoirs politiques des citoyens.* — Recueil complet de jurisprudence électorale, contenant décrets, circulaires, etc., etc. (couleur républicaine). — Directeur : Paganelli-Zicavo, avocat. Administrateur-gérant : A. Ferraud (12 mars 1848). — Bureaux : rue Duphot, 12. Imprimerie Chaix. — M. Paganelli Zicavo, depuis qu'il est devenu directeur de la Compagnie des mines d'or du *Nouveau Monde,* place de la Bourse, 11, signe : *Paganelli de Zicavo,* avocat. Est-ce sans cause... ou pour cause qu'il a ajouté un *de* à son nom ?

Élection populaire (l'). — Journal légitimiste et religieux, publié en vue des élections (sans signature ni indication de périodicité). — Cinq numéros ont été publiés en avril 1848 et tirés à 50,000 exemplaires, pour l'envoi dans les départements. — Bureaux : rue Cassette, 29. Imprimerie Le Clère. — Collection très-rare.

Émancipation de l'enseignement primaire. — *Journal*

politique, scientifique et littéraire (ancien *Echo des écoles*). — Rédacteur en chef : Marle, aîné ; rédacteur gérant : Ch. Martin : collaborateurs : B. Lunel, Delagarde, Ch. Tondeur, A. Deval, J. Ronin, Perdrix, Emile Chasles (fils de M. Philarète Chasles). — N° 1 du 6 mai 1848. — Bureaux : rue Neuve-Saint-Marc. 11. Imprimerie de Maulde.

Emeutiers (les) — (février 1849), couleur démocratique et sociale. — Rédacteurs : Armand Lévy et Henri Valleton.

Emulation (l'). — Journal illustré, d'éducation, d'instruction et de délassements pour les jeunes gens et les jeunes demoiselles, rédigé par une société d'ecclésiastiques et de gens de lettres (9 décembre 1851). — Imprimerie de Schneider. Bureaux : rue de Provence, 17. — Directeur-fondateur : le marquis d'Orbreuse.

Encyclopédie nationale des sciences, des lettres et des arts, ou résumé complet des connaissances humaines, comprenant l'histoire, la biographie, la mythologie, la géographie, rédigé par une société de savants et d'hommes de lettres (janvier 1851).—Imprimerie Lacour. Bureaux : rue Guénégaud, 17. Directeur : J.-P. Houzé.

Enfer et le Paradis du Peuple (l'), *travail, économie, politique, éducation.*—Directrice : Mme de Beaufort. — Nous possédons un exemplaire portant les initiales L. B. (Legrand de Beaufort), écrit à la main, avec paraphe. Presque tous sont ainsi. — Bureaux : rue de l'Ecole de Médecine, 4. Imprimerie Bailly. — Ce journal s'est transformé en l'*Amour de la Patrie*, que nous avons cité.

Enseignement (l'), *Journal des écoles.* — (1er mai 1849). — Bureaux : rue Soufflot, 8. Imprimerie Beau jeune, à Versailles. — Rédacteur : Armand Hennequin.

Enseignement Catholique (l') — (novembre 1849). — Bureaux : rue Cassette, 31. Imprimerie Prève.

Enseignes permanentes (les), union de la fabrique, du commerce et de l'industrie. — Journal hebdomadaire d'annonces, avis et renseignemens divers. indiquant toutes les industries par ordre alphabétique (août 1852). Imprimerie Dubuisson ; bureaux : rue Montmartre, 82.

Entr'acte du Gastronome (l'). — Nouvelliste des Théâtres et des plaisirs de Paris (30 novembre 1851). — Imprimerie Poussielgue. Bureaux : boulevard Beaumarchais, 84.—A pris le titre suivant :

Entremets du Gastronome (l').—Nouvelliste des plaisirs du goût, repas, concerts, bals, théâtres. (« Les animaux se repaissent ; l'homme mange ; l'homme d'esprit seul sait manger. ») (4 janvier 1852). Imprimerie Poussielgue. Bureaux : boulevard Beaumarchais, 84. — Rédacteur en chef : A. Borel-d'Hauterive. Propriétaire-gérant : A. de Pélanne. Collaborateurs : docteur Brieis ; L.-W. Romand ; Th. Thibout ; Bretaud-Aubin ; M. Drouet.

Éphémerides de la République française *proclamée en* 1848.— Une livraison seulement a paru ; sans date. (10 mars 1848.)— Pas de nom d'imprimeur.

Épilogueur (l'). — JOURNAL ANTIPATHIQUE *à tout ce qui n'est pas l'expression vraie* DE LA POPULARITÉ, DU PATRIOTISME *et* DE LA NATIONALITÉ, par le citoyen Salomon fils (du Finistère) ; « auteur d'un *Calendrier planétaire et universel*, propre à régler définitivement le temps civil et astronomique, à partir de l'an 1er de la seconde République française ; *membre de plusieurs sociétés savantes, et inventeur d'un papier inaccessible au lavage..* » Numéro-spécimen, non daté. (7 avril 1848.) — N'indique pas de bureaux. — Imprimerie Beaulé. — Fort rare.

Époque (l'). — *Journal des honnêtes gens.* (« Chacun chez « soi, à chacun pour soi, défense de la famille, de la morale et « de la propriété ; plus d'utopies ; abolition du socialisme. ») Gérant : Bernard. Collaborateurs : Odilon Pinchon, P. Lachambeaudie. Bureaux : rue du Croissant, 16, et rue Brongniart, 1. Imprimerie Claye. — A été placardé sur les murs de Paris (papier bleu, jaune et rouge). — Le numéro du 7 au 9 juin publiait le singulier avis suivant : « La direction de l'*Epoque,* après s'être adressée à de nombreux propriétaires, s'est vue forcée de renoncer à établir ses bureaux pendant que dureraient l'anarchie et les mouvements tumultueux de la capitale. Les propriétaires qui, tous, sympathisent, du reste, complétement avec l'esprit de la réaction, craindraient d'attirer sur leurs bâtiments les excès des factions. Espérons que cet état violent, si opposé à la liberté individuelle, ne durera pas ; puissions-nous être assez heureux pour y coopérer et accélérer le dénoûment de la crise. Nous comptons sur M. le préfet de police. — *Nous prions ceux qui auraient des communications à nous faire, de nous les adresser par la voie de l'affichage sur les monuments publics.*

Ère nouvelle (l'). — *Journal quotidien.* Spécimen sans date. (Avril 1848). Fondé par le révérend Père Lacordaire.— Imprimerie Bailly. — Très-rare.

Ère nouvelle (l'). — Rédacteur en chef : le P. Lacordaire ; gérant : J. Gautier. Collaborateurs : l'abbé Maret ; Ozanam ; de Coux ; Ch. Sainte-Foi ; Lorain ; de Labaume ; J.-P. Tessier ; H. Gouraud ; E. Cartier fils. (N⁰ 1, du 15 avril.) — N'a pas paru pendant l'insurrection. Bureaux : d'abord rue de Vaugirard, 67, puis rue du Cherche-Midi, 15. Imprimerie de Vrayet de Surcy.

Espérance (l'). — *Journal du protestantisme.* — Vivait déjà sous la monarchie.

Esprit national (l') — Rédacteur en chef : V. Rondy (Capo de Feuillide.) Gérant : F. de Laboulaye. Collaborateur : A. Vitu. — A paru depuis avril jusqu'au 17 mai sans numéro d'ordre. Bureaux : rue Montholon, 21. Imprimé d'abord chez M. Aaret, plus tard chez Chaix, ensuite chez Schneider. — Collection recherchée.

Esprit du peuple (l'). — *Courrier des rues.* (Montagnard.) Rédacteur en chef : Ch. Desolme ; administrateur : P. Commainville. Collaborateurs : V. Combet ; Ch. Arnoult. Le premier numéro (du 1ᵉʳ avril 1848) contenait cette profession de foi : « Que tous les citoyens qui ont du superflu viennent en aide à tous ceux qui manquent du nécessaire : *sans cela pas de fraternité.* Que nul n'ait droit au nécessaire sans le mériter par ses vertus civiques et son travail : *sans cela pas d'égalité.* Que nul ne puisse être violemment dépossédé de ses droits de citoyen : *sans cela pas de liberté* », etc., etc. Bureaux : faubourg Montmartre, 15. Imprimerie Aubusson. — 29 numéros ont paru ; ils sont pour ainsi dire introutablés. L'*Esprit du peuple* est mort le 15 mai. Les mêmes rédacteurs ont publié en avril la *Véritable République*.(Voir plus loin.)

Estafette (l'). — *Journal des journaux.* Fondé en 1830, a fait paraître en mai 1848 un *Bulletin du Soir*. Directeur-gérant : A Dumont. Bureaux : rue Coq-Héron, 3. Impr. Boulé.

Estafette des Théâtres (l'). — (29 juillet 1850). — Programme quotidien des spectacles, concerts, etc. Bureaux ; boulevard Montmartre, 8. Imprimerie de Vinchon. Ce titre existe depuis longtemps ; mais le journal changeant assez souvent de propriétaire, de nouvelles déclarations sont faites au Ministère de l'intérieur (cabinet de la librairie). De là, il place ici.

État de Siège (l'). — *Journal mensuel* (juin 1849). Rédacteur-gérant : Louis Rabusier. Bureaux : rue des Noyers, 27. Imprimerie Plon.

Étendard (l'). — *Journal universel* (janvier 1849) ; bureaux : rue Vivienne, 2. Imprimerie Bénard.

Étendard des droits du peuple (l'). — *Guerre aux abus.* Propriétaire-gérant : F. Démouret. — Deux numéros parus (13 et 14 mars 1848) ; bureaux : rue Croix-des-Petits-Champs, 33. Imprimerie Frey. — L'*Étendard des droits du peuple* qui était la continuation de la *Voix du peuple* (nouvelles du jour), s'est, à dater de mai, métamorphosée en l'*Assemblée constituante* (journal de tous les intérêts).

Étoile Savoisienne (l'). — Revue encyclopédique des productions les plus remarquables dans la littérature, les sciences et les arts. Journal des familles et des établissements d'instruction publique (décembre 1848). Imprimerie Poussielgue ; bureaux : rue du Croissant, 12.

Étoile de France (l'). — Revue mensuelle (14 septembre 1848). Imprimerie Sapia ; bureaux : rue du Doyenné, 12. — Protestations énergiques contre la suppression de la *Gazette de France*, recommandations aux électeurs en faveur de M. de Genoude. — Très-rare. — Le seul exemplaire que nous en connaissions porte la signature manuscrite du gérant : A. Escande.

Étoile de France (l'). — Revue des droits de tous, n° 1 du 16 septembre 1848. — Imprimerie Sapia; bureaux : rue du Doyenné, 12. Gérant : Aubry-Foucault. — Est devenue l'*Étoile de la France* pendant la durée de l'état de siége. — Voir la *Gazette de France*.

Étoile de la jeunesse (l'). — *Journal d'éducation illustré* (mensuel) ; bureaux : rue Favart, 12.

Étoile du peuple (l'). — (Décembre 1848). Imprimerie Soupe ; bureaux : rue du Haut-Moulin, 8. Rédacteur : J.-B. Giraud.

Étudiant (l'). — Revue sério-drôlatique du quartier latin (n° 1, septembre 1849) ; bureaux : rue Saint-André-des-Arts. Propriétaire-gérant : Berthelot.

Voici quelques extraits d'un article intitulé : la *Théorie de l'amour* : « Qu'est-ce que le plaisir ? C'est le dieu auquel nous devons tous croire.... — Quand a-t-il été créé ? Il n'a jamais eu de commencement, il n'aura jamais de fin.... — Quelles sont ses œuvres ? Il a créé le monde du 13° *arrondissement*, ce monde qui n'est nulle part et qui est partout.... — Où est ce Dieu ? Il est partout, en tous lieux : à Mabile, au Château-Rouge, au Prado, etc., etc. — Pouvez-vous le voir ? Non, mais le spectacle de la nature et la vue d'un couple.... nous révèlent son existence. — Comment ce dieu veille-t-il sur nous ? Par l'intermédiaire du *messie*. — Quel est ce messie ? C'est le *père Bullier*.... — Où est le père Bullier ? A la Closerie-des-Lilas, en été ; au Prado, en hiver. — Quelle est sa mission sur la terre ? C'est de veiller à ce que les jeunes étudiants envoyés à Paris par leurs familles rendent au plaisir le culte qui lui est dû, etc., etc. » — Quel amas de stupidités !

Euménides (les). — Imprimerie René ; bureaux : à Passy, rue Triboulet, 8. Rédacteur : le citoyen Delaire: ouvrier ébéniste.

Europe démocratique (l'). — Tribune des peuples (décembre 1849). Imprimerie Boulé ; bureaux : rue des Bons-Enfants, 7. Rédacteur en chef : Dupont (de Bussac) ; directeurs-gérants : André Marchais et Alex. Buisson.

Europe Française (l'). — *Littéraire, industrielle et dramatique.* Rédacteur : Ferdinand Moreau ; bureaux : rue du Temple, 108.

Europe littéraire et artistique (l'). — Bureaux : rue d'Amboise, 5. Directeurs-fondateurs : R. Pelez et de Rosteing.

Europe théâtrale (l'). — Revue d'initiative et de conservation. (avril 1849). Bureaux : rue des Fossés-Saint-Germain, 14. Rédacteur en chef : Paul de Faulquemont.

Evangile de Paris (l'). — *Dédié aux citoyens des départements* (publication démocratique et sociale). — Une livraison à cinq centimes a paru le 8 décembre 1848 ; bureaux : rue de la Jussienne, 32. Imprimerie Cordier.

L'auteur de l'*Evangile de Paris*, E. Mailler, a publié la *Voix du peuple, libre, souverain et progressif.*

Evénement (l'). — (« *Haine vigoureuse de l'anarchie, tendre et profond amour du peuple.* » — *Victor Hugo*).— Le numéro-spécimen a paru les 30 et 31 juillet 1848. Gérant à cette époque : Alphonse Petit ; collaborateurs : A. Vacquerie, Paul Meurice, Méry, Th. Gautier, Charles Hugo ; bureaux : boulevard Montmartre, 10. Imprimerie Schneider. Le premier numéro est du 1er août. En septembre 1848, ce journal est signé : Ch. Malker ; depuis il a continué sa publication quotidienne (matin et soir), ayant pour rédacteurs-gérants : Alexandre Erdan et Paul Meurice, et pour collaborateurs : Auguste Vacquerie, Charles Hugo, F.-V. Hugo, Julien Turgan, Coste, A. Gaiffe, Philoxène Boyer. — Les bureaux se trouvaient établis en dernier lieu, boulevard des Italiens, 15.

Son dernier numéro a paru le jeudi soir, 18 septembre 1851. — A été remplacé par l'*Avénement.*

Eventail républicain (l'). — *Journal des dames* (théâtres, littérature, modes, etc., etc. Brevet d'invention et de perfectionnement), publiait le programme des spectacles. — Un numéro a paru le 1er avril 1848. Directeur-gérant : Christian ; collaborateurs : Maximilien Perrin, J. Catier, J. Lamarque. Ch. Marchal ; bureaux : boulevard du Temple,

4

90. Imprimerie Boulé. — Très-rare. — A reparu le 24 octobre avec le numéro d'ordre 101 (numéro fictif), pour laisser supposer qu'il n'avait pas interrompu sa publication.

Exposition de 1849 (l').— Bureaux : rue Montmartre, 169. Imprimerie Lacombe.

Exposition universelle (l'). — *Journal des intérêts de l'industrie française à l'exposition de Londres* (n° 1 du 1er mars 1851); bureaux : rue Grange-Batelière, 13. Imprimerie Schiller.

Examen (l'). — *Revue politique, sociale, administrative et littéraire.* Rédacteur en chef : Charles de Massas (vérificateur à la douane de Paris); collaborateur : Auguste Lambert. Spécimen du 19 mai ; n° 1 du 26 mai 1848 ; bureaux : boulevard Saint-Denis, 8. Imprimerie Lacombe.

Fabrique, la Ferme, l'Atelier (la). — *Revue populaire illustrée* (juin 1851). Rédacteur en chef : Julien Turgan ; bureaux : rue Notre-Dame-des-Victoires, 40. — Imprimerie Plon.

Cette Revue, écrite en simple langage de conversation, intelligible à tous, présente deux buts nobles et utiles : instruire le peuple et offrir un appui aux inventeurs.

Faisceau républicain (le). — *Revue de la Démocratie française* (novembre 1849). Prospectus-spécimen sans indication de bureau. — Imprimerie Brière.

Famille (la). — *Journal des assurances et des intérêts sociaux.* Le n° 1 a paru le 19 août 1848. Rédacteur en chef : Honoré Arnoul. — Bureaux : rue Taitbout, 38, et aux Batignolles, rue de la Paix. — Imprimerie Maulde. — Très-rare. — La *Famille* est la continuation de l'*Echo du peuple* (*Journal des intérêts sociaux*).

Famille (la). — *Organe politique, social, littéraire et scientifique des intérêts généraux* (bonapartiste). Directeur-gérant : A. de Lamartinière. Collaborateur : A. de Montry, directeur de la compagnie d'assurances l'*Equitable*. — N° 1 du 6 mai 1848. Bureaux : rue Taitbout, 38. — Imprimerie Chaix. — Le n° 2 a été tiré chez Maulde.

Famille (la). — *Journal, Musée complet et universel*

(mai 1849), Bureaux : rue Sainte-Anne, 55. — Imprimerie Brière.

Fanal républicain. — *Éclaireur français du Peuple souverain* (République ardente). Rédacteur en chef : Jules Manviel. Bureaux : quai Malaquais. — Imprimerie Bonaventure et Ducessois.

Fantasio (le). — *Stylet hebdomadaire* (littérature, arts). Numéro unique, le 10 mai 1850, tiré sur papier rose. — Rédacteur en chef : Paul-Ernest de Ratier. Bureaux : rue Pigale, 31. — Imp. Pilloy, à Montmartre.

Feuille éternelle (la) — était antérieure à 1848 (voir la *Presse prophétique*).

Feuille d'Ordonnance spéciale, — pour préparer et opérer en commun l'organisation d'un système social instructif, en vertu duquel nous faisons appel au peuple, afin de réclamer le droit social qui lui est accordé par la Constitution de la République française, lequel droit donne à tous le pouvoir d'appeler le peuple à l'observation du règlement que nous donnons ici, sous la spécialité d'une ordonnance préparatoire soumise au prince Louis-Napoléon, président de la République française » (décembre 1849). — Continuation du *Bien-Être*. Bureaux : rue Richelieu, 52. — Rédacteur : Chagou.

Feuille du Peuple (la). — Organe des principes démocratiques (*Union, travail, persévérance*). Juillet 1849. Bureaux : rue Saint-André-des-Arts, 27. — Imp. Malteste. — Rédacteur en chef : A. Buissin. Gérants : A. Charbonne et Adolphe Chouippe. Collaborateurs : Félix Pyat, Aug. Billiard, Babaub-Laribière, E. Desmarest, Hamabd, N. Durand-Savoyat, représentants du peuple ; Philippe Lebas (de l'Institut), Gilardeau, Alph. Peigné, L. Xavier Eyma, A. Rédier, cultivateur ; Michel Alcan, ancien représentant du peuple à l'Assemblée constituante ; C. Benouvier, Chanoysse, Ch. Fauvety, Jacques Valsernes, J. Lejeune, Henry Jouanneau.

Feuille du Village (la) — (octobre 1849). Bureaux : rue de Sartines, 8. Rédacteur en chef : P. Joigneaux, représentant du peuple. Collaborateurs : Gilland, ouvrier serrurier ; Pérot, instituteur primaire ; J. Benoît, représentant du peuple ;

M. E. Robinet; Ricord (du Cantal), représentant du peuple; Pierre Lefranc, R. du P., le docteur Guérin (de Vannes), etc.

Feuilleton de la Fraternité universelle (le). — *Organe de la vérité sous la protection des travailleurs* — (décembre 1848). Bureaux : rue de Vendôme, 6. Imprimerie Hennuyer, aux Batignolles. — Rédacteur en chef : Jules Radu.

Figaro. — *République française. Liberté, égalité, fraternité.* — (« La République reconnaît que les ouvriers doivent s'associer entre eux et jouir du bénéfice légitime de leur travail. ») Couleur montagnarde. — Bureaux : quai des Grands-Augustins, 55. Imprimerie Bonaventure. Rédacteur-gérant : J.-F. Montfort. — Rare.

Figaro. — *Journal non politique paraissant tous les jours.* — (18 août 1852). Imprimerie Chaix. Bureaux : rue Bergère, 20. — N'a eu que trois numéros. — Rédacteur en chef : Lepoitevin-Saint-Alme.

Figaro (NOUVEAU). — *Programme des Théâtres, journal quotidien du soir, politique, littéraire et satirique.* — (Tendances napoléoniennes). Du 8 juin 1848. — Bureaux : rue de la Fidélité, 21. Imprimerie Pilloy, à Montmartre. — Gérant : Thiéry.

Figaro (NOUVEAU). — *Journal quotidien non politique.* — « Littérature, théâtres, peinture, sculpture, musique, sciences, industrie, chemins de fer, eaux, voyages, hygiène, modes, » tel est le titre de cette chronique dont il n'a encore paru que le programme. Bureaux : 168, rue Montmartre. Imprimerie Bureau. — Rédacteur en chef : Amédée Rolland; gérant : G. Harel.

Figaro populaire (le). — Titre annoncé à la quatrième page de la *France républicaine.* Du 28 avril 1848. (Édition du soir.)

Figaro républicain (le). — *Guerre aux abus.* — (Numéro spécimen (avril 1848). Bureaux : rue Saint Honoré, 286. Imprimerie Marc-Aurel.

Figaro socialiste. — Annoncé à tort par l'auteur de la *Physionomie de la Presse* et l'historien des *Journaux rouges.* — N'a jamais paru.

Figaro théâtral (le). — Tel est le titre du prospectus lancé par la rédaction du *Nouveau Figaro*. — Gérant : Thiéry.

Flâneur (le). — *Journal populaire.* — Numéro unique, 5 mai 1848. Directeur rédacteur : J. Montaigu. Bureaux : rue de la Harpe, 45. — Imprimerie Surcy. — A succédé au *Triomphe du peuple.*

Fortune (la). — *Journal des intérêts français en Californie* (mai 1849). Bureaux : faubourg Poissonnière, 62. — Imprimerie Lacombe. — Elle n'a pas fait celle des actionnaires!...

Foudre (la). — *Publication hebdomadaire de satires patriotiques* (couleur de la *Presse*). N'indique pas le nom de l'auteur (Amédée Boudin de Vesvres). Directeur : Victor Raincelin. — Une seule livraison a paru en mars 1848 ; elle était dédiée au peuple français et avait pour titre : *Après l'Orage.* Bureaux : rue Neuve-Saint Georges, 16. — Imprimerie Chaix. — Rare. N'existe que dans peu de collections.

Foyer domestique (le). — *Journal complet de la famille* (septembre 1849). Bureaux : rue de Provence, 5. — Imprimerie Schiller.

Foyer dramatique (le). — *Revue critique* (*Théâtres, bibliographie, modes et industrie.*) Programme des spectacles (mars 1848). Gérant : Lesueur. Bureaux : passage Radziwill, 33. — Imprimerie Frey.

Foyer du peuple (le). — *Journal littéraire, par M. de Lamartine* (janvier 1850). Bureaux : rue Richelieu, 85. Imprimerie Wittersheim.

Franc-Maçon (le). — *Revue mensuelle.* « Le flambleau, non la torche. » — « A tous : aidez-nous, nous ferons mieux. » — (Juin 1848.) Bureaux : quai des Orfèvres, 58. — Imprimerie Lacour. Rédacteur-fondateur : Dechevaux-Duménil ; collaborateurs : Jules Lavoine, Marius Chastaing, Stourm, Henry Delaage, J. Lohat, Accary, cavalier Pinto, d'Orbec, d'Anglebert, Albert de Montémont, Henry Izambard, etc. — Ce journal est la tribune éloquente de la philosophie, de la fraternité franc-maçonnique. Il a survécu à tous ses concurrents.

France (la). — *Journal quotidien.* « Justice et vérité. » Numéro-spécimen, 2 juin 1848. Le numéro 1 a paru le 14 juin 1848. Administrateur-gérant: J.-M. Gallot, rédacteurs en chef: A. Hermitte et Ch. de Soyres. Bureaux : rue Dauphine, 20. — Imprimerie Cosson.

France commerciale (la), — *Industrielle, agricole et artistique* (14 mai 1850). Bureaux : rue Vivienne, 40. — Imprimerie Carion père.

France historique (la). — *Revue* (octobre 1852.) — Imprimerie Carion père. Bureaux : rue du Bac, 15. — Histoire, religion, littérature, voyages, beaux-arts, poésie, salons, musique, théâtres, sciences. — Rédacteur en chef: Alexandre Remy; administrateur : M.-H. Martin ; collaborateurs : J. Béhard, Cabanès de Courtois, Guénébaut (Ange des Dessins), C. Dutilloy, Michel Moring, Mme la comtesse **; etc.

France industrielle (la). — (Octobre 1849). Bureaux : rue Saint-Nicolas-d'Antin, 9. — Imprimerie Lacombe. Rédacteur en chef: P. de Faulquemont.

France industrielle (la). — *Journal de l'industrie et du commerce* (octobre 1849). Bureaux : rue Vivienne, 87. Rédacteur en chef : A. Papon. Gérant : A. Deschamps. — Ce journal annonçait, dans son prospectus, qu'il serait l'historiographe de toutes les sociétés en commandite.

France intellectuelle (la). — *Moniteur national et européen* (mai 1849). Bureaux : rue du Bouloi, 24. Rédacteur-fondateur : Sebastien Rhéal. Administrateur : A. Fournier. — Le premier numéro contient un article Variétés, où nous avons lu ce quatrain :

> Enfin la poule au pot sera donc bientôt mise,
> On doit du moins le présumer;
> Car depuis deux cents ans qu'on nous l'avait promise,
> On n'a cessé de la plumer.

France libre (la). — *Politique et philosophique.* — N° 1 du 1er mai 1848. Rédacteur-fondateur: Maximilien Marie, ancien élève de l'école Polytechnique. Bureaux : rue du Petit-Bourbon-Saint-Sulpice, 18. — Imprimerie René.

France maritime (la) — (mai 1851). — Bureaux : passage Bourg-l'Abbé, 30. — Imprimerie Wittersheim. — Collaborateurs : Eugène Sue, Paul Féval, E. Corbière, A. Gréban, A. Jal, Alphonse Karr, Dupetit-Thouars, Bouet-Willaumez, Fulgence Girard, l'amiral Roussin, H. Martin, de la Landelle, Pitre Chevalier, Marmier, Léon Gozlan. Sous la direction de M. Amédée Gréhan, sous-chef au ministère de la marine.

France napoléonienne (la) — (27 janvier 1850). Bureaux : rue Coq-Héron, 5. — Imprimerie Dubuisson. — Continuation de la *Démocratie napoléonienne*. — Mêmes Rédacteurs.

France nouvelle (la). — *Journal politique et littéraire.* (République gouvernementale). N° 1 du 22 mai 1848. Rédacteur en chef : Alexandre Dumas. Gérant : E. Dubreuilh. Bureaux : rue de la Bourse, 11. — Imprimerie Schneider.

France parlementaire (la). — Recueil complet de Discours et Rapports prononcés par les principaux orateurs, depuis 1789 jusqu'à nos jours (septembre 1851). Bureaux : rue Pavée-Saint-André-des-Arts, 12. — Imprimerie Blondeau. Collaborateurs : Eugène Dumetz, Mesvil-Blincourt, Louis Huguier, Henry Valleton, etc.

France religieuse (la). — *Journal du clergé catholique* (25 novembre 1848). Rédacteur en chef : Léo Lespès. Bureaux : rue Notre-Dame-de-Lorette, 23. — Imprimerie de Giroux, à Lagny.

France républicaine (la). — *Union fraternelle de toutes les classes sociales (ouvriers, commerçants, propriétaires, cultivateurs, artistes et soldats).* Numéro-spécimen (avril 1848). Rédacteur en chef : J.-J. Gedard, Collaborateur : C. de Nugent. Bureaux ; rue Saint-Honoré, 288. — Imprimerie Marc-Aurel.

France républicaine et Figaro populaire (la) — (28 avril 1848). Mêmes Rédacteurs, format et bureaux que le précédent; a reparu sans sous-titre le 20 avril.

Franches paroles (les) aux ouvriers. — (mai 1848). — Bureaux : rue des Bons Enfants, 22. Imprimerie Proux. — Rédacteur : Félix Books.

Fraternité (la). — *Journal mensuel (démocratique-socia-*

liste). Il n'a paru que le prospectus-spécimen en août 1848.
— Rédacteur en chef : Ch. Marchal. — Bureaux : galerie
Richer; Imprimerie Marc-Aurel.

. **Fraternité** (la). — Journal des associations ouvrières —
Rédacteur en chef : Malarmé, monteur en bronze. — Très-
rare (1849).

· **Fraternité universelle** (la). — Organe de la vérité , sous
la protection des travailleurs: journal de morale et d'économie politique (1ᵉʳ décembre 1849). — Rédacteur en chef :
Jules Radu. Bureaux : place Vendôme , 6. Imprimerie Pommeret.

Fraternité des Peuples (la) n'existe pas. — Nous avons
indiqué par erreur ce titre dans la *Presse Parisienne*, en
octobre 1848.

Gaie Politique (la) chants de Paris par Pierre et Paul, —
(avril 1848). — Imprimerie Sapia. — Sans indication de
dépôt. — Avec deux chansons : *l'Arbre de la Liberté* et
File de là !

Galerie (la) des élus réactionnaires en 1848, publiée par
série de départements. — 1ʳᵉ série : département de l'Oise ,
candidature du citoyen Thiers; le nouveau Christophe Co-
lomb ou la réclame du candidat Emile de Girardin (mai 1848).
— Imprimerie Maulde; bureaux : place Saint-André-des-
Arts , 11. — Signé : *le révélateur impartial.*

Galerie des hommes célèbres français et étrangers, en
1848. — Biographie , avec portraits sur bois. — Bureaux :
place Maubert , 8. Imprimerie Sirou.

Gamin de Paris (le). — (Nº 1, du 4 juin 1848). — Gérant:
A. Collin. — Le même jour a paru un autre *Gamin de Paris*
(voir à la suite), et un deuxième tirage du journal a été aussi
fait du *Gamin de Paris* de MM. A. Collin et Ed. Martin ,
sous le titre : *le Vrai Gamin de Paris.* — Bureaux : rue
Saint-Louis,, 46. Imprimerie Doudey-Dupré. — Même couleur que la *Carmagnole.*

Gamin de Paris (le).—Drapeau du peuple; fraternité, égalité,
liberté, (gaieté, franchise). — Démocratique-socialiste. —

Gérant : Lardet; collaborateur : Jules Choux, Grasseau, Sieurrac. N° 1 du 4 juin 1848; bureaux : place de l'Ecole, 16. Imprimerie Boulé.

Garde mobile (le). — Journal illustré (anti-bonapartiste). — N° 1 du 9 août 1848. — Rédacteur en chef : Aug Saint-Arroman; bureaux : rue de Tournon, 4 et rue Croix-des-Petits-Champs, 50 ; imprimerie Léautey. — Le n° 1 n'a de remarquable qu'un article de Méry, emprunté à *l'Evènement* et intitulé : *le Garde mobile*.

Garde national (le). — Spécimen paru en mars 1848 (continuation du journal le *Portefeuille*). Rédacteur en chef : Capo-de-Feuillide. Bureaux : passage Jouffroy, 44. Imprimerie Aubusson. — Est devenu l'*Ordre*, journal des gardes nationales de France, puis :

Garde national (le). — Autorité, liberté, égalité, fraternité. — Numéro du 12 mars 1848. — Rédacteur-Gérant : Capo-de-Feuillide; collaborateur : J.-B Desplaces. — Bureaux : cité Trévise, 20. Imprimerie Wittersheim. — A été affiché dans les rues sur papier tricolore.

Garde national (le). — Même format, rédaction et bureaux que le précédent. — Le numéro du 30 mars désigne comme administrateur-gérant M. J. J. Jeannolte-Bezérian. — Imprimerie Marc-Aurel. — Ce journal est devenu en avril l'*Esprit national* (voir plus haut).

Garde national (le vrai). — Mêmes droits à tous (liberté, égalité, fraternité). n° 1 du 28 mai 1848. — Rédacteur en chef (et unique) : Hilaire Bonafous, grenadier de la 11e légion (*sic*). — Bureaux : rue Dauphine, 25. Imprimerie Wittersheim.

Garde national de 1848 (le), — (démocratique-socialiste). Un seul numéro a paru le 15 mars 1848. — La République est « sa fille chérie. » Bureaux : rue de la Harpe; 90. — Imprimerie Bautruche. — Rare.

Garde nationale (la). — *Journal quotidien, politique et littéraire*. — Imprimerie Brière. — S'est transformé, en mai, sous le titre de l'*Avant-Garde*. (Voir plus haut).

Gazette administrative (la). — Journal des intérêts administratifs, ouvert à tous les vœux et à toutes les réclamations (mars 1848). Rédacteur en chef : Solon ; bureaux ; rue Richer, 12. — Imprimerie Marc-Aurel.

Gazette nationale. — Journal du peuple et de l'armée. (Couleur napoléonienne). (23 juillet 1848). Administrateur : Auzeard. Directeur-gérant : Schultz. Collaborateur ; Alexandre Rémy ; bureaux : rue de Lille, 95. — Imprimerie Guyot.

Gazette officielle — des chemins de fer et de la marine marchande (14 mai 1852). — Imprimerie d'Aubusson.

Gazette de la Noblesse, — (avril 1849) ; bureaux : rue Gaillon, 14. — Imprimerie Bureau.

Gazette de France (la). — Journal des droits de tous et du vote universel. — Le plus ancien des journaux de l'Europe, Légitimiste. Rédacteur en chef : abbé Antoine de Genoude. Gérant : Aubry-Foucault ; bureaux : rue du Doyenné, 12. — Imprimerie Sapia. (Après la mort de M. de Genoude, la rédaction en chef a été confiée à M. Henry de Lourdoueix). Les dédoublements de la *Gazette de France*, depuis les événements de février 1848, mériteraient d'être cités en entier. Nous nous bornons à donner les titres des journaux à cinq centimes que le parti légitimiste faisait répandre à Paris et dans les départements, ayant soin de changer souvent l'adresse, l'imprimeur et le gérant, afin de rendre l'origine de ces feuilles méconnaissables. — *Le Peuple*, journal du soir. Gérant : Ch. Thorez (du 7 mai 1848 ; bureaux : rue du Doyenné, 12. — Imprimerie Sapia. *Le Peuple français* : bulletin de l'Assemblée nationale (8 mai 1848. Mêmes gérant, format, bureaux et imprimeur que le précédent. — *Le Peuple français* : bulletin de l'Assemblée nationale, de la Bourse et des nouvelles du jour. Gérant : Dubreuil. Numéro du 20 mai 1848 ; bureaux : place de la Bourse, 13. — Imprimerie Sapia. — *Le Courrier de la Chambre* : Séance du jour. (Revue de tous les journaux, nouvelles étrangères, de Paris, des départements ; bulletin de la Bourse ; théâtres, tribunaux, industrie.) Par la rédaction du Pamphlet. Gérant : A. Herr (8 juin 1848) ; bureaux : rue du Doyenné, 12. — Imprimerie Schneider. — *Débats de l'Assemblée nationale* : Séance du jour, actes officiels,

nouvelles étrangères, Bourse, etc., etc. (20 juin). Gérant:
Ch. Thorez; bureaux : rue du Doyenné, 12. — Imprimerie
Schneider. — Rare. — Après les événements de Juin, la
Gazette de France paraît avoir moins fondé de journaux-
succursales. Nous n'en retrouvons plus qu'à la fin de juillet.
— *Le Courrier de la Chambre* : Journal des intérêts publics
(18 juillet). Gérant : Domercq; bureaux : rue de Chartres, 12.
— Imprimerie Schneider. — *L'Unité nationale* : Courrier de
la Chambre, publié sous le patronage d'une réunion de représentants (28 juillet, soir et matin). Gérant : Domercq;
bureaux : place du Carrousel. Même imprimerie que le précédent. — Le 2 août, la *Gazette de France* a publié, sous
son propre nom, un bulletin du soir : *Gazette de France* :
bulletin du soir. (Seul Journal donnant le jour même les débats complets de l'Assemblée nationale). Gérant : Aubry-
Foucault; bureaux : rue du Doyenné, 12. — Imprimerie
Sapia. — Suspendue par arrêté du 24 août, la *Gazette de
France* s'est déguisée dès le 25 sous le titre : *Le Peuple français*, journal du soir, Gérant : Ch. Thorez; bureaux : rue de
Chartres, 12. — Imprimerie Schneider. — (Le 30 août). *Le
Peuple français*, Journal de l'appel à la nation. Mêmes gérant, bureaux et imprimerie que le précédent (14 septembre).
— *L'Étoile de France* : revue mensuelle; bureaux : rue du
Doyenné, 12. — Imprimerie Sapia. — Le 16 septembre paraît
le premier numéro de l'*Étoile de France*, journal des droits
de tous. Gérant : Aubry-Foucault; bureaux : rue du Doyenné,
12. — Imprimerie Sapia. — A continué de paraître sous ce
titre jusqu'à ce que le *Moniteur* insérât le décret prononçant
la levée de l'état de siége. — Le 25 octobre reparaît la *Gazette de France*, journal de l'appel à la nation. « Quand la
nation est debout, que sont les représentants? » Mêmes gérant, bureaux et imprimerie que le précédent. — Dix jours
avant l'élection du président de la République, la *Gazette de
France* a publié un Journal dont le titre était loin de respirer
l'odeur légitimiste : le *Père Duchêne*, ancien fabricant de
fourneaux (sic). — *Gazette de la Révolution* (Vigilance,
sûreté, indépendance, fermeté). J. Bordot aurait, dit-on,
transmis la propriété de ce titre à une personne qui l'aurait
vendu à la *Gazette de France* (couleur socialiste). Gérant :

Dubreuil. — Imprimerie Cosson. — Réclamation en faveur de la candidature de Henri V, qui n'est pas désigné cependant. — Farceuse de *Gazette de France*, va !...

Gazette de Paris. — Chronique politique et littéraire (18 février 1850) ; bureaux : 13, rue Grange-Batelière. — Imprimerie Riqueur-Lainé.

Gazette des Campagnes (la). — Journal politique de la semaine (décembre 1849). Rédacteur en chef : Eugène Blanc ; bureaux : rue Saint-Georges, 38. — Imprimerie Vrayet de Surcy.

Gazette des Communes (la) — (octobre 1850). Rédacteur en chef : Eugène Blanc ; bureaux : rue d'Enghien, 34. — Imprimerie Lacombe.

Gazette des Familles (la) — (janvier 1850) ; bureaux : rue Richepanse, 4. — Imprimerie Vrayet de Surcy.

Gazette des Murailles. — Voir la *Revue des Murailles.*

Génie industriel (le). — Revue des inventions françaises et étrangères (décembre 1850) ; bureaux : rue Saint-Sébastien, 45. — Imprimerie Claye.

Girondin (le). — Liberté, égalité, fraternité, ordre public. N° 1 du 29 février 1848. (Sans signature ni indication de bureaux). — Imprimerie Brière. — Fort rare.

Girondin (le) — était rédigé par Auguste Vitu, A. de Balathier (de Bragelonne), Léo Lespès et Darthenay. — Couleur république gouvernementale (1848).

Grain de Sable (le). — Revue microscopique et populaire (en vers). Légitimiste. N° 1 sans date (septembre 1848). Rédacteur : Bathild Bouniol ; bureaux : rue du Dragon, 12. Imprimerie Claye.

Grand Monde (le). — Journal de la vie élégante. (Août 1851) ; bureaux : place de la Madeleine, 8. Imprimerie Schneider.

Grands jours de la République (les), — par Mme Louise Colet, née Révoil. Première journée, *le Peuple*, chant patriotique (mars 1848), chez J. Laisné, passage Véro-Dodat. Imprimerie Lacrampe.

Grelot (le), — journal des artistes (21 mars 1850). Littérature, arts, commerce, industrie ; bureaux : rue Poissonnière, 33. Imprimerie Lacombe.

Grinche (le). — Titre d'un journal satirique et montagnard qui a paru peu de jours avant l'insurrection de juin A eu deux numéros qui ont été distribués dans les clubs. — Trèsrare. Manque a notre collection.

Gros-Jean, — « faisant de la haute politique, à l'usage de la grisette et du conseiller d'Etat. » — L'unique numéro paru en décembre 1849, est sans date, sans indication d'imprimerie, ni de signatures.

Guêpes Hebdomadaires (les). — Revue satirique de la semaine, par Alphonse Karr. — Cette publication fondée en 1840, est devenue hebdomadaire en mars 1848 Chez Hetzel, rue Richelieu, 70. Imprimerie Lacrampe. Le journal *Paris* a repris la publication des *Guêpes*, par Alphonse Karr. Elles paraissent chaque vendredi, et on les lit avec une effrayante avidité.

Guerre (la). — Dissertation en faveur de la guerre. Rédacteur : Henri Carred. Imprimerie Bautruche. — Que *la Guerre* dorme en paix !

Guide Paul Dupont. — Indicateur des chemins de fer et des bateaux à vapeur de l'Europe. Cartes spéciales pour chaque ligne. Plan de Paris ; plan de Londres ; partie littéraire. Imprimerie Dupont ; bureaux : rue Grenelle-Saint Honoré, 45. (Janvier 1852) — La partie littéraire de ce *Guide* se compose d'une nouvelle intitulée : Adrienne Chennevier, ou le plus beau produit de l'industrie parisienne à l'exposition universelle, par Méry.

Guide-Sajou (le). — Seul journal complet des ouvrages de dames, avec dessins et texte explicatif pour tricot, broderie, filet, tapisserie, crochet, frivolite (janvier 1851). Imprimerie Martinet ; bureaux : rue Vivienne, 18. Directeur : Sajou.

Guide des Electeurs (le), — journal politique, mensuel. Destiné comme l'*Echo national*, à propager la candidature de M. Benjamin Delessert fils ; contient les professions de foi de MM. Delessert, Deguerry, Fould et E. de Girardin. Fondateur : B. Delessert, fils; rédacteur : Auguste Vitu (16 septembre 1848); bureaux : rue Bergère, 20. Impr. Boulé.

Guide des Fiancés (e). — Journal d'annonces, envoyé *gratis* chaque lundi aux fiancés des deux sexes (décembre 1849). Directeur de Villemessant ; bureaux : rue Favart, 4.

Guillotine ('a). — « Liberté, Egalité, Fraternité : trois craques. » N° 1 paru en juillet 1848. Gérant Desmarest. Imprimé en rouge, sur papier blanc et bordé d'un large filet rouge, sans nom d'imprimeur, ni indication de prix. Le premier article est signé : Alexandre Pierre ; bureaux : rue des Noyers, 37. — Extrêmement rare. — L'éditeur de cette *Guillotine* affirmait qu'elle avait été imprimée en mai, mais que, tourmenté par la police politique, il dut *prudemment* brûler, avant de les publier, les numéros en sa possession. — Il n'en aurait épargné que quatre exemplaires qui se seraient vendus à un très-haut prix.

Guillotine (la). — par un vieux jacobin. « 1793. » « Tout le monde y passera. » 1848. « Personne n'y passera. » Le n° 1 daté de mars (imprimé en août 1848), a été tiré sur papier blanc et rouge. Signé Olus-Leppe, hi (anagramme de Louis-Philippe); bureaux : rue de Sorbonne, 1. Imprimerie Bonaventure et Ducessois — Le numéro que nous possédons porte en toutes lettres cette dernière adresse. — On avait annoncé pour le 25 le *Père Guillotin*, par les rédacteurs de l'*Aimable Faubourien*, journal de la Canaille, mais ce canard n'a jamais paru.

Harmonie universelle (l'). — (Amour, liberté, autorité, unité.) Trois numéros seulement ont paru, 43, 51 et 52 ; des 9, 15 et 16 avril 1848 : on avait employé cette ruse pour faire remonter l'origine du journal au 25 février. Rédacteur en chef : Louis Le Hir; gérant : Aristide Lozach ; bureaux : rue de Seine 37. Imprimerie Surcy.

Haute vérité (la). — « Journal des lumières nécessaires, pour l'ère nouvelle, paraissant selon les ressources financières fournies par l'abonnement » (avril 1848). Directeur : d'Orelle.

Hen (l'). — Revue hebdomadaire (7 octobre 1849). Peinture, sculpture, architecture, disposition, construction, dé-

coration, assainissement, voierie, arts mécaniques, sciences,
lettres, histoire, romans, poésies, publiant quinze dessins par
livraisons; bureaux : rue du Nord, 11. Gérants: Berckz et Mœur.

Henri IV (le). — Journal de la réconciliation (prospectus spécimen, mai 1849). (« Il tiendra la main à tout le
monde, et s'il rencontre sur son chemin quelques rigueurs
obstinés que le repos seul, il se résignera en disant comme
le Béarnais : ils sont encore fâchés, il faut attendre. ») Le
numéro 1 a paru le dimanche 4 août. Rédacteur en chef:
A. de Calonne; bureaux : rue de Seine, 12. Imprimerie
Ronstel, à Rouen.

Histoire politique de chaque semaine. — Par le citoyen
Maximilien Girac-Levry (avril 1840). Chez l'auteur : rue
Bréda, 2.

Hommes du Jour (les). — Leurs paroles et leurs actes,
esquisses biographiques. — Numéro unique paru le 26 août
1848. Portrait d'Emile de Girardin, rédacteur en chef de la
Presse, par Latour. Imprimerie trèsrare.

Hommes et les Choses (les). — Depuis février 1848. (Nouvelle revue rétrospective.) Numéro 1 du 15 octobre 1849).
Fondateur : Baudot (caissier de l'*Assemblée nationale*) Rédacteur en chef : Alphonse Lucas; collaborateur : Hippolyte
Delombardy; bureaux : rue Trévise, 22. Imprimerie Chaix.

Hongrie (la). — Journal hebdomadaire. (Numéro 1 du 20
juillet 1848, sans indication de bureaux). Gérant : Louis
Bogdan; collaborateurs : J. Boldenyi, Auguste de Gérando.
Imprimerie Chaix. — Très rare.

Hongrie en 1848 (la). — Recueil politique, historique et
littéraire. Numéro 1 sans date (11 octobre 1848). Rédacteurs : J. Boldenyi et Auguste de Gérando; bureaux : rue de
la Victoire, 6. Imprimerie Chaix.

Humanitaires (les). — Prométhée ou le martyre de sainte
Hélène. Revue en vers par Grégoire Boné (septembre 1848).
Dépôt : rue du Boulot, 26. Imprimerie Proux.

Idéal (l'). — Artistique et littéraire (20 octobre 1849);
bureaux : rue d'Angoulême-du-Temple, 27. Imprimerie
Brière. Rédacteur : J.-M. Courmier.

Impartial (l'). — Journal politique, littéraire et des vrais intérêts du pays (numéro 1 du 20 juin 1848). Rédacteurs : E. Laloubère et A. Régnard ; bureaux : rue Neuve-Trévise, 8. Imprimerie Bonaventure. Ancien journal *de la garde nationale et de l'armée*.

Impitoyable (l'). — Journal de tous les abus publics. Un numéro du 3 septembre 1848. Propriétaire-gérant : Victor Letellier (de la société asiatique) ; bureaux : rue du Petit-Carreau, 32. Imprimerie Blondeau.

Le numéro 2 a été remplacé par la protestation suivante : Première *lettre* du citoyen V. Letellier, fondateur rédacteur en chef de l'*Impitoyable*, journal de tous les abus publics, au général Cavaignac. Protestations contre la loi du cautionnement qui empêche l'*Impitoyable* de reparaître. La lettre est datée de J. C. le 17 septembre 1818, de la république le 7e mois, de l'état de siége le 69e jour (publiée le 27 septembre). Chez Lévy, place de la Bourse, 13. Imprimerie Thunot.

Incendie (l'). — mentionné dans le rapport Bauchard, n'a jamais existé.

Indépendant (l'). — Journal quotidien, politique et littéraire (15 mai 1848.) « Liberté, vérité ». Vignettes et caricatures. Gérant : Fellens ; collaborateurs : Laponneraye, Martell, Joseph Morand, E. Labédollière. — Même rédaction que le *Diable boiteux* ; bureaux : rue Coquillère, 27. Imprimerie Bureau.

Indicateur (l') — (réuni aux Annales de l'académie de l'enseignement). Guide des institutions et des familles (16 janvier 1852). Imprimerie Lacombe ; bureaux : boulevard Poissonnière, 4 (mensuel). Rédacteur en chef : Charles Soullier.

Indicateur français (l). — Journal de publicité (août 1849) ; bureaux : rue Notre-Dame-des-Victoires, 46. Imprimerie Lauge-Lévy.

Indicateur général (l'). — Du commerce et de la propriété. Journal-affiche paraissant tous les quinze jours. Spécial aux annonces de ventes amiables, de fonds de commerce, etc., etc. (novembre 1852). Imprimerie Poussielgue; bureaux : Faubourg-Saint-Antoine, 142. Directeur : Dela-chapelle.

Indicateur médical (l'). — Recueil destiné à porter à la connaissance du corps médical tout entier les nouvelles, les avis, les renseignements, les annonces que MM. les médecins ont intérêt à connaître (15 mai 1852). Imprimerie Plon; bureaux : rue du Caire, 30. — Mensuel.

Indicateur national (l').—Journal littéraire, scientifique et industriel (du 1er juin 1849); bureaux : rue de la Micho-dière 6. Imprimerie Chaix. — Très-utile aux Parisiens et aux étrangers.

Indicateur national (l'). — Journal de renseignements utiles, illustré, remplaçant tous les guides, indiquant tout ce qu'il y a d'utile à connaître et de curieux à voir dans Paris et ses environs. Cicérone officiel des étrangers et des Parisiens. Curiosités et plaisirs de Paris. Imprimerie Chaix; bureaux : rue de Berlin, 30.

Indicateur de la Mode (l'). — (Août 1850). Rédacteur en chef : Giroud, de Gand ; bureaux : rue Favart, 4. Imprimerie Simon-Dautreville.

Indicateur de l'Enseignement (l'). — Journal spéciale-ment consacré à MM. les instituteurs et institutrices, direc-teurs et directrices de pensionnats, paraissant chaque mois avec de nouveaux programmes de concours. Nouvelles uni-versitaires (juin 1851). Imprimerie de Lacombe ; bureaux : boulevard Poissonniere, 4. Rédacteur en chef : Charles Sou-lier.

Indicateur de l'Exposition (l'). — (Tirage à 200,000 exem-plaires). Du 13 juin 1849. — Bureaux : 15, place de la Bourse. Imprimerie Pilloy, à Montmartre.

Indicateur de Paris (l'). — (Septembre 1849). Rédacteur : de Bonnaire ; bureaux : boulevard du Temple, 40.

Indicateur des Chemins de fer (l'). — Seul journal officiel paraissant tous les dimanches (du 5 au 12 août 1849); bu-reaux : cité Bergère, 20. Imprimerie Chaix.

Indipendenza italiana (l'). — Giornale da fondarsi in Napoli da Giuseppe Ricciardi. Parigi, 24 février 1848. Imprimerie Lange-Levy.

Indispensable (l'). — Journal servant de guide aux étrangers à Paris (15 mars 1849); bureaux : rue Basse-du-Rempart, 50 bis Imprimerie Bénard.

Industrie (l'). — Journal du crédit foncier, des assurances, des chemins de fer, et de tous les grands intérêts du pays. Directeur : M. Vergniolle; collaborateurs : T. Fabas, ancien maître des requêtes au conseil d'État; Arnould Dumont, ingénieur des ponts et chaussées, Hubbard, économiste; Sautier Préve, membre de l'Université, écrivain technologue; V. Bonnet, économiste; Dubrocca, directeur de compagnie d'assurances, rédacteur en chef de la *Revue des Assurances*; Qudin, avocat à la Cour d'appel; H. Peut, directeur-rédacteur des *Annales de la Colonisation algérienne*; Ad. Guéroult, économiste, etc. Bureaux : rue Meyers, 2. Imprimerie Gaimaux.

Industriel (l'). — Journal des grands intérêts du pays, paraissant les dimanches (8 février 1852) Imprimerie Chaix; bureaux : place de la Bourse, 40.

Inflexible (l'). — Journal des intérêts de tous. — (Prospectus-spécimen en septembre 1819); bureaux : rue d'Enfer, 101 Imprimerie Lacour. Rédacteur en chef : Ch. Peynaud. A été fondé pour défendre les intérêts et les besoins de Louis XVII et pour soumettre au tribunal de l'opinion publique la cause du baron de Richemont.

Ingénieur (l'). — Journal scientifique et administratif destiné à MM. les ingénieurs de l'État, ingénieurs civils, conducteurs et piqueurs des ponts et chaussées. — Publication mensuelle (avril 1852). Imprimerie Prève; bureaux : rue de l'École de Médecine, 2.

Innovateur (l'). — Journal des bottiers (juillet 1819); bureaux : rue Croix-des-Petits-Champs, 19. — Imprimerie Soupe. A publié, à propos de bottes, un virulent article sur les tyrans.

Institut des Provinces de France (l'). — Bulletin bibliographique des sociétés savantes des départements, contenant

l'indication de leurs travaux et celle des publications indivi-
duelles qui paraissent en Province (janvier 1851). Imprimerie
Thunot ; bureaux, rue du Boulot, 7.

Instituteur (l'). — Journal de l'enseignement et de la famille (décembre 1849) ; bureaux : rue de la Chaise, 11. Imprimerie Vrayet de Surcy.

Intelligence (l'). — Revue hebdomadaire (9 mai 1849) ;
bureaux : passage Jouffroy, 10. Imprimerie Brière. Fondée
par la société de l'*Union des sciences, des lettres et des
arts.*

Intérêt populaire (l') — Journal des vrais intérêts sociaux
(avril 1849) ; bureaux : rue de Tournon, 8. Imprimerie
Bailly. — Fondé par les rédacteurs de la *Revue catholique.*

Intérêt public (l'). — Tableau de Paris. (Mutualité des
commerçants et fabricants.) Feuille spéciale d'annonces
(octobre 1848). Directeur-gérant : Bolliet ; fondateurs : Jacques de Héming, F. de Borie, de la Bretonne, Gomant ; collaborateurs : Ch. Morard ; bureaux : rue Grenelle-Saint-
Honoré, 33. Imprimerie Aubusson.

Intermédiaire (l'). — Journal semi mensuel, publié par une
société d'office de publicité, pour les locations vacantes de
Paris et de la banlieue (novembre 1849) ; bureaux : rue de
Seine-Saint-Germain, 47. Directeur : Alphonse Commin.

Interprète (l'). — Encyclopédie de Londres et de l'Exposition (1er mai 1851) : bureaux : boulevard des Italiens, 1 et 3.
Imprimerie Lacombe.

Invention (l'). — Journal des brevets (1er novembre
1849) ; bureaux : boulevard Saint-Martin, 29. Imprimerie
Bennuyer, aux Batignolles. Rédacteur : Gardissal.

Jacque au Bain (le). — Canard publié en mai 1848 pour
ridiculiser le *Journal des Jacobins.* — Très rare.

Jacques Bonhomme. — «La vie à bon marché (Lamartine).»
«Peuples, formez une sainte alliance, et donnez vous la
main (Béranger). » « Il ne s'agit pas de raccourcir les habits
pour en faire des vestes, mais d'allonger les vestes pour en
faire des habits (Garnier-Pagès, Rancien). » (11 juin 1848) ;

bureaux : rue Bergère, 8. Imprimerie Chaix. Signé J.-B. Lobet.

Jacques Bonhomme, — journal des mansardes et des chaumières, par Benoit Jean, ex-rédacteur en chef de l'*Utopie*, et Alfred Delveau, ex-secrétaire intime de Ledru-Rollin, avec le concours de représentants du peuple, de membres de l'Institut, d'écrivains socialistes et de poëtes populaires. Nº 1, juillet 1850. (Mensuel). Bureaux : passage du Caire. Imprimerie Blondeau.

Jérémiades républicaines — d'un vieux Montagnard. « Pauvre République, où vas-tu? » Nº 1, du 17 avril 1848 ; pas de bureau indiqué. Imprimerie Henry.

Jeune République (la)— démocratique et sociale. « Dieu et la liberté: la famille et la propriété. » Nº 1, du 8 juin 1848. Rédacteur : Jules Ferrand ; bureaux : rue Richer, 12. Imprimerie Marc-Aurel. — Fort rare.

Jonas's. — British and foreing and journal of general information. Imprimé en anglais et en français ; bureaux : rue Basse-du-Rempart, 72. Imprimerie Poussielgue. Rédacteur : Jonas fils, — tout jeune homme rempli d'intelligence.

Journal (le). — « Bonne foi, bon sens. » Nº 1, du 28 juillet 1848. Rédacteur en chef : Alphonse Karr. Collaborateurs : Méry, Lireux, Lurine, Girard, Th. Gautier, Tournachon, Fr. Wey, E. Karr ; bureaux : boulevard des Italiens, 2. Imprimerie Lange-Lévy. — Est devenu, en septembre, le *Journal*, messager du matin, publiant une édition du soir.

Journal démocratique et officiel des Ateliers nationaux.— « Vivre en travaillant. » Montagnard. Numéro unique du 22 JUIN 1848. Rédacteur : Dumas, brigadier aux ateliers nationaux. Collaborateur : Armand Comet ; bureaux : rue de Louvois, 10. Imprimerie Boulé. — Extrêmement curieux et rare.

Journal littéraire.— (Histoire, romans, voyages, théâtres, salons, modes, tribunaux), illustré. Imprimerie Vialat, à Lagny ; bureaux : rue Suger, 13.

Journal officiel des Gardes nationales. — (Avril 1848.) Imprimerie Dupont.

Journal matrimonial.—Gazette des familles. (1er mai 1848.) Imprimerie Lacombe ; bureaux : au Petit-Montrouge, avenue de la Santé, 31.

Journal universel d'annonces.—(11 mai 1848.) Directeur : Delaroche. Rare.

Journal universel d'annonces.— (Mars 1849.) Divisé en autant de feuilles qu'il y a de cours d'appels en France et de provinces en Belgique ; bureaux : rue de l'Echiquier, 16.

Journal de la cour. — Chronique du grand monde. (19 juin 1852.) A eu un seul numéro. Imprimerie Pilloy, à Montmartre ; bureaux : rue de Provence, 12. Rédacteur en chef : P. Mayer.

Journal de la France. — Compagnie des mines d'or de la Californie (1er mai 1850 ; bureaux : 34, rue Vivienne. Imprimerie Boulé. — La compagnie la *France* n'a pas mieux réussi que ses rivales : ses statuts sont livrés aux cornets des marchands de tabacs et des épiciers du coin.

Journal de la Garde nationale et de l'Armée. — (1er mars 1848.) Rédacteurs-fondateurs : E. Laloubère, Jean La Roche ; bureaux : cité Trévise, 8 bis. Imprimerie Boulé.—Est devenu, en juin, l'*Impartial*.

Journal de la Gendarmerie nationale. — Ancien *Journal de la Gendarmerie*. Rédacteur : Cochet de Savigny. Imprimerie Léautey. — S'appelait, avant 1848, *Journal de la Gendarmerie*.

Journal de la jeunesse. — Revue des enfants, paraissant le 15 de chaque mois (15 janvier 1852). Imprimerie Henuuyer, aux Batignolles ; bureaux : rue Laffitte, 51.

Journal de la Marine, des Colonies et de l'Algérie. —(Mars 1848.) Rédacteur : Léon Guérin ; bureaux : à la Tente, Palais-National. Imprimerie Bautruche.

Journal de la Société académique. — Fondé par actions de 5 francs pour la publication de cinquante volumes sur l'instruction et sur l'éducation ; constituée régulièrement pour quatre années. (Septembre 1851.) Imprimerie Pilloy, à Montmartre ; bureaux : rue de la Sourdière, 27.

Journal de la Société des arts, — sciences, belles-lettres et industrie de Paris, fondé, en septembre 1851, par Dalmont, architecte. Imprimerie Hennuyer, aux Batignolles; bureaux: 78, faubourg Poissonnière.

Journal de la vraie République. — « Sans la Révolution sociale, il n'y a point de vraie République » (9 mars 1849); bureaux: rue du 24 Février, 18. Imprimerie Proux. Rédacteur en chef: E, Thoré. — Continuation de la *Vraie République.* (Voir ce journal.)

Journal de l'amateur de livres. — N° 1, du 1ᵉʳ septembre 1848; bureaux: rue des Bons-Enfants, 28. Imprimerie Guiraudet. — Continuation de la *Bibliographie universelle.*

Journal d'annonces médico-pharmaceutiques, — paraissant tous les deux mois par cahiers plus ou moins étendus, selon l'importance des matières, sous la direction de M. Germer-Baillière, éditeur du *Répertoire de Pharmacie* (août 1852). Imprimerie Martinet; bureaux: chez Germer-Baillière.

Journal de Conchyliologie, comprenant l'étude des animaux, des coquilles vivantes et fossiles, (juillet 1851). Imprimerie Malteste. Bureaux: rue des Mathurins, 19. Rédacteur-directeur: Petit de la Saussaye.

Journal de Démocrite. — Revue hebdomadaire. — Couleur légitimiste. (Avril 1848) Bureaux: rue Bergère, 8. Imprimerie Chaix — N'est pas signé.

Journal d'éducation de l'Enfance et de l'Enseignement élémentaire, destiné aux instituteurs, aux institutrices et aux mères de famille. (27 avril 1852) Imprimerie Brière, Bureaux: rue Sainte-Anne, 55.—Hebdomadaire.

Journal de l'éclairage au gaz, — paraissant le 15 de chaque mois (avril 1852). Imprimerie Chaix; bureaux: Cité Trévise, 8 *bis.*

Journal de médecine usuelle.—(10 juin 1849.) Directeur-fondateur: Giraud-au de Saint-Gervais. Bureaux: rue Richer, 12 Imprimerie Bénard.

Journal de Napoléon Louis-Bonaparte. — (21 septembre 1848.) Bureaux: rue de Sorbonne, 1. Imprimerie Maistrasse.

— On a empêché les crieurs de le vendre dans les rues.

Journal de Paris. — quotidien, politique, littéraire, industriel et commercial (ancien *Vert Vert*), existant avant 1818; mais a changé son titre à la fin de février pour prendre celui de *le Nouvelliste*.

Journal de Paris. — (Juin 1832) Imprimerie Dubuisson; bureaux provisoires: rue Coq-Héron, 5.

Journal de tout le monde. — (Décembre 1840) Bureaux; Faubourg Saint-Denis, 61. Imprimerie Lacombe. Rédacteur en chef: B. de Saint-Edme. Collaborateurs: E. de Mouglave, Et. d'Artagnan.

Journal des anecdotes. — (Juin 1822.) Imprimerie Dilloy, à Montmartre; bureaux: rue de Buffault, 5. — Mensuel.

Journal des Blagueurs. — Abonnement: un an, 12 grains de folie; six mois: 25 grains de gaieté. — Avait pour épigraphes: *Liberté* de la rate, *Égalité* d'humeur, *Fraternité* de rigolades. — Ni date, ni signature. — Place Maubert, 8. — (Décembre 1849.)

Journal des bons exemples et des Œuvres utiles. — Archives de la France chrétienne (mai 1852). Imprimerie Girard, à Lyon. Bureaux: à Paris, chez Périsse frères. — Mensuel. Rédacteur-directeur: Claudius Hébrard.

Journal des Commerçants et des Industriels. — écrit par eux mêmes. — Antérieur à février; mais après une suspension momentanée a repris sa publication en août 1848. Bureaux: rue Thiroux, 12. Imprimerie Guiraudet. Gérant: Mevelen.

Journal des Cordonniers. — Rédigé par un coupeur. — Est-ce de tiges ou de lignes?... (Juillet 1850.) Bureaux: rue Croix-des-Petits-Champs, 19. Imprimerie Soupe.

Journal des cotillons. — Sous-titre de la *République des femmes*. (Voir ce journal.)

Journal des couturières et des modistes. — (Avril 1818.) Chez Aubert.

Journal des dames. — (Septembre 1850.) Bureaux: rue Saint-Jacques, 59. Imprimerie Bonaventure.

Journal des échecs. — par une Société d'amateurs; continuation de la *Régence*. Bureaux : place du Palais-National, 243. Rédacteur en chef : Saint-Amant.

Journal des églises de Paris et de la banlieue. — Feuille spéciale des fêtes, prédications, harmonies vocales et instrumentales du culte catholique ; suivies de biographies pour les fêtes patronales des campagnes, de poésies religieuses, d'un bulletin des arts et d'une nécrologie avec fragments des discours prononcés sur les tombes. (N° 1er du 11 mars 1848.) Directeur et rédacteur en chef : G. Saint-A***. Bureaux : rue de Sèvres, 12. Imprimerie Pilloy, à Montmartre. — Assez rare.

Journal des enfants. — Revue illustrée, Gazette de la jeunesse, Journal des familles. (Antérieur à 1848 ; mais a publié depuis février une édition populaire bi-hebdomadaire, à 10 centimes. Bureaux : rue Cadet, 1. Imprimerie Plon.

Journal des enfants. — Revue mensuelle. (Août 1850.) Bureaux : rue Richelieu, 85. Imprimerie Dondey-Dupré.

Journal des exposants. — (Juin 1849.) Bureaux : rue Monthyon, 10. Imprimerie Lange Lévy.

Journal des faits. — Tous les journaux dans un. (« Des « faits, non des paroles ; exposer, non discuter ; la vérité, non « la passion ; la bonne foi, non l'esprit de parti. »)—N° 1, du 21 avril 1850.) Directeur : V.-B. Migne. Collaborateurs : Jacomy-Régnier ; Fortunat Mesuré ; Louis-César Perruchot ; Sylvain Saint-Étienne ; C.-M. Guillon ; Mesvil Blincourt. Bureaux : rue Saint-Germain-l'Auxerrois, 86 (actuellement rue Jean-Jacques-Rousseau). Imprimerie Migne, au Petit-Montrouge. (S'imprime aujourd'hui chez Prève.)

Journal des Faubourgs. — Démocratique, socialiste. Numéro unique, paru le 16 avril 1848. Gérant : Gardy. Collaborateur : Georges Lecreux ; bureaux : rue Bourdaloue, 5. Imprimerie Pilloy, à Montmartre. — Rare.

Journal des Finances. — Revue mensuelle d'économie politique (juillet 1849). Rédacteur en chef : Jules d'Auriol de Busset ; bureaux : rue Massillon, 4. Imprimerie Gratiot.

Journal des Fleurs. — (Juin 1851) ; bureaux : quai des Augustins, 29. Imprimerie Cosson.

Journal des Hommes libres. — Rédigé par une foule de gens qui ne le sont pas, *sic* (avril 1849); bureaux : rue Coquillere, 15. Imprimerie Lacour. Gérant : Ch. Braux. Collaborateurs : Benjamin Gastineau, J.-J. Barrau. — Couleur ultra-démocratique.

Journal des Hommes libres en Jésus-Christ. — paraissant tous les mardis, jeudis et samedis, les jours solennellement fêtes par l'Ég'ise exceptés (juin 1851); bureaux : rue Montmartre, 144. Imprimerie Lacour. — Signé Léon (ex-comte Léon), propriétaire-gérant, rédacteur en chef.

Journal des Hôtels. — Guide du voyageur à Paris (septembre 1852). Imprimerie de Lacombe; bureaux : rue Sainte-Anne, 9. — Envoi gratis dans les hôtels.

Journal des Intérêts Agricoles, — manufacturiers, commerciaux et maritimes. Circulaire à ceux qui veulent que la France soit heureuse et prospère (mars 1849). Signé le général Dubourg. Imprimerie de Lacombe.

Journal des Intérêts Sociaux. — L'ami des rentiers, des propriétaires, tontiniers, assures, déposants des caisses d'épargne (specimen décembre 1849); bureaux : rue du Cherche-Midi, 28. — Propagande anti-socialiste. Rédacteur : Ch. Malo, l'un des administrateurs de la caisse d'epargne de Paris. — Ce journal, fondé en juin 1847, pour la défense des intérêts de 15,000 vieillards, les Tontiniers Lafarge, a lancé un programme nouveau en 1849. C'est pourquoi nous l'avons mentionné.

Journal des Jacobins. — Sentinelle des droits de l'homme. Démocratique socialiste. Rédacteur en chef : Pitois Christian, président du club central des Jacobins de la rue de Sèvres, ex-secrétaire du maréchal Bugeaud et transporté de juin. — Numéro unique du 14 mai 1848; bureaux : rue Saint-Dominique-Saint-Germain, 29, et rue Boucher 8. Imprimerie Schneider. — Rare.

Journal des Journaux. — Mensuel (n° 1, janvier 1849). Directeurs-fondateurs : Dufour et Mulat; bureaux : quai Malaquais, 23. Imprimerie Crété, à Corbeil.

Journal des Justices de Paix — et des tribunaux de sim-

ple police. Recueil mensuel de législation, de jurisprudence
et de doctrine, à l'usage des juges, suppléants, greffiers,
huissiers près les tribunaux de paix et de police. Directeur :
Bioche, docteur en droit, avocat (janvier 1852). Imprimerie
Gros ; bureaux : rue Hautefeuille, 25.

Journal des Locataires. — (Janvier 1850) ; bureaux : rue
Favart, 4. Imprimerie Bénard.

Journal des Locataires et des Acquéreurs. — (Juin 1849) ;
bureaux : rue Favart, 4. Imprimerie Simon Dautreville.

Journal des Locations. — Ventes et acquisitions d'immeubles, paraissant tous les dimanches (2 mai 1842). Imprimerie Dubuy ; bureaux : rue de Louvois, 2.

Journal des Maîtres de Forges, — et des concessionnaires
de mines (mars 1849) ; bureaux : quai Valmy, 47. Imprimerie Morris-Aurel.

Journal des Marchands de Vins. — N'existe pas. — Ce
titre est porté à tort sur plusieurs listes. On aura voulu
dire : l'*Echo des marchands de vins*, par Jules de la Madelène.

Journal des Marchés — (septembre 1850) ; bureaux : rue
de la Grande-Truanderie, 42. Imprimerie Dupont.

Journal des Mineurs Belges — (février 1850) ; bureaux :
rue Lepelletier, 18. Imprimerie Maulde.

Journal des Pauvres. — Liberté, travail, propriété, association. — Montagnard. N° 1 publié le 10 septembre 1849.
Fondateurs : Louis Deplanques, propriétaire-gérant ; d'At-
tan-Slive, de Bussy, Bruckières ; bureaux : rue de Sèvres,
115. Imprimerie Cordier. Assez rare.

Journal des Postes. — Nouvelles des armées de terre et de
mer pendant la paix. (« La Patrie reconnaissante donnera,
chaque jour, à la famille, des nouvelles des fils qui la ser-
vent ») Ce journal gratis restera toujours à la disposition
de tous, dans toutes les mairies de France (1er septembre
1849) ; bureaux : rue Jean-Jacques-Rousseau (hôtel des postes.) Imprimerie Pillet fils aîné. — On lit en *P. S.* « M. Léopold Chéradame ne demande que le dernier verso (destiné
aux annonces commerciales), pour prix de son idée. »

Journal des Quatre-Saisons. — Bureaux : rue Neuve-des-Petits-Champs, 16. (Mai 1849.)

Journal des Rentiers. — des propriétaires, tontiniers, actionnaires, assurés, etc., etc. (janvier 1849) ; bureaux : rue du Cherche-Midi, 28. Rédacteur : Ch. Malo. (Voir le *Journal des intérêts sociaux.*)

Journal des Femmes illustrés. — anciens et modernes (1er avril 1849) ; bureaux : rue du Pont-de-Lodi, 5. Imprimerie Schneider.

Journal des Sans-Culottes. — par le citoyen Constant Hilbey, ouvrier tailleur. Continuation du *Sans-Culottes* (journal des). Nos 2 et 3, les 4 et 8 juin 1848 ; bureaux : rue Bertin-Poirée, 8. Imprimerie Pousselgue — Rare. — Le no 1 (journal mensuel) n'a été publié qu'en décembre ; bureaux : rue de la Bourse, 13. Imprimerie Maulde.

Journal des Travailleurs. — fondé par les ouvriers délégués au Luxembourg. No 1 du 4 juin 1848. Gérant : Bernot, ouvrier ébéniste. Collaborateurs : Thalver, Ch. Boussin et Cail, mécaniciens ; bureaux : rue de Sèvres, 111. — Imprimerie Cordier.

Journal des Tribunaux de commerce. — renfermant l'exposé complet de la jurisprudence et de la doctrine des auteurs en matière commerciale (juillet 1832). — Imprimerie Klein. Chez Videcoq fils aîné, éditeur, et chez M. Blond, concierge du palais de la Bourse. Directeurs : Toulet et Cambrelin. Collaborateurs : Devauluy et Lemonnier, docteurs en droit.

Journal des villes et des campagnes : — Existe depuis plus de trente-cinq années, mais n'est devenu quotidien que depuis avril 1848. — Imprimerie Pillet fils aîné.

Journal des Voyageurs. — Feuille commerciale et littéraire, publiée sous le patronage et avec le concours des voyageurs de commerce, paraissant tous les cinq jours (mai 185-) ; bureaux : boulevard Montmartre, 8. — Imprimerie Srivère. Le secrétaire de la rédaction : Desbuards, Collaborateurs : A. Silvestre, Ligois, Auguste Falrre, Manaud, J. Caulor, Rollin, Lefebvre, Robert, Mangin, Ch. François, Tegries, Merle, Leclerc, Laisné, Lévy, Barbergue, Paul Chassiand.

Correspondant à Valenciennes : Victor Leblond, etc., etc.
— N'a paru que le prospectus.

Journal du cinquième Arrondissement — (mai 1848).
Signé : Charles de Massas. — L'exemplaire que nous en avons
sous les yeux appartient à la collection de notre excellent
frère Pierre Izambard. — Rare.

Journal du Clergé catholique. — Gazette de la France
religieuse (juin 1849): bureaux : rue Richer, 34. — Imprimerie Beau, à Saint-Germain,

Journal du Diable. — Avec une vignette : Satan assis. Il
en a paru seulement deux numéros, sans date (mai 1848);
bureaux : rue Notre-Dame-des-Victoires, 34. — Imprimerie
Poussielgue. Gérant : Édouard Gorges.

Journal du Peuple. — (Amélioration morale et matérielle
de la condition des classes populaires.) (20 mars 1849); bureaux : rue Neuve-des-Mathurins, 18. — Imprimerie Boère.
Gérant : Fleury. Collaborateurs : Planhol, employé à la Cie
d'assurances générales; Xavier de Montépin, etc.

Journal du plaisir. — Moniteur universel, officiel et anti-
politique des salons, des cercles et des réunions; des fêtes,
des bals et des jardins publics; des chemins de fer et des
trains de plaisir; des théâtres et des concerts; du sport, du
jockey-club et des haras; des chasses, des équipages, des
meutes et des gibiers; des eaux et des bains de mer; des
établissements de jeux, des ambassades, des touristes, des
étrangers à Paris et des Parisiens en voyage; des tirs, des
salles d'armes et des manéges; de la mode et de Longchamp
de la gastronomie, de l'hygiène élégante, des bibliothèques,
des tableaux et des Musées; des objets d'art et de haute
curiosité, etc., etc. — Programme le plus complet de tout ce
qui compose le luxe et occupe les loisirs de la vie (avril 1851);
bureaux : rue Laffitte, 1, maison Dorée, et 14 (bis), boulevard Poissonnière. — Imprimerie Dondey-Dupré. Directeur-
fondateur : Achille Collin, secrétaire-général du théâtre de
la Porte Saint-Martin. Collaborateurs: l'élite de la littérature.
— A eu 27 numéros. — Collection recherchée. Le *Journal
du plaisir* a publié des articles très-soignés sur les salles
d'armes de Paris, par Desbarolles.

Journal du progrès et du crédit public (mai 1848). Rédacteur : B. Rholrey.

Journal du Travail des villes et des campagnes, — paraissant tous les dimanches (12 août 1849); bureaux : rue Richelieu, 47. Feuilleton par Clément d'Elbhe,

Journal du Tribunal de commerce *et de la Bourse* (décembre 1849) Gérant : A. Conchy; bureaux : rue Monthabor, 9.

Journal d'un déporté. — Lettre à sa mère, sans indication ni de date, ni de signature (octobre 1848). Une seule livraison a paru. — Imprimerie Chaix.

Journal pour rire. — Journal d'images, journal comique, critique, satirique, lithographique, paraissant depuis le 1er février 1848, mais, ayant publié en mai et octobre des spécimens de deux pages seulement ; bureaux : chez Aubert. — Imprimerie Plon. Directeur : Ch. Philippon. Collaborateurs : L. Bergeron, Edouard Martin, A. Monnier, Jules Lovy. Le *Journal pour rire*, mélange capricieux de texte et de vignettes, a modifié son format afin de pouvoir être relié en album. — Extrêmement répandu et lu.

Journaux rouges (les). — Histoire critique de tous les journaux ultra-républicains publiés à Paris depuis le 24 février jusqu'au 1er octobre 1848. Par un Girondin. Sans date (10 novembre 1848). Chez Giraud, rue de Seine, 51. — Imprimerie Grabot. — Le même auteur a publié l'*Histoire critique des affiches politiques*, annoncée depuis trois ans. Ouvrage incomplet et trop cher.

Journées illustrées (les) — de la Révolution de 1848, par livraisons de quatre pages à trois colonnes. Aux bureaux de l'*Illustration*, rue Richelieu, 60. — Imprimerie Plon.

Judas de la république (les). — Feuille populaire, publiée par Edouard Houel, rue du Rocher. 6 (novembre 1848). En tête se trouve un timbre rouge de la *Société du progrès libre universel*, fondateur : Ed. Houel. Contient un très-long article démocratique-socialiste, des couplets de M. Etienne Arago, et un *carillon* anti-monarchique.

Jurisprudence (la). — Bulletin universel pour la propagation des loteries de bienfaisance (octobre 1849) ; bureaux : rue Villedot, 6. Imprimerie Cosse.

Jurisprudence des assurances (la). Maritimes, terrestres, sur la vie, etc.; des droits et obligations de l'assureur et de l'assuré (septembre 1849). Rédacteur : Louis Pouget, avocat. Imprimerie E. De Soye.

Kabbaliste (le). — Journal des sciences occultes et divinatoires (cartomancie, astrologie, phrénologie). Numéro 1 du 10 août 1848. Gérant : François ; bureaux et rédaction : rue de la Harpe, 19. Imprimerie Chaix. Publié par les fondateurs du *Pilori des tribunaux*.

Kosak (le). — (*Sic*) août 1847. Sans indications de bureaux. Imprimerie Lacour. Signé : le gérant : Proniewski.

Laboureur (le). — Journal politique de l'agriculture et des Campagnes. Il a paru seulement le numéro spécimen, sans date (18 novembre 1848). Rédacteur gérant : P.-A. Felix ; bureaux : rue des Fossés-Montmartre, 6. Imprimerie Marc-Aurel.

Lampion (le). — Eclaireur politique-légitimiste. Numéro 1 du 28 mai 1848. Directeurs gérants : Louis Boyer, X. de Montépin, de Villemessant ; bureaux : rue Favart, 4. Imprimerie Frey. Dans les premiers jours de juin, a changé son sous-titre :

Lampion (le) — Eclaireur quotidien. Propriétaire-gérant : Magne. Suspendu par décret du 27 juin après avoir eu 29 numéros. Sa suspension levée le 6 août, le *Lampion* a reparu le 8, avec deux pages seulement. A repris le 12 août son sous-titre d'*Eclaireur politique* (Imprimerie Bréso). Le 19 août l'imprimeur refuse de publier un article intitulé : *Une Manifestation*. Son premier gérant, Louis Boyer, est arrêté le 20 août ; son deuxième gérant, de Villemessant, est poursuivi, et le 21 le journal reparaît signé : de Calonne, rédacteur gérant.—mort à son 37e numéro. Bureaux : rue de la Chaussée-d'Antin, 24. Devait reparaître sous le titre de la *Bouche de bronze*, mais on a préféré la *Bouche de fer* dont il a été question dans votre nomenclature. Publiait à la fin de chaque numéro, des nouvelles à la main sous le titre :

Lampion. Exemple : (Numéro 30 du 8 août). « Avant hier, trois voitures chargées de fusils pris sur les insurgés sortaient de la mairie du 5ᵉ arrondissement, et prenaient la route de Vincennes. — Une dame curieuse de connaître ce que contenaient les trois véhicules, interrogea l'un des *mobiles* de l'escorte. — Madame, répondit le malicieux enfant de Paris : ce sont les fourchettes du banquet du *Père Duchène*. »

La collection du *Lampion* est curieuse ; le numéro 31 (sans signature) est extrêmement rare.

Lampion (le). — Journal littéraire et artistique. (« Foyers et coulisses, le grand-monde, bals et concerts, le monde-galant. ») Hebdomadaire. Le numéro 1 du 12 au 19 décembre 1848. Directeur rédacteur : Henri Izambard ; collaborateur : B.-E. de Bahor ; bureaux : rue Richelieu, 77. Imprimerie Moquet. S'est fondu avec le *Mercure universel*.

Lampion républicain (le). — N'a jamais vu le jour L'avortement a eu lieu dans la nuit du 24 juin. Manuscrit et épreuves ont été saisis dans le 5ᵉ arrondissement. Il a été publié sous ce titre un écrit intitulé : le *Massacre de Juin ou le tombeau de la liberté*. Imprimerie Blondeau ; dépôt : rue de Cléry, 51. Couleur démocratique-socialiste. Signé : Aug. Caunes.

Langue de vipère (la). « Chronique mensuelle des petitesses de nos grands Hommes. » Fondée pour propager la candidature de A. de Lamartine. Deux numéros : novembre et décembre 1848. Rédacteur gérant : J. Jacques ; bureaux : rue Notre-Dame-des-Victoires, 38. Imprimerie Lacour. Est devenu le *Pot aux roses* (Voir ce titre).

Langue de vipère (la). — (Janvier 1849) ; bureaux : rue Coquillière, 15. Même rédaction et imprimerie que le précédent. Rédacteur : Blavé.

Lanterne (la). — (Vignette : une lanterne rayonnante). Numéro 1 sans date (1ᵉʳ mai 1848). Gérant : Ganret des Fontaines ; bureaux : rue Bergère, 8. Imprimerie Chaix. Le numéro 2 est du 4 mai ; bureaux : boulevard Montmartre, 18. Imprimerie Boulé.

Lanterne du quartier Latin (la). — Vignette : une lanterne sur des pavés. — Démocratique socialiste. — Fondée en 1847. — Rédacteur signataire : Antonio Watripon ; bureaux : rue Saint-Jacques, 98. Imprimerie Bautruche. — Rare. — Nous avons compris ce journal dans notre nomenclature parce qu'en mars 1848 il a pris le titre suivant :

Lanterne (la). — Organe de la jeunesse républicaine démocratique. Rédacteur gérant : J. Devismes. Même format, vignette, bureau et imprimerie que le précédent.

Lanterne Magique. — Politique de 1793. — Contenant un tableau historique et biographique des conventionnels et des membres du tribunal révolutionnaire, avec la date et le genre de leur mort, par Marius Canniès (octobre 1848) ; bureaux : rue Rambuteau 63. Imprimerie Chaix. — A paru le 1er novembre sous le titre de :

Lanterne historique. — Revue des gens politiques, depuis 1793 jusqu'à nos jours ; bureaux : rue Rambuteau, 84. Même format et imprimerie que l'autre édition.

Lanterne Magique républicaine (la). — Recueil d'épisodes comiques et satiriques, métaphores politiques, nouvelles, blagues, bons mots, épigrammes, etc., etc. — Démocratique socialiste. (Numéro 1, avril 1848.) Collaborateurs : Alexis Dalès, J. Leroy H Démanet, Gustave Leroy, Aug. Loynel ; bureaux : rue Rambuteau, 32. Imprimerie Beaulé. (Voir *le Républicain lyrique*.)

Législative (la). — Echo du pays. — Le prospectus-spécimen a paru le 7 février 1849. Directeur-propriétaire : A. Dulacq ; bureaux : rue du Faubourg-Montmartre, 43. Imprimerie Schneider. (Voir *l'Universel*.)

Lettre à Barbès (la). — (Mai 1849). Signée : Hilaire Bonafous, ancien grenadier de la 11me légion et rédacteur du *Vrai Garde national*.

Lettre au Pape, — par un Huguenot (janvier 1849). Signé : J.-Louis Vaïsse, employé industriel, membre de l'Église réformée de Paris.

Lettre à l'Assemblée nationale (première), — par une réunion de prolétaires, sur les changements à apporter dans

nos institutions pour procurer le bien-être à tous les Français. Sans date (a paru le 16 septembre 1848). Couleur de la
Montagne. Imprimerie Lacombe ; bureaux : boulevard Montmartre, 18. — Très-rare.

Lettre de Mathurin Bruno à un réactionnaire. — (25
août 1848). Imprimerie Bonaventure ; bureaux : rue de
Sorbonne, 1. — Les mêmes éditeurs on fait paraître *la Guillotine.*

Lettre du citoyen F.-V. Raspail, représentant du peuple,
aux électeurs de Paris Merci ! — Reproduction de l'affiche
placardée le 24 septembre 1848 (datée du 22). Imprimerie
Maistrasse ; bureaux : rue de la Sorbonne, 1.

Les canards mis en vente par les associés de cette librairie
portent tous en tête, a droite et à gauche : « *No 1, rue de la
Sorbonne, rue de la Sorbonne, n° 1* » de manière a faire
croire que cette indication se rapporte au n° 1 d un journal
périodique, et non pas au n° 1 de la rue de Sorbonne.

Lettre du citoyen V. Letellier (première), — fondateur-
rédacteur en chef de *l'Impitoyable*, journal de tous les abus
publics, au général Cavaignac. — Protestation contre la loi
du cautionnement qui empêche *l'Impitoyab'e* de reparaître
(17 octobre 1848). Imprimerie Thunot ; chez Lévy, place de
la Bourse, 13.

Lettre du Père Lefebvre (première). — (novembre 1848).
Imprimerie Aubusson.

Lettres à M. le général Cavaignac, — par F.-C. de Damery (juillet 1848). Imprimerie Lacombe. — M. F.-C de
Damery a été pendant quelques années le secrétaire du physicien Philippe, qui ne lui a pas escamoté son esprit.

Lettres au Peuple, — par Georges Sand. Première lettre :
Hier et aujourd'hui (9 mars 1848). Imprimerie Lacrampe.
Chez Hetzel, rue de Ménars, 10 (première édition : 20 c.;
deuxième édition : 10 c.). — Deuxième lettre : *Aujourd'hui
et demain.* Eloge du peuple (19 mars 1848). Vendue 10 c.,
au profit des ouvriers sans ouvrage. — Même éditeur et imprimeur. — « C'est par suite d' n malentendu qu'on a fait
de la première édition une publication de luxe. » Les *Lettres*

au *Peuple* ont été transformées sous le titre de *la Cause du peuple*, par Georges Sand (et Victor Bor e).

Lettres contemporaines, — par Émile Barrault, rédacteur en chef du *Tocsin des Travailleurs*. Publiées pendant l'état de siége, en 1848. La première à M. de Lamartine, la deuxième à M. Thiers, la troisième à M. Rothschild, la quatrième au général Cavaignac. Imprimerie Lacour. Dépôt : rue du Boulol, 26. La cinquième à M. Louis Napoléon Bonaparte. Imprimerie Lacour. Dépôt : chez Martinon, rue du Coq-Saint-Honoré, 4. La sixième, parue en octobre, est adressée au futur président de la République. Imprimerie Bureau. Dépôt : chez Moreau, galerie Valois, 182. La septième nous manque : lettre a un prétendant (duc de Bordeaux). — Collection recherchée.

Lettres parisiennes (les). — Première, la Semaine des morts, Lettre funéraire aux français absents; deuxième, la Semaine des cautionnements (à M. de Lamennais) (juillet 1848) — Imprimerie Brière. Dépôt, boulevard Montmartre, 8. Signé : Carloman.

Lettres républicaines. — (Couleur Cavaignac). Sans date (août 1848) — Imprimerie Dupont. Le n° 1, « guerre à la réaction! guerre à l'anarchie! » ne porte pas de signature.

Lettres républicaines, — par Daniel Stern (comtesse d'Agoult), à François d'Orléans (23 mai 1848), et à Fanny Lewald (juin 1848). Ces deux lettres ont été réimprimées en août, et vendues sous forme de brochure. — Imprimerie Prolix.

Lettres sur la mode — (20 avril 1851). — Imprimerie Dupont; bureaux : rue Vivienne, 55. Signé : Marie. Cette revue hebdomadaire et exacte des toilettes donne l'indication des maisons d'où elles sont sorties, en un mot de véritables nouvelles à la main sur la mode.

Lettres du Diable — à la République française. « Bagatelles qui intéressent le peuple. » Couleur démocratique-ultra (juin 1848). — Imprimerie Pilloy, à Montmartre; bureaux chez Germillan, rue Michel-le-Comte, 13. Signé : Lucifer (C. M*******)

Liberté (la). — Journal des droits et des devoirs. Journal projeté le 27 février 1848. La rédaction en chef devait en être confiée à Auguste Lireux, feuilletoniste du *Constitutionnel*. N'a point paru.

Liberté (la). — Journal des idées et des faits. (Couleur monarchique). Il n'y a pas eu de numéro un. Le numéro deux a paru le 2 mars 1848. Rédacteurs en chef : A. Lepoitevin, Saint-Alme. Administrateur : Armand Dutacq. Collaborateurs : Alexandre Dumas, A. Vitu, A. Pouroy; bureaux : rue Montmartre, 171. Imprimerie Chaix. — Numéros 11 à 26, imprimerie Guyot. Le numéro 27 porte le sous-titre de *Journal des Peuples*. Numéros 33 à 61, imprimés chez Schneider et chez Chaix. Numéros 71 à 76; bureaux : rue Bergère, 8. Mêmes imprimeurs. — Le numéro 77, du 18 mai, n'a que deux pages. Tiré à deux éditions. Fort rare. — Sur l'une on lit : *Journal des Peuples* (sic); sur l'autre, *la Coquette*, n'existe pas. Le mot « peuples » se trouve corrigé. Imprimerie Schneider et Chaix. — Le numéro 110, du 27 juin, n'a pas été publié, les scellés ayant été apposés dès le 26 sur les presses. — *La Liberté*, suspendue par décret du 27 juin, devait reparaître sous le titre de la *Vérité*, mais en a décidé autrement. — Le 1er juillet, elle prend celui de :

Liberté de la Presse (la). — Directeur : A. Dutacq; bureaux : rue Bergère, 8. — Imprimerie Chaix. Le 7 août, aussitôt la levée de la suspension de la *Liberté*, elle reparaît ainsi :

Liberté (la). — Journal des peuples. Propriétaire-gérant : A. Dutacq; bureaux : rue Bergère, 8. — Imprimerie Chaix. Après la publication de son 144e numéro, la mise en vente de ce journal est affichée; on l'adjuge moyennant 2,400 fr., à un gérant de la défunte *Époque*.

Liberté (la). — Honneur et patrie, travail, propriété, famille (couleur bonapartiste). Gérant : Mouillard; bureaux : rue Bergère, 20. — Imprimerie Boulé. Numéro 145 du 8 novembre 1848.

Liberté (la). — Journal quotidien. Numéro unique. Sans date (du 29 février 1848). République gouvernementale.

Rédacteur-fondateur : Loys l'Herminier et Gustave d'Alaux ; bureaux : rue Duphot, 12. — Imprimérie Guyot.

Liberté religieuse (la). — Organe politique des droits du clergé et des vrais intérêts du peuple. Numéro 1 du 16 mars 1848. (Monarchique). Propriétaire-gérant : C. Saveuillan. Collaborateurs : X. de Montépin, A. de Calonne ; bureaux : rue Tournon, 8. — Imprimerie Crapelet.

Libertés nationales (les). — Titre déclaré en juillet 1848, au ministère de l'intérieur. Le journal n'a jamais existé. M. Dutacq devait en être le gérant, et M Chaix l'imprimeur. Il en est de même pour la *Vraie Liberté*.

Librairie française. — Choix des publications les plus importantes du mois de décembre 1851, édité par Édouard et Kaepplin (janvier 1851), — Imprimerie Gros.

Libre échange (le) « Les produits s'achètent avec les produits » Paraissant depuis 1817, mais devenu hebdomadaire en mars 1848. Rédacteur en chef : Ch. Coquelin. Directeur : Frédéric Bastiat ; bureaux : rue de Choiseul, 8. — Imprimerie Chaix.

Ligue sociale (la). — Titre d'un journal qui devait paraître en octobre 1848. Nous n'en connaissons que le manifeste (montagnard). Fondateur : Junius et de Bonnard, président de la réunion electorale de la Redoute. Directeur : Legenvre. Par les collaborateurs du *Salut social* et du *Napoléon républicain* : bureaux : rue Notre-Dame-des-Victoires, 34. — Imprimerie Boulé. Le 12 novembre la police a fait une descente dans les bureaux de la *Ligue sociale* : c'est sans doute à cause de cela que, en décembre, le titre s'est transformé en celui de : *Le Progrès social* (organe des idées napoléoniennes et des intérêts populaires).

Livres rouges (les) — de la science politique, démocratique et sociale Nº 1 du 4 décembre 1848. — Imprimerie Boulé. Dépôt : cité Trévise, 16. Rédacteur : Albert Maurin.

Locomotive (la). — Journal des principales stations des chemins de fer français et étrangers (20 juin 1851). — Imprimerie Beaulé. Bureaux : place Saint-Sulpice, 12.

Lorgnon du Diable (le). — Bibliothèque populaire et

républicaine, par les citoyens D*** et Charles Lefebvre. Vignette : un masque. « Je vois tout, j'entends tout, j'écris tout. » République gouvernementale (mai 1848); bureaux : faubourg Saint-Martin, 169. — Imprimerie Lacombe. — Extrêmement rare.

Loterie démocratique et sociale (la). Seules chances ouvertes à l'ouvrier et à beaucoup de monde, pour devenir propriétaire. Par Alfred Espiard. « Joie et santé. » Numéro unique du 22 septembre 1848. — Imprimerie Bénard

Loustic de la compagnie (le), — (mai 1849). Rue Coquillère, 15. Signé : Landoin. — Ce canard était imprimé sur papier rouge. — Imprimerie De Soye.

Lucifer (the). — English and french, montly Newspaper. (Le DIABLE, anglo français, Gazette mensuelle.) — Prospectus spécimen, sans date ni signature. (Mars 1848.) Bureaux : avenue de Neuilly, 17 bis ; et à Londres, King street, 13. Imprimerie Frey. — L'auteur était M. Buchoz-Hilton, ex-président du club des Jacobins du faubourg du Roule, ex-colonel commandant les volontaires de la Charte, actionnaire de l'Hippodrome, etc.—Le même Buchoz-Hilton fait paraître cinq ou six fois par an : (*Historique*.)

Lucifer (le). — Journal judiciaire et commercial, anglais-français, paraissant tous les jours (*sic*) à Londres, King street, 15 ; ou à Paris, rue Richelieu, 3. — « *Révélateur* des abus criants, monstrueux, révoltants et incroyables, qui se commettent tous les jours en matière de frais judiciaires presque partous les officiers ministériels, faire rendre compte (*sic*) aux agents d'affaires des sommes qu'ils reçoivent de leurs clients, et qu'ils n'ont pas employées conformément à leur destination. » — Le premier numéro, avec les débris duquel les compositeurs de l'imprimerie Pilloy, à Montmartre, façonnent (en y ajoutant une revue théâtrale prise au hasard) ceux qui paraissent *de temps en temps*, contient ce singulier *avis aux plaideurs :* « Il se forme une armée qui ne sera composée que de plaideurs qui ont été plumés par les officiers ministériels, pour venir en aide à la déesse Thémis, qui a la double calamité d'être atteinte d'une cataracte et d'être perclue de ses membres, afin d'exterminer les vrais communistes, les fainéants, les partageux privilégiés. M. Buchoz-Hilton étant celui qui a été le mieux plumé, il s'est nommé commandant en chef. Pour s'enrôler, il faut adresser son adhésion franco, rue Richelieu, 3, à Paris. — A la 4ᵉ page du numéro qui appartient à notre collection se trouve l'annonce suivante : «Pour paraître très-prochainement Les *Mémoires* du citoyen Buchoz Hilton pour servir à l'édification et à l'instruction des niais qui ont la manie de sacrifier leur fortune, leur santé, leur repos, en pure perte, *sur l'autel de la patrie*; suivis de la République des singes à queues, à demi-queues et sans queues.» Ces lignes sont accompagnées d'une vignette représentant deux *croque-morts* déguisés en diables et portant sur un brancard un homme entièrement nu (la feuille de vigne de rigueur manque). Au-dessous on lit : «L'humanité, huée, conspuée, est envoyée à tous les diables, lesquels s'en pressent de transporter les dépouilles, les débris mortels du sieur Buchoz Hilton à son dernier domicile.» — Ce numéro est assez rare. Nous le tenons à la disposition des amateurs qui voudraient prendre copie de l'original.

Lucifer. — Petit journal de la littérature, des théâtres et des arts. (Septembre 1849.) Bureaux : Rue Notre-Dame-des-Victoires, 40. Directeur-gérant : G. Lemarchand. Collaborateurs : P. Hawke; M.-N. Pangloss fils; G.-V. Lucifer; Astarté; — pseudonymes de mauvais choix.

Lumière (la). — Journal non politique, hebdomadaire : beaux-arts, héliographie, sciences. (Février 1851.) Signé : le secrétaire de la rédaction : F.-A. Renard, gérant. — De la borateurs : Francis Wey; docteur Clavel; J.-N. Niepce; Niepce de Saint-Victor. Bureaux, à Paris : 15, rue de l'Arcade, à la Société héliographique; et à Londres : United patent *Office* de MM. Gardissal et Cⁱᵉ, 7, Cathorpe-street, grey's inn lane, holborn. Imprimerie Remouyer, aux Batignolles.

Lumière (la), — ou la Franc-Maçonnerie dévoilée. (Avril 1851.) Imprimerie Montalant-Bougleux, à Versailles. Rédacteur en chef : P. Duplais.

Lunettes du père Duchêne (les). — Journal chantant, comique, satirique, anecdotique et orné d'images. (Nᵒ 1 du 3 juin

1848. Gérant : L. Guillemain. Bureaux : rue de Seine, 32; dépôt : rue des Gravilliers, 25. Imprimerie A. René. — Est la continuation de la *République des femmes*, et a pris le 10 juin le titre de l'*Aigle républicaine*. (Voir les détails plus loin.)

Luxe (le). — Journal des modes. (26 novembre 1850). Bureaux : rue du Faubourg-Montmartre, 13. Imprimerie Bureau.

Lycée (le). — Illustration de la jeunesse. (Juillet 1849.) — Mensuel. Bureaux : rue Fontaine-Saint-Georges, 22. Imprimerie Martinet.

Lycée (le). — Journal de la jeunesse française. (Numéro-specimen, avril 1852.) Imprimerie Buisseau. Rédacteur en chef : Auguste Canneva.

Madame Duchêne. — « Quelques vérités avant les élections. » (Mai 1849); bureaux : rue Notre-Dame-des-Victoires, 7. Gérant : C. Corteron. — Véritable pendant, pour le style vague et décousu, du *Perdu-Chêne*.

Magasin politique (le). — Journal-recueil des faits et des théories politiques. N° 1 (avril 1848) ; bureaux : rue Saint-Benoît, 5. Imprimerie Martinet.

Magasin de l'Enfance chrétienne. — Recueil mensuel (30 janvier 1851). Imprimerie Plon ; bureaux : rue Duphot, 17.

Magasin des écoles du Dimanche (le). — Journal d'éducation chrétienne (janvier 1851). Imprimerie Ducloux ; bureaux : rue Tronchet, 2.

Magasin des Familles (le). — Journal le plus complet du foyer domestique (septembre 1849) ; bureaux : rue Richer, 34. Imprimerie Proux.

Magnétiseur spiritualiste (le). — (Octobre 1849); bureaux : rue Tiquetonne, 17. Imprimerie Picard, à Argenteuil.

Magnétisme (le). — Ce titre n'existe pas. Nous l'avons mentionné à tort dans la *Presse* parisienne, en 1848. Il y a bien le *Journal du Magnétisme* ; mais il a été fondé, en 1845, par M. le baron Dupotet; bureaux : rue Beaujolais, Palais-Royal, 6.

Mairie (la). — Mémorial des fonctionnaires municipaux (octobre 1849); bureaux : rue Richer, 20. Imprimerie Marc-Aurel.

Mandataire (le), — journal des employés et des administrations (juillet 1849) ; bureaux : rue de Paris, 40, à Belleville. Imprimerie Boisseau.

Manifeste des provinces (le). — Adresse des départements à l'Assemblée nationale constituante, afin d'obtenir la décentralisation administrative. « Alliance de l'autorité et de la liberté. » N'indique pas le nom de l'auteur (Anatole Saulnier). Mai 1848. Imprimerie Boulé. — Est devenu, le 21 juin, la *République possible*.

Manifeste de la ligue sociale (le). — (Novembre 1848.) Imprimerie Boulé; bureaux : rue Notre-Dame-des-Victoires, 34.

Mariage (le), — journal-guide des familles et des futurs époux (avril 1849); bureaux : rue Grenelle-Saint-Germain, 63. Imprimerie Pollet.

Marine (la), — journal spécial des intérêts maritimes, ci-devant la *Flotte* (août 1849). Rédacteur-gérant : Riche; bureaux : rue Croix-des-Petits-Champs, 27. Imprimerie Poussielgue.

Mayeux, — journal politique, critique et littéraire. — No 1, du 17 juin 1848. Gérant : P. Dufour. Collaborateur : Louvet; bureaux : rue d'Aboukir. 55. Imprimerie Lacour. — Façon de journal écrit dans le plus ébouriffant charabias qu'il soit possible d'imaginer; c'est un salmigondi indigeste d'arlequinades et de lazzis passés de mode.

Médecin de la maison (le), — journal d'hygiène, de médecine et de pharmacie (15 juillet 1850), bureaux: rue Faubourg-Montmartre, 10. Imprimerie Pillet fils aîné.

Médiateur des Ventes (le). — journal de l'office de publicité. A été cité à tort par l'auteur de la *Physionomie de la Presse*. Il est antérieur à la République (fondé en 1841). Directeur : Cousin; bureaux : rue de la Banque, 22. Imprimerie Bénard.

Ménétrier des Familles (le), — journal musical ; bureaux :

chez Martini, rue des Tournelles, 62. Imprimérie Maulde. (Octobre 1849.)

Mercure universel (le). — Illustration théâtrale, littéraire et industrielle (octobre 1848). Directeur-rédacteur : Henry Izambard ; bureaux : 11, rue Neuve-Breda, Imprimerie Pilloy, à Montmartre. (Voir le *Moniteur illustré de la haute carrosserie*.)

Mercure universel,—revue des arts utiles (26 juillet 1849). Gérant : Dabry. Feuilleton de M. Charles Woïuez. Sans indication d'adresse.

Mercure de France (le), — revue universelle de la littérature et des beaux-arts (9 novembre 1851). Imprimerie Brière ; bureaux : rue Saint-Anne, 55. Rédacteur en chef : Jules de Saint-Félix. Gérant : Marielle. Collaborateurs : Martinet-Montfleur, Emile Deschamps, G. de Larenaudière, Louis Lacombe, H. Mège, Paul de la Garenne, Gérard de Nerval, Emile Souvestre, de Viel-Castel, Roger de Beauvoir, J. de Susini, Achille Jubinal, Méry, P.-S Nibelle, Pierre Malitourne, H. Berlioz, Barenne, Blaze de Burry et comtesse Dash. — Ce journal donne en prime à ses abonnés la *Galerie des belles actrices de Paris*, série de portraits d'un goût exquis.

Mercure des Théâtres,— programme des spectacles, vendu tous les soirs à la porte des théâtres, concerts, etc. Littérature, sciences, beaux-arts. industrie, commerce. (6 septembre 1851.) Imprimerie Vinchon ; bureaux : boulevard Montmartre, 8. — Remplace le journal l'*Orchestre*.

Mercure des Théâtres (le). — (juin 1852); bureaux : rue Croix-des-Petits-Champs, 29. Imprimerie Poussielgue et Masson. Rédacteur en chef : Jules Frey. Gérant : A. Rosenfeld. Paraît tous les soirs avec un programme détaillé des spectacles.

Mercuriale des halles et marchés. — Journal des marchés agricoles, paraissant six fois par semaine (25 août 1852); bureaux : Pointe Saint-Eustache. Imprimerie Boisseau.

Mère Duchêne (la) au pilori. (Avril 1849). Signé : Vermasse (dit Mitraille). Imprimerie Bautruche.

Mère Duchêne (Le travailleur, par la). — Journal populaire, démocratique socialiste. (Numéro 1 du 27 mai 1848). Rédacteur : Casimir Vermasse (dit Mitraille) ; collaborateurs : Ghusladez, Marcel Deschamps, D. Devilliers, A. Montbrial, P. Vers ; bureaux : rue de la Fontaine Saint-Marcel, 2. Imprimerie Bautruche.

Le numéro 3 du 31 mai avait au-dessous de son titre : « Au 1er de la république démocratique et sociale ; il y a eu France 117 hommes qui se tuent pour la puissance d'un seul ; celui qui n'est pas avec nous est contre nous. » Le numéro 5 a été imprimé chez Bureau. Le numéro 6, chez Frey ; bureaux : rue Notre-Dame-des-Victoires, 4. Est devenu en juillet : le Bohémien de Paris, plus tard, la Sorcière républicaine, et enfin M. Pipelet, dont nous dirons un mot plus loin.

Mère Michel (la) — Gazette des vieilles portières. (Numéro 1, août 1848). Directeur : Fred. Demouret ; bureaux : rue Croix-des-Petits-Champs, 33. Imprimerie Jules Frey.

Ce petit journal satirique publiait en tête de son numéro 1 l'article suivant : « La Mère Michel invite, au nom de la fraternité, toutes les vieilles portières à vouloir bien lui faire tenir les cancans de leur maison, elle s'empressera de donner une prompte et généreuse hospitalité à une rédaction qui ne pourra manquer d'intérêt. »

« Il est bien entendu que la Mère Michel prendra les intérêts de ses collaboratrices et qu'elle réclamera la parole quand il s'agira de discuter à l'Assemblée nationale les graves questions de l'amende après minuit, du sou pour livre, de la bûche à la voie, du denier à Dieu et des étrennes. (Franco, s'il vous plaît). »

Nous ignorons les noms des rédacteurs de la Mère Michel, et nous les remercions ici d'avoir bien voulu donner les honneurs de l'insertion à quelques cancans déposés par nous à l'imprimerie Frey.

Messager (le). — Ancien Echo du soir. (Avril 1848). Propriétaire-gérant : B. Pellagot. Prend le sous-titre de Journal politique et littéraire, et est signé fin juin : B. Pauchet ; fin juillet, il est signé E. Baseol ; bureaux : rue Sainte-Anne, 55. Imprimerie Brière. Le 7 septembre le Messager s'est fondu avec le Journal.

Messager franco-américain (le). — (Mars 1850) ; bureaux: boulevard Montmartre, 8. Imprimerie Schiller.

Messager médical (le). — (décembre 1849); bureaux: rue Vivienne, 43. Imprimerie Malteste,

Messager de l'Assemblée (le). — Journal quotidien, politique et littéraire. (Numéro 1 du 14 février 1851). Rédacteurs : Eugène Forcade, Félix Solar ; gérant : Garein ; bureaux : boulevard des Italiens, 17. Imprimerie A. Rigueur Lainé.

Messager de la république (le). — Edition du soir de la République. (Numéros 1 et 2, 13 et 14 avril 1848). Directeur-rédacteur : Boulé : rédacteur en chef : Eugène Barente ; bureaux : rue Coq-Héron, 3. Imprimerie Boulé.

Messager de la semaine (le). — Religion , politique , sciences, agriculture. (Décembre 1849). Rédacteur en chef: A. de Brachet ; bureaux: rue Montbabor, 24. Imprimerie Pillet, fils aîné.

Cette feuille hebdomadaire était publiée sous les auspices de l'association pour la propagande anti-socialiste. — A vécu fort peu de temps.

Messager des campagnes (le). — (Du 5 novembre 1849). Directeur-gérant : Algoin ; bureaux : rue d'Amsterdam, 87. Imprimerie Bonaventure.

Messager des fiancés (le). — Gazette des familles. Littérature, beaux arts, théâtres, modes, industrie. (Septembre 1852) ; bureaux : rue de Valois, 4. Imprimerie Brière.

Messager des hôtels (le). — Passe-temps des voyageurs. Littérature, poésie, beaux-arts, théâtres, modes, industrie. (Septembre 185.) ; bureaux : rue des Bons-Enfants, 22 ; directeur: Lavedan. Imprimerie Brière.

Messager des théâtres et des arts (le). — Consacré aux intérêts des cinq associations artistiques. (Paraissant le mercredi et le dimanche. Numéro 1 du 13 août 1848); bureaux: rue Grange Batelière, 13. Imprimerie d'Aubusson. Rédacteur en chef: Achille Denis ; directeur : Ch. Hilbrunner ; collaborateurs: Théodore Anne, A. Baudillon, Eugène Mathieu,

A. H. Monnier. Correspondants, de Londres : John Kattley ; de Bruxelles. : P. Philipront ; de Gand : H. Encepnap ; d'Amiens : A. Scellier, etc. M. Achille Denis remplit très-dignement et très-courageusement la tâche de rédacteur en chef du *Messager des Théâtres.*

Micromégas — Ou le miroir de Paris civil et politique en ÉPIGRAMMES HISTORIQUES. (Août 1848). par Raynaud, rue Saint-Honoré, 322. Imprimerie Cordier. — Une 1re édition a paru sous le titre du *Miroir de Paris*, et une 3e sous celui : le *Cousin de Micromégas* au Robert-Macaire, industriel, civil et politique de la bonne ville de Paris.

Mineur (le). — Interprète des mines d'or de la Californie. (15 juin 1850) ; bureaux : boulevard Bonne-Nouvelle, 31. Imprimerie Poussielgue.

Minerve (la). — Journal militaire. républicain (Numéro 1 du 5 avril 1848). Propriétaire-gérant : Noirot ; rédacteur en chef : Ferdinand—Durand ; collaborateurs : Bois-le Comte, Bourguignon, Brunet, Champouillon, Charlier, Chénier, Constantin. L. Dinaumate, Dolly, Fervel, Turpin ; bureaux : rue de l'Université 23. Imprimerie Martinet. — Le numéro du 5 juin était signé : Lanoa, propriétaire-gérant ; bureaux : rue Saint-Honoré, 97.

Minerve (la). — Organe militaire de la république française. (Garde nationale, armée, marine.) Prospectus-spécimen paru en mars 1848. — Rare.

Minerve de 1848 (la). — Journal des devoirs et des droits du citoyen, d'après les constitutions républicaines. — N'a paru qu'un programme. Imprimerie Marc-Aurel.

Miroir de la France (le). — Revue pour tous, sous la direction de Camille Lebrun. (Numéro 1 juin 1819) ; bureaux : rue de la Ferme-des-Mathurins, 49. Imprimerie Proux.

Miroir de Paris (le). — Avec une revue parisienne en prose poétique, intitulée *Micromégas*, braquant sa lunette sur Paris. Sans date (Septembre 1848) par Renaud ; rue Saint-Honoré 323. Imprimerie Cordier. — Style de cabaret.

Misère (la), — Vaincue par l'œuvre de M. Roux, vicaire

des Quinze-Vingts. (Septembre 1848). Imprimerie Dondev ; bureaux : rue des Noyers, 27 ; chez Alexandre Pierre. — Au verso de cette feuille, qui n'a eu qu'un seul numéro, se trouvait le rapport de M. l'abbé Roux à l'Assemblée nationale, sur les journées des 25 et 26 juin. — Les mots *misère* et *Rapport* figuraient en enseignes afin de faire croire à la publication de deux journaux nouveaux. — Quelques collectionneurs se sont laissés duper ainsi.

Mode poétique (la). — (1er août 1851) ; rédacteur en chef: Giroud (de Gand) ; bureaux : rue Fayart, 4. Imprimerie Simon-Dautreville.

Modérateur (le). — Journal de la conciliation politique et sociale. (Novembre 1848). Imprimerie Lacombe ; bureaux : rue Pierre-Sarrazin, 6 ; chez le gérant : Ch. Thierry, capitaine en retraite ; directeur : Ch. Joseph Tocu' ; rédacteur : Léopold Latapie.

Mois (le). — Résumé mensuel, historique et politique de tous les événements, jour par jour, heure par heure, par Alexandre Dumas. («Dieu dicte et nous écrivons»). — Républicain. (Numéro 1 du 15 avril 1848). Directeur-gérant: Regnier ; bureaux : rue Neuve-Vivienne, 26 (en octobre, rue Montmartre, 171). Imprimerie Penaud.

Moisson d'or (la). — Journal californien ; bureaux : rue Montmartre, 111.— Imprimerie Schiller.—Tous ces canards, lancés par les compagnies, n'étaient que pures réclames en faveur des Mines d'or. Les *Gogos*, qui y avaient foi, prenaient des actions dont ils attendent toujours les dividendes !!.

Monde de 1848 (le), — démocratique-socialiste. No 1 du 1er avril 1848. Administrateur-gérant : Magiaty. Collaborateurs: Desjobert, Gally, Pierre Zaccone, Henry de Kock ; bureaux : impasse du Doyenné, 5. — Imprimerie Boulé. — Est devenu le *Monde républicain*.

Monde chrétien (le). — Antérieur à 1848 ; bureaux : 6, place de l'Oratoire. — Cité à tort dans la revue bibliographique.

Monde commercial et industriel (le) — (avril 1849); bureaux : rue de Trévise, 28. — Imprimerie Appert.

Monde élégant (le) — (octobre 1850); bureaux : place Breda, 10. — Imprimerie Pilloy, à Montmartre.

Monde maritime (le) — (janvier 1849); bureaux : rue Richelieu, 104. — Imprimerie Remquet.

Monde nouveau (le), — par une révolution bienfaisante dans l'imprimerie, la typographie, la librairie et les branches accessoires, par les inventions mécaniques, typographiques d'Adrien Delcambre. N° 1 du 30 septembre 1849 ; bureaux : 60, rue Blanche. — Imprimerie Pilloy, à Montmartre.

Monde républicain (le). — Indépendance et vérité. Continuation du *Monde de* 1848. Mêmes rédacteurs, bureaux et imprimerie.

Moniteur de l'Association — (octobre 1851). — Imprimerie De Soye ; bureaux : rue de l'Université, 19. Directeur : Jules Duval.

Moniteur de l'Association et de l'échange — (novembre 1851). — Imprimerie De Soye ; bureaux : rue de l'Université, 19. Directeur : Jules Duval.

Moniteur de l'Épicerie — (décembre 1850). — Imprimerie Boisseau ; bureaux : rue Montmartre, 43. — Le *Moniteur de l'Épicerie* est imprimé sur du papier à chandelles, et ses rédacteurs sont tous garçons... épiciers.

Moniteur de la Marine (le). — Journal de la navigation intérieure (commerce, travaux publics, assurances fluviales, arrérages). N° 1 du 18 juin 1848. Rédacteur : Louis Darlois ; bureaux : quai Bourbon, 19. — Imprimerie Chaix.

Moniteur de la Recolte (le) — (avril 1849). Gérant : A.-F. Lacroix ; bureaux : rue Saint-Jacques, 40. — Imprimerie Bautruche. — Assez rare. L'unique numéro paru s'est vendu 5 et 6 fr.

Moniteur des Chemins de fer (le) — (janvier 1849); bureaux : place de la Bourse, 12. — Imprimerie Chaix.

Moniteur des Communes (le) — (janvier 1850). — Imprimerie Simon Dautreville.

Moniteur des Demoiselles (le) — (janvier 1851). — Imprimerie Marbinet ; bureaux : rue Neuve-Vivienne, 43. Ré-

dacteur en chef : Mme la comtesse de Bassanville. — Continuation du *Journal des jeunes Filles.*

Moniteur des employés et des ouvriers (le). — Recueil
général des offres d'emplois à Paris, dans les départements et
à l'étranger (septembre 1851). — Imprimerie Poussielgue;
bureaux : cité d'Orléans et rue Croix-des-Petits-Champs, 29,
Gérant : Martin.

Moniteur des Gardes nationales de France (le) — (février
1850); bureaux : rue Vivienne, 43. — Imprimerie Aubusson.

Moniteur des Marchés (le) — (juin 1850); bureaux : rue
de Sartine, 1. — Imprimerie Vinchon.

Moniteur des Postes (le). — Journal de l'Association des
employés des postes. Numéro unique du 1er avril 1848. Rédacteur en chef : Jules Maî re. Rédacteur-administrateur :
Gaufreau. Collaborateurs : Bossel, Bubl Legault ; bureaux :
à l'Hôtel des Postes. — Imprimerie Frey.

Moniteur des Théâtres (le). — Rédacteur en chef gérant :
de Villemessant, en juin 1848. Est signé en septembre : Com-
pigny; bureaux : rue Favart, 4. — Imp. J. Frey.

Moniteur du Chemin de fer (le) — d'Amiens à Boulogne,
Paris à Londres, service postal avec l'Angleterre, par Boulogne, Juillet 1849.

Moniteur du dimanche. — Journal général de la semaine
(avril 1849). — Imprimerie Chaix; bureaux : rue Bergère, 20.
Rédacteur en chef : B. de Reims. Gérant : A. Béraud Collaborateurs : Eugène de Bastignac, Dupuis-Delcourt, Aigen,
Emile Jean, Amédée Achard, P.-L. Jacob. Format de la
défunte *Époque.*

Moniteur du Peuple (le). — Revue hebdomadaire des faits
politiques. Directeur : Amable Lemaître. (Mars 1849.) Bureaux : rue Boucher, 6. — Imprimerie Bénard.

Moniteur du soir (le). — Journal quotidien, politique et
littéraire. (Juin 1848.) Signé Rabasse ; depuis juillet, gérant :
Baudouin. Bureaux : rue Grange-Batelière, 22. Imprimerie
Lange Lévy.

Moniteur administratif (le). — Journal spécial et non politique des agents de l'Etat (22 décembre 1851). Imprimerie Lange Lévy. Bureaux : rue Hauteville, 92. — Succède au journal *la Réforme administrative*.

Moniteur catholique (le). — Journal exclusivement dirigé et administré par M. l'abbé Migne. Revue du monde religieux (1er janvier 1850). Bureaux : rue de la Visitation-Sainte-Marie, 7 et 15. Imprimerie Migne, au Petit-Montrouge.

Moniteur illustré de la haute carrosserie (le). (Ancien *Mercure universel*.) — Journal d'hippiatrique, d'équitation, de statistique, littéraire, historique et anecdotique, paraissant le 15 de chaque mois (16 janvier 1852). Imprimerie Pilloy, à Montmartre ; bureaux : rue Lamartine, 21. Rédacteur en chef : Pawlowski ; dessinateur-gérant : Guillon.

Moniteur industriel. — Journal de la défense du travail national. Fondé en 1839, mais traite des questions politiques depuis février 1848. Bureaux : rue de l'Echiquier, 86. Imprimerie Lévy. Gérant : P. B—s. Darnis. Collaborateurs : Th.-J. Thackeray ; J. Goldenberg ; Boquillon ; Beaumanoir ; Wolowski ; D. Dureau ; F. Bresson ; A. Guettier ; C. Mène ; L. d'Aubréville.

Moniteur musical (le). — Paraissant tous les samedis (23 avril 1851). Imprimerie Moquet ; bureaux : rue de Navarin, 21 ; bureaux actuellement : Boulevard Poissonnière, 14. Rédacteur en chef : Ch. Soullier. Collaborateur : R. Anderset, professeur.

Moniteur religieux (le). — Journal du monde catholique (19 juin 1849). Bureaux : rue Richelieu, 47. Imprimerie Bignoux. — Paraissait six fois par semaine ; en septembre il devient hebdomadaire. Bureaux : rue de Seine-Saint Germain, 57. Imprimerie Lacour. — Prend, à dater du 15 décembre, le sous-titre de *Journal du clergé et du peuple*. Imprimerie Boulé.

Moniteur républicain (le). — Nouvelles du jour (27 février 1848). Imprimerie Dupont. Ce petit journal, dont les bureaux se trouvaient, 38, rue des Boucheries-Saint Germain, a publié la liste des blessés de Février.—Très-rare.

Moniteur universel des sciences pures et appliquées (le). —

Directeur-fondateur : Docteur Quesneville (février 1850). Bureaux : rue Hautefeuille, 9. Imprimerie Martinet.   .

Monitor de la moda (el). — (Février 1850). Bureaux : rue Neuve-Vivienne, 43. Imprimerie Maulde.

Montagnard satirique (le). — Journal politico-littéraire, charivarique (janvier 1849). Bureaux : rue Cherubini, 2. Imprimerie Frey. Gérant : Miraton.

Montagnardes (les). — Satires politiques , par A. Eude-Dugaillou (novembre 1848). Bureaux : rue de l'Echiquier, 6. Imprimerie Blondeau.

Montagne (la). — Démocratique-socialiste. — Prospectus. (19 novembre 1848, n° 1 du 3 décembre.) Gérant : A Bénard. Collaborateurs : Gally ; Desjobert, Ch. d'Amyot ; Eude-Dugaillou ; V. Maugin ; J. Danin ; Héraut ; J.-J. Arnoux ; bureaux : rue de l'Echiquier, 6. Imprimerie Blondeau.

Montagne (la) du Peuple fraternel et organisateur. — (Mai 1848.) Fondateur : A.-P. Legallois. Rédacteurs : Proudhon ; Lamennais ; George Sand ; Alfred Bougeart ; Alp. Esquiros ; Constant Hilbey ; Meyer (l'ami des ouvriers); A. Barthet ; Agathon Bougielis d'Athènes ; Pierre Leroux ; Louise Colet, née Révoil ; Jean Journet. — Le quatrième numéro est presque entièrement rédigé par le *Mapah* (Gannau), le dieu Phallus. Bureaux rue Aumaire, 19 bis. Imprimerie de Dondey-Dupré. — Continuation du *Tribun du peuple* (organe des travailleurs) et de la *Montagne de la fraternité* (tribune des représentants du peuple.) — « Qu'a été le peuple ?... Rien. Que doit-il être ?... Tout ! » Rédacteur en chef : A., B.. Aux collaborateurs il faut ajouter : A. Constant ; M.-N. Constant ; Mme Adèle Esquiros (Sophie Battanchon). — Extrêmement rare.

Moustiques républicaines (les). — Par un républicain de naissance (*à puero*), né avant terme et de la force de 4 Martin (de Strasbourg) (*sic*). — 30 novembre 1848. Rédacteur-signataire : Brutus-Navet Satyra (Lefebvre). Bureaux : place de la Bourse, 13. Imprimerie Aubusson. — Anti-socialiste.

Moutons (les) — devaient former une série de poésies politiques, autographiées ; n'ont paru qu'en épreuves, en août

7

1848. La seule livraison que nous connaissions renferme une chanson en neuf couplets, dont un, le dernier, est manuscrit, et de la main de l'auteur, J. M. Boissel, décoré de juillet. — C'est drôle !

Murs de Paris (les). — Journal de la rue. (Collection de toutes les affiches politiques qui ont été apposées depuis la révolution 1848.) Les quatre premières livraisons n'ont jamais paru ; la cinquième seulement a été mise en vente. (Rare.) Chez Janet, rue Saint-Jacques, 50, Imprimerie Bonaventure.

Musée des Images (le). — Journal pittoresque universel, exclusivement consacré aux sciences et aux arts (août 1852). Imprimerie Blondeau ; bureaux ; rue de Trévise. 37. (hebdomadaire). Rédacteur en chef : Léo Lespès.

Musée du Peuple (le). — Journal des connaissances nécessaires à son bien-être et à ses besoins intellectuels. Le premier numéro est du 14 mai 1848 (littérature, beaux-arts, politique, rébus). Rédacteurs en chef : Ern. Breton et Jules La Beaume ; bureaux : rue du Hasard-Richelieu, 4. Imprimerie Claye.

Musée chrétien (le). — Livre des familles, journal des écrivains et des artistes catholiques (janvier 1852). Imprimerie Poussielgue ; bureaux : rue Bergère, 9. — Mensuel.

Musée comique (le). — (Faisant suite à la *Revue comique*). Toutes sortes de choses en images (janvier 1849). Chez Martinon, rue du Coq-Saint-Honoré, 5. Imprimerie Plon.

Musée parisien (le). — N° 1 sans date (août 1848). Chez Aubert (Ch. Philippon), place de la Bourse, 29. Imprimerie Plon.

Muses de la Mode (les). — Journal en vers et en prose, sous le patronage et avec la collaboration de : MM. Emile Augier, Théodore de Banville, Auguste Barbier, Jules Barbier, Roger de Beauvoir, Michel Carré, Emile Deschamps, Antony Deschamps, Nérée Desarbres, Taxile Delord, Alex. Dumas, Alex. Dumas fils, Ad. Dumas, Th. Gautier, Almire Gandonnière, Léon Gozlan, Georges Guénot, Arsène Houssaye, Victor Hugo, Ch. Hugo, Jules Lacroix, de Lamartine, J. Lesguillon, H. Lucas, B. Masson, Méry, A. de Musset,

Murger, Christien Ostrowski, Ponsard, Roger (de l'Opéra), A. Second, Tixier-d'Arnout, Vacquerie, Viennet, Alfred de Vigny, etc.; Mmes Louise Collet, comtesse d'Ash, Marie de l'Epinay, Eugénie Foa, de Girardin, H. Lesguillon, Juliette Lormeau, Anaïs Ségalas, Amable Tastu, Desbordes-Valmore, Mélanie Waldor, etc. etc. Rédacteur en chef : Giroud, de Gand. (Premier numéro, août 1851.) Bureaux ; rue de Favart, 4. Imprimerie Simon Dautreville.

Musique (la). — Gazette universelle des artistes et amateurs (du 7 janvier 1849); bureaux ; rue Richelieu, 102. Imprimerie Dondey Dupré.

Mutateur des offices et des propriétés (le). — Journal d'annonces (juin 1849); bureaux ; rue Notre-Dame-de-Lorette, 48, Imprimerie Lacombe.

Mystères de la Bourse (les). — Journal hebdomadaire, politique, industriel, commercial, artistique et littéraire. Figure à tort, dans le rapport Bauchard, parmi les journaux parus depuis 1848; il a été fondé en 1845. Rédacteur-propriétaire-gérant : B. Courtois de Gressac (président du club du faubourg du Temple); collaborateur : Arnollet, ex-ingénieur en chef des ponts et chaussées; bureaux : rue Sainte-Barbe, 11. Imprimerie Gratiot. — Un numéro publié en avril 1848 est vivement recherché par les collectionneurs; il contient une ordonnance du tribunal civil de la Seine, relative à une plainte en escroquerie dirigée contre M. le marquis de la R — Après son 142e numéro, ce journal s'est transformé en *le Réformateur industriel et judiciaire*. A la date du 28 septembre, il paraît sous le titre du *Progrès industriel*. La même rédaction a publié *la Presse industrielle*, *la Réforme judiciaire* (voir ces journaux), et enfin une critique de la constitution sous le titre: *Constitution et le Socialisme*. — M. B. Courtois a subi quelques condamnations en matière de presse littéraire, et il se trouvait à Sainte-Pélagie en même temps que le directeur-rédacteur de *l'Argus*, notre ami Raymond Deslandes, condamné pour un article intitulé : *Satan au bal de l'Opéra*.

Mystères (les). — trahisons, calomnies et crimes du statu-quo, révélés aux défenseurs de la République démocratique et sociale (mai 1849). Chez Pintiau, rue Transnonain, 5. Signé : Séphauopoli Comnène.

Nain rouge (le). — Pamphlet politique et mensuel. (Décembre 1849.) Bureaux : rue et place Bréda, 10. Imprimerie Pilloy, à Montmartre.

Napoléon (le). — Journal mensuel. Numéro 1 sans date. (4 octobre 1848.) Gérant : Alexandre Pierre ; bureaux : rue des Noyers, 27. Imprimerie Bonaventure.

Napoléon (le). — Journal hebdomadaire, politique, littéraire et scientifique. Numéro 1 du 6 janvier 1849. Bureaux : rue Matignon, 18. Imprimerie Plon.

Napoléon républicain (le). — (Liberté, égalité, fraternité.) « Le peuple est le seul souverain. Les représentants sont ses commis. Abolition de la peine de mort. Abolition de la misère. » — Numéro 1 du 11 juin 1848. Directeurs-gérants : Marcel Deschamps et Camille Barrabé. Bureaux : rue Montesquieu, 9. Imprimerie Bureau. — A été suspendu par arrêté du 27 juin. Le *Napoléon républicain* est la continuation du *Robespierre*. Ses rédacteurs ont collaboré au *Salut Social*, devenu le *Progrès social*. Les deux numéros parus sont extrêmement rares.

Napoléonien (le). — Journal quotidien, politique et littéraire. N° 1 du 12 juin 1848. Gérant : J.-E. Bérard ; bureaux : rue Notre-Dame-des-Victoires, 34. Imprimerie Dondey-Dupré. Le numéro 10 a été imprimé chez Frey ; le numéro 12, chez Marc-Aurel. A été affiché sur papier rose. (Voir l'*Unité nationale*.)

Narrateur (le). — Lecture des salons. (Février 1850.) Bureaux : rue de la Harpe, 45. Imprimerie Hennuyer, aux Batignolles.

Nation armée (la). — Journal quotidien des clubs démocratiques de la garde nationale (démocratique). Un numéro spécimen a paru le 10 avril 1848, sans signature. (Fondé par Chambaud, président du club central.) Bureaux : rue de la Chaussée-d'Antin, 49 bis. Imprimerie Brière. Est devenu plus tard le *Diable boiteux à l'Assemblée nationale*. — M. Chambaud n'était pas, comme nous l'avons indiqué par erreur, le fondateur du *Diable boiteux*. Ce journal a été créé par Ch. Tondeur, qui, seul, a le droit de revendiquer ce titre.

Nation (la) **et le clergé.** — Deux livraisons ont paru en juin 1848, chez Perrotin, place du Doyenné, 3. Signé : Wilhem.

Nationalités (les). — feuille hebdomadaire, scénique, artistique, industrielle. (Décembre 1848.) Rédacteur en chef : Brun; bureaux : rue Vivienne, 12. Imprimerie Proux. Deux vignettes sont jointes au texte. — A pris plus tard le sous-titre de : *Illustrations cosmopolites.*

Dans la même feuille, on publiait les principales caricatures françaises, anglaises et allemandes; tout cela encadré avec la prose de M. Émile Chevalet.

Naïade (la). — Journal des baigneurs, paraissant tous les samedis. (« Littérature, sciences et arts. ») Rédacteur en chef : Alfred Le Roy ; propriétaire-gérant : Lecharpentier; fermier d'annonces : Jean Grégoire. Collaborateurs : Raymond Deslandes, G. Bourdin, Ch.-L. Chassin, Camille Du Locle, Léon Beauvallet, A. Scholl. — A eu vingt numéros; doit, dit-on, reparaître sous peu. Imprimerie Lacombe; bureaux : rue d'Enghien, 20. Publiait une édition mensuelle sur étoffe imperméable (par brevet d'invention, s. g. d. g.), en permanence dans tous les cabinets des établissements de bains de Paris et des départements. Administration : rue Meslay, 21.

Négociant (le). — Journal publié sous les auspices de la *Réciproque*, société des commerçants français (15 juin 1851). Imprimerie Boisseau ; bureaux : boulevard Montmartre, 10.

Négociateur général (le). — Journal hebdomadaire. Office d'affaires commerciales, industrielles, administratives et contentieuses (septembre 1851). Imprimerie Lacombe ; bureaux : rue Richelieu, 104.

Némésis de 1848. — Satires, publiées en octobre 1848 par les rédacteurs de la *Voix de la République*. Directeur : V. de Féréal.

Notabilités contemporaines (les). — Revue biographique, par une société d'hommes de lettres. (Juin 1849.) Rédacteurs en chef : Auguste Audebert et F. Delanne ; bureaux : rue de Beaune, 12. Imprimerie Schneider. —

Notre histoire. — Résumé des événements accomplis chaque semaine ; démocrate-socialiste (sans signature). Par Albert de la Fizelière, Francis Lacombe, L.-G. de Marsay (Giraudeau). (Mai 1848.) Bureaux : rue des Petites-Écuries, 47. Imprimerie Pilloy, à Montmartre.

Nouveau Cordelier (le). — « 1789-1830-1848. » Par Alexandre Weill. Couleur ultra monarchique. Annonce qu'il sera quotidien quand il aura *mille* abonnés, mais n'a eu qu'un numéro, le 21 mars 1848. Imprimerie Lacombe ; bureaux : passage Jouffroy, 61. — Le même auteur a édité : *Neuf semaines de gouvernement provisoire ;* en 12 livraisons. Imprimerie Wittersheim, et chez M. Alexandre Weill, faubourg Saint-Honoré, 11.

Nouveau Figaro (le). — (Voir le *Figaro.*)

Nouveau Journal (le). — Paraissant tous les dimanches, (N° 1 du 11 novembre 1850.) Rédacteur-gérant : Amédée Rolland. Collaborateurs : Fernand Desnoyers, Henry Desnoyers, Edmond Roche, Aylic Langlé, Eugène de Godde, Ch.-L. Chassin, Gustave Carpentier, etc., etc. Bureaux : faubourg Poissonnière, 57. Imprimerie Brière. Les n° 19 et 21 ont été incriminés, et le rédacteur-gérant a fait un mois de prison. A eu 27 numéros.

Nouveau Journal (le), — paraissant tous les jeudis. Littérature, sciences et arts (13 février 1852). Imprimerie Dondey-Dupré ; bureaux : rue Notre-Dame-de-Bonne-Nouvelle, 2. Rédacteur en chef : Amédée Rolland ; directeur-rédacteur : Alfred Le Roy ; collaborateurs : Fernand Desnoyers, Henry Desnoyers, Eug. de Godde (de Varennes). Aylic Langlé, Raymond Deslandes, Charles-Louis Chassin, Henry Izambard. Est devenu la *Nayade.*

Nouveau journal, — des conseils de fabriques, des curés, desservants, vicaires, aumôniers, des établissements religieux et du contentieux du culte (octobre 1852). Imprimerie Dondey-Dupré ; bureaux : rue Louis-le-Grand, 17. Mensuel. Cet écrit est une nouvelle collection du *Journal des Conseils de fabriques,* fondé en 1834.

Nouveau journal, — des conseillers municipaux, des

conseillers de département et d'arrondissement, des maires, adjoints, juges de paix, instituteurs, des hospices et établissements de bienfaisance (janvier 1852). Imprimerie Doudey-Dupré ; bureaux : rue Louis-le-Grand, 17. Fait suite au *Journal des Conseillers municipaux.*

Nouveau-Monde (le). — Journal historique et politique, rédigé par Louis Blanc (15 juillet 1849). Administrateur : Lemonnier ; bureaux : rue Richelieu, 102. Imprimerie Lacombe.

Nouvelle Némésis (la). — Satire politique (sans signature ni date). A paru en septembre 1848. Imprimerie Vrayet de Surcy.

Nouvelles Annales, — de la marine et des colonies (janvier 1849). Bureaux : rue Grenelle-Saint-Honoré, 55 Imprimerie Dupont.

Nouvelles annales de mathématiques. — Journal des candidats aux écoles Polytechnique et Normale (février 1849). Chez Bachelier. Rédacteurs : Terquem et Gérono.

Nouvelles des départements. — Pour ce titre, le bureau de publicité, formé au Ministère de l'Intérieur, par arrêté du 27 février 1848, envoyait aux journaux les nouvelles reçues des départements. — Trois feuilles de papier Tellière de deux pages chacune, le verso blanc. Le numéro du 11 mars contient quatre pages de nouvelles rangées par ordre alphabétique de départements, et deux autres donnant la liste officielle des commissaires provisoires. — Très-rare. —

Nouvelles du jour (les). — Moniteur de la journée. (Bulletin de l'extérieur et de l'intérieur, de l'Assemblée nationale, de la Bourse, des théâtres, etc., etc. Numéro 1 du 19 juin 1848. Gérant : J.-B. Adam ; propriétaire Roussel ; collaborateurs : L. Jourdan, J. Vidal ; bureaux : rue Bergère, 19. Imprimerie Chaix. A pris le 6 juillet le titre de le *Conciliateur*, (nouvelles du jour). — Voir ce journal.

Nouvelles du soir (les). — Journal quotidien, politique et littéraire (républicain). Rédacteur en chef : Julien Lemer ; collaborateurs : Oscar Honoré, Henry Nicolle, Rabuteau, Richter, A. Vitu ; bureaux : rue de Choiseul, 13. Imprimerie Schneider. Chaque matin on changeait le titre et un nouveau tirage se faisait pour Paris, sous la rubrique : l'*Egalité* (journal des intérêts de tous).

Nouvelliste (le). — (Ancien *Journal de Paris*). Quotidien, politique, littéraire, industriel et commercial. Gérant : A. Thiboust; bureaux : rue Grange-Batelière, 22. Imprimerie Lange-Lévy. Est devenu le *Bon Sens*.

Observateur parisien (l'). — Courrier général de l'industrie, du commerce, de la littérature et des arts (6 avril 1851). — Imprimerie Dubuisson ; bureaux : rue Coquillière, 20. — Ce journal est envoyé gratuitement à domicile le dimanche, dans les premier et deuxième arrondissements ; le lundi, dans les troisième et quatrième ; le mardi, dans les cinquième et sixième ; le mercredi, dans les septième et huitième ; le jeudi, dans les neuvième et dixième ; le vendredi, dans les onzième et douzième ; le samedi, dans les départements.

Observation (l'). — Journal mensuel de médecine et de chirurgie pratiques, de pharmacie, de chimie (15 janvier 1850). — Imprimerie Bautruche; bureaux : rue Ménard, 12. Les bureaux sont maintenant rue de la Michodière, 6. Rédacteur en chef : le docteur Michéa.

Office général (l') — du commerce et de l'industrie, journal d'annonces sérieuses (*sic*). Novembre 1849; bureaux : rue Bergère, 37. Sous les raisons J.-J.-A. Esnard et compagnie. Gérant : Brun.

Œil de bœuf des Théâtres (l') — (septembre 1849). Rédacteur en chef : Félix Roubaud. A Paris, chez Jonas Lavater, rue Vivienne, 43. — Imprimerie Martinet.

Ombre de l'Empereur (l') — démocratique-socialiste. Rédacteur : Jean Macé; bureaux : rue Coquillière, 15. Avec vignettes. Le même auteur a publié l'*Arc de triomphe du président*. Imp. De Soye.

Omnibus (l'). — Journal du dimanche (mars 1848). Sans indication de bureau ni de signature. Très-rare.

Omnium musical (l'). — Revue des concerts de France, contenant les nouvelles musicales, la chronique des concerts et cafés-chantants, le compte rendu des romances nouvelles et publications en vogue (juillet 1851). — Imprimerie Dubuisson ; bureaux : rue Neuve-des-Petits-Champs, 5.

Opinion des Femmes (l'). — Liberté, égalité, fraternité, pour tous et pour toutes. Continuation de la *Politique des Femmes.* N° 1 du 21 août 1848. Rédacteur : Jeanne Deroin. Collaboration : Désirée Gay, déléguée de la Société d'éducation mutuelle des femmes, Marie Dalmay, Augustine Genoux, Henriette Sénéchal, directrice aux ateliers nationaux. Ce journal démocratique-socialiste s'est transformé en *Cours de droit social* pour les femmes ; bureaux : rue de Miroménil, 4. — Imprimerie Plon.

Opinion publique (l'). — Couleur monarchique. N° 1 du 2 mai 1848. Gérant : P. Voillet. Rédacteur en chef : Alfred Nettement (le rédacteur en chef de la *Nation*), et A. de Pontmartin. Administrateur : de Jolivald. Collaborateurs : Th. Muret, Calixte-Ermel de Pontmartin ; bureaux : rue du Helder, 25. — Imprimerie Brière. En juillet est imprimé chez Poussielgue, depuis chez Brière.

Orchestre (l'). — Journal-programme des théâtres (29 juillet 1851) ; bureaux : boulevard Montmartre, 8. — Imprimerie Vinchon. — N'existe plus, a été remplacé par le *Mercure des Théâtres.* (Voir ce journal.)

Ordre (l'). — Journal des gardes nationales. « Liberté des élections, liberté de l'Assemblée nationale. » N° 1 du 16 mars 1848. Gérant : Lévêque. Collaborateurs : G. d'Alaux, Eugène Blanc. Continuation du *Portefeuille* et du *Garde national* ; bureaux : passage Jouffroy, 44. — Imprimerie Gerdès. Est devenu la *Garde nationale*, puis l'*Avant-Garde.*

Ordre (l'). — Revue universelle et quotidienne. « L'ordre est la condition du monde matériel comme du monde moral. » Légitimiste. Prospectus-spécimen sans date (14 août 1848). N'est pas signé. Rédacteur en chef : Nouguier père, fondateur de l'ancienne *Paix.* N'indique pas de bureaux. — Imprimerie Lange-Lévy. — Très-rare. Un deuxième numéro-spécimen a été publié le 8 septembre chez Cherbuliez, place de l'Oratoire, 6, et chez Redon, rue de la Banque, 20. — Imprimerie Poussielgue. — Aussi très-rare.

7.

bravo moral (l'). — Journal quotidien, politique et littéraire (18 avril 1849). Rédacteur en chef: Chambolle. Collaborateurs : Ch. Gouraud, Martinet, de Beaulieu ; Eugène Guinot, chargé du feuilleton du dimanche ; bureaux : rue Grange-Batelière, 29. — Imprimerie Chaix. — A continué sa publication sous le titre de l'*Ordre*, qui a cessé de paraître.

Ordre public (l'). — Journal des barricades. Echo de la Presse. Numéro unique du 2 mars 1848. — Très-rare. Rédacteur-gérant: Eugène Blanc ; bureaux : rue des Trois-Frères, 9. Imprimerie de Surcy. Est devenu l'*Ordre*, journal des gardes nationales.

Ordre social (l'), — journal du peuple français, moniteur des villes et des campagnes (6 mai 1849) ; bureaux : rue Notre-Dame-de-Lorette, n° 33. Imprimerie Maulde. Rédacteur: Forcalier.

Orient européen (l') — (juin 1849) ; bureaux : chez Blosse, passage du Commerce, 7. Imprimerie Martinet. Publication mensuelle.

Organisateur du Travail (l'), — journal de la société universelle. « Vaste association commerciale, industrielle et agricole. A chacun selon ses facultés, a chacun selon ses œuvres. » République ardente. Un numéro, du 9 avril 1848. Directeur-gérant : Letellier. Rédacteur : J. Lechevalier. Bureaux : rue de l'Hôtel-de-Ville, 64. Imprimerie Boulé. — A reparu, le 5 septembre, sous le titre de l'*Organisation du Travail*, contenant l'exposé de la *Société universelle*, établie rue de Charonne, 30. — Fort rare.

Organisation du Travail (l'), — journal des ouvriers. « La voix du peuple est la voix de Dieu. » Démocratique socialiste. Rédacteur en chef : H. Lacolonge. Collaborateurs : Paul Dupont, Jacques Désiré, Savinien Lapointe, Ch. Deslys, Ch. Deshaye. Organisation du *banquet à 5 sous*. N° 1, du 3 juin 1848 ; bureaux : rue Bergère, 8, et rue Pagevin, 7. Imprimerie Chaix. — Le n° 7, imprimé chez Boulé (bureaux : rue Coq-Héron, 3), a été poursuivi pour avoir publié la liste des grandes fortunes de France, sous le titre : *Fortunes foncières*. — Ce journal a été suspendu par arrêté du 27 juin et son rédacteur en chef a été transporté. — La collection des vingt-deux numéros est extrêmement recherchée. — A publié en feuilleton hebdomadaire : *les Prolétariennes*, satires politiques et littéraires, par Savinien Lapointe, ouvrier cordonnier, Charles et Collinet Deslys.

Organisation du Travail (l'). — « La vérité aux ouvriers. » (Avril 1848.) Gérant : Amédée Sellier ; bureaux : rue Grange-Batelière, 22. — A eu deux numéros.

Ouvrier franc-maçon (l'), — recueil des travaux maçonniques, rédigé par un comité élu par les abonnés (octobre 1851). Imprimerie Pommeret ; bureaux : rue du Faubourg-Poissonnière, 153. Directeur-gérant : Ch. Derchy.

Ouvriers pensants (les), ou *la République basée sur les lois divines* — (mai 1848). Imprimerie Prévot, à Saint-Denis. Dépôt : chez Hivert, quai des Augustins, 33. Signé : Bonhoure, ouvrier et instituteur.

Paix (la), — revue quotidienne et universelle (juin 1849). Imprimerie Poussielgue. — N'a paru que le numéro spécimen.

Palais-National (le), — ci-devant *Palais-Royal*, journal parisien, (août 1851). Imprimerie Brière ; bureaux : rue Laffitte, 39. Littérature, beaux-arts, commerce, industrie, annonces spéciales et permanentes.

Palais de Cristal (le), — journal de l'exposition de 1851 et du progrès des arts industriels (juin 1851). Imprimerie Chaix ; bureaux : place de la Bourse, chez Susse. — Les n°s 1, 2, 3 (7, 14 et 21 mai 1851) ont été imprimés à Londres. Gérant : Mansard.

Pamphlet (le), — quotidien illustré (légitimiste). N° 1, du 21 mai 1848. Rédacteur en chef : Auguste Vitu. Collaborateurs : Amédée Achard. (Grimm), Théodore de Banville (François Villon) Champfleury, Paul Féval, (un ouvrier sans ouvrage) G. de la Landelle, Loys L'Herminier, Ch. Monselet, Henry Murger, Henry Nicolle, A. Pouroy, G. Dicks. (Avec caricatures lithographiées.) Bureaux : rue Montmartre, 174. Imprimerie Lacombe. Gérant-signataire : Tivoly fils. — Le n° 6 paraît avec le sous-titre de : *Journal quotidien illustré*. Gérant : A. Herr. — N° 32 avec celui de : *Prétoire illustré*. — Les bureaux sont établis rue Bergère, 8, dès le n° 43. — A dater du n° 50 jusqu'au 60e (du 5 novembre 1848), les exemplaires sont signés : Auguste Vitu, propriétaire, rédacteur en chef.— Devenu hebdomadaire depuis la loi sur les cautionnements ; mort ne pouvant pas y satisfaire. — Collection recherchée.

Panorama de la littérature et de l'illustration (le).—Figure à tort sur les listes des journaux ; ce n'est point un écrit périodique. (Août 1848.) Contes, nouvelles et chansons non politiques : bureaux : rue des Mathurins-Saint-Jacques, 24. Imprimerie Schneider.

Panorama des Théâtres (le), — revue littéraire, dramatique, musicale, artistique ; résumé des appréciations de la critique hebdomadaire de tous les journaux, paraissant tous les dimanches (mai 1852). Imprimerie Carion père ; bureaux : rue Richer, 20.

Panthéon démocratique et social (le). — (Juin 1848.) Bureaux : rue Montorgueil, 36. Rédacteur en chef : Auguste Salière. Imprimerie Gratiot.

Panthéon (le) **du Petit Caporal**, — n'est pas un journal, comme l'a indiqué le rapport de la commission d'enquête, mais le titre d'un article périodique du *Petit Caporal* d'Ach. Collin.

Papillon (le). — Journal littéraire et théâtral (mars 1848) ; bureaux : rue Coquillière, 4. Imprimerie Bureau. Rédacteur en chef : Magyati. — S'est envolé dès son premier numéro. — Très-rare.

Paratonnerre (le). — Journal des intérêts de la République. Un seul numéro a paru le 6 août 1848 ; bureaux : rue Croix-des-Petits-Champs, 33. Imprimerie Frey. Gérant : A. Deschamps. — Est devenu la *Mère Michel*..

Paris. — Lundi, mardi, mercredi, jeudi, vendredi, samedi, dimanche. Journal non politique, paraissant tous les jours à quatre heures et demie, et publiant le cours de la Bourse et le programme des spectacles. Avec une lithographie inédite de Gavarni, dont la collaboration lui est exclusivement assurée ; bureaux : rue Laffitte, 1 (maison dorée). Imprimerie Chaix (octobre 1852). Rédacteur en chef : Cornélius Holf (comte de Villedenil). Collaborateurs : Méry, Alphonse Karr, Alexandre Dumas fils. Th. de Banville, vicomte de Montépin, Edmond et Jules de Goncourt, A. Gaiffe, Venet, etc. Gérant : E. Le Barbier. — *Paris* offre des primes considérables à ses abonnés, qui ont droit en prenant le journal pour un an : à 1° un album richement relié et doré sur tranche ; le manteau d'Arlequin ; douze lithographies de Gavarni, épreuves d'artistes ; 2° à un album de romances, avec accompagnement de piano, par nos meilleurs compositeurs ; 3° à un album de musique pour piano, valses, polkas, mazurkas, redowas, scotchs, etc., par nos célébrités musicales ; 4° a un album à l'italienne, élégamment cartonné, de 72 caricatures, par Nadar ; 5° aux aventures de M. Barnichon, l'aéronaute, en 41 caricatures, mêlées de texte ; 6° à un album de douze pages de caricatures, actualités ; 7° à un portrait d'une des célèbres actrices de Paris, au choix. — Le service de *Paris* se fait très-régulièrement, et on le trouve dans tous les cafés, les principaux restaurants et les cabinets de lecture.

Paris Dramatique, artistique et littéraire ; bureaux : rue de Vendôme, 6 bis (mai 1848). Rédacteurs : Maximilien Perrin et Théodore Labourrieu.

Paris Industriel, — existait sous la monarchie : bureaux : rue du Faubourg-Montmartre, 15. Rédacteur en chef : Ch. Desolmes. — S'est fondu avec l'*Esprit du Peuple*.

Paris maritime. — Journal-affiche, feuille spéciale d'annonces des navires en charge dans les principaux ports du globe (septembre 1851). Imprimerie Chaix : bureaux : à l'agence commerciale, rue Basse-du-Rempart, 36.

Paris Républicain. — Recueil chantant (juillet 1848) ; bureaux : rue de Seine, 32. Imprimerie René. Gérant : L. Guillemain.

Paris s'embête, — Anniversaire de la proclamation de la République française. Rue Saint-Louis, 46, au Marais. Imp. Doudey-Dupré (mai 1849). Canard non politique, mais de la force de ... *cent bêtes*.

Paris et les Départements. — Journal des voyageurs du commerce en France et à l'étranger. — Revue hebdomadans des faits et avis divers de Paris et de tous les départements. (Numéro spécimen, 28 octobre 1848.) Sans signature. bureaux : rue Richer, 20. Imprimerie Marc-Aurel.

Pariser-Abend-Zeitung. — Journal allemand de Paris. Signataire : Berthold. Un seul numéro a paru en allemand le 24 mai 1848 ; bureaux : avenue Chateaubriand, 4. Imprimerie Chaix. — Très-rare.

Paroisse (la) — Moniteur des églises (24 décembre 1848.) Bureaux : rue Saint-André-des-Arts, 59. Imprimerie Blondeau.

Paroles d'un Revenant, ou lettre de l'Empereur à son neveu. Avec 3 vignettes et une chanson (17 juin 1848) ; bureaux : rue de Seine, 32. Imprimerie A. René. Gérant: L. Guillemain. — Parodie des *Paroles d'un Mort,* publication non périodique, par Olinde-Rodrigues.

Parfait philanthrope (le), ou Constitution socialiste et autographe de l'ex-roi d'Yvetot, devenu républicain. (Mars 1849.) Signé : Alphonse Noblet. Véritable charge de carnaval.

Parterre (le). — Programme détaillé des spectacles (20 avril 1851). Imprimerie Bureau ; bureaux : rue Gaillon, 14. Rédacteur en chef : Louis Eckert.

Passé et l'Avenir (le). — Revue réformatrice, par Robert Owen, Louis Goupy et Camille Duteil. (15 janvier 1849). Bureaux : rue Saint-Georges, 28. Imprimerie Cosson.

Passe-temps (le). — Journal-guide du voyageur sur le chemin de fer du Nord, publié par l'administration des annonces permanentes (mai 1852.) Imprimerie Poussielgue ; bureaux : 175, faubourg Saint-Denis. Directeur : Saint-Léon. Publication très-coquette et surtout fort utile.

Passe-temps (le) — Revue critique illustrée des mœurs, des arts et de la littérature, avec caricatures lithographiées (n° 1 du 12 novembre 1848). Propriétaire-gérant : Florentin Lefils. Collaborateur : Rigobert. Bureaux : rue Sainte-Apolline, 8. Imprimerie Juteau.

Passe-temps (le) des dames et des demoiselles. — Journal des modes françaises (juin 1852.) Imprimerie Brière, bureaux : rue Sainte-Anne, 65.

Patrie (la). Journal de l'esprit public : politique, agricole, industriel et littéraire. (Fondé en 1841.) Bureaux : rue Saint-Joseph, 6. Imprimerie Poussielgue. (Couleur républicaine ardente.) Propriétaire : Delamarre, banquier. Rédacteur en chef : Albert Maurin. Collaborateurs : Lecointe ; Grémieux ; Emile Solié ; Jules de Prémaray. — En avril 1848, sa rédaction est renouvelée et le journal devient anti-démocratique ; depuis mai publie une grande édition du matin et une du soir. Bureaux : rue du Croissant, 12. Imprimerie Schiller. Administrateur : Gâteau. Gérant : Garat. Collaborateur : Joncières ; E. Moultet ; X. Eyma ; H. Audiffred ; Jules de Prémaray, chargé des théâtres. Secrétaire de la rédaction : Charles Schiller.

Patriote (le). — Avocat du peuple. Journal politique, commercial et littéraire, paraissant matin et soir (2 mai 1848). — Républiqué ardente. — Rédacteur en chef, gérant : L. Béthune ; bureaux : rue Transnonain, 23, et rue Bertin-Poirée, 4. Imprimerie Chaix. S'est fondu le 16 mai avec l'*Unité nationale*.

Patriote français (le). — Revue politique et littéraire de la semaine (1er octobre 1848). Gérant : Louis Derouet ; bureaux : rue Chilpéric, 10.

Pavillon (le). — Revue de la flotte (15 juin 1848). Rédacteur : A de Vaugrineuse. Chez Dentu, Palais national. Imprimerie Proux.

Pavillon français (le). — Gazette de la marine militaire et marchande (18 janvier 1849). Bureaux : rue Saint-Marc-Feydeau. Imprimerie Guiraudet.

Pays (le). — Revue du peuple (politique, littéraire, industriel et commercial). « *Tout par la France, tout pour la France.* » couleur Napoléonienne. Numéro-spécimen paru en décembre 1848. Directeur-gérant : Hip. Cochery ; collaborateurs : Ch. Dupressoir, Barthélemi, A. de Kergeveh, Emile Bataille ; bureaux : rue Vanneau, 38. Imprimerie de Pilloy, à Montmartre.

Pays (le). — Journal politique et littéraire (mars 1848). Rédacteur : Atlante, fondateur du club du Pays ; bureaux :

à la mairie du 3ᵉ arrondissement, s'adresser à M. Faiex, employé. Imprimerie Bénard. — Fort rare.

Pays (le). Organe des volontés de la France. Journal quotidien. Prospectus-spécimen du 23 décembre 1848. (Premier numéro) du 1ᵉʳ janvier 1849. Rédacteur en chef : Edmon Alletz; propriétaire gérant : de Bouville; collaborateurs : Charles Schiller, Henry Berthoud, Gourmés. — — Bureaux : rue du Faubourg-Montmartre, 11. Imprimerie Wittersheim.

En 1850 la direction politique du journal était dévolue à M. de Lamartine qui avait choisi pour rédacteur en chef : M. Arthur de la Guéronnière. — Tendances républicaines. Depuis le 2 décembre 1851, le *Pays*, organe dévoué du Gouvernement, a pour collaborateurs : Amédée de Césena, Granier de Cassagnac, Capefigue, J. Cohen, J. Augier (Jeunesse) ; gérant : Baraton ; propriétaire. Mirés ; administrateur : Dutacq. La partie théâtrale du *Pays* est confiée à M. Paul de Saint-Victor, et la revue de Paris à Eugène Guinot, l'élégant et l'habile conteur. Bureaux : rue du Faubourg-Montmartre, 11. Imprimerie de Schiller.

Le 1ᵉʳ décembre dernier, ce journal publiait l'avis suivant :

« A dater d'aujourd'hui, le *Pays* ajoute a son titre celui de JOURNAL DE L'EMPIRE.

« Ce titre est pour nous un grand honneur ; il nous impose de grands devoirs. Nous le considérons comme un drapeau dans nos mains pour la lutte pacifique et féconde de la civilisation, de la religion, de l'autorité, de la justice et du progrès.

« Nous n'avons pas besoin d'ajouter que, si ce titre augmente l'importance politique de notre œuvre, il ne peut rien ajouter à notre dévouement ni rien enlever à notre indépendance.

« En nous trouvant plus près du pouvoir, nous ne cesserons pas d'être avec l'opinion.

« Notre titre sera l'image de la situation actuelle : il exprimera l'alliance définitive du pays avec l'empire, dont Napoléon III devient aujourd'hui le glorieux chef.

M. A. de la Guéronnière conserve la direction politique du *Pays*, JOURNAL DE L'EMPIRE. »

Paysan (le). — Journal du peuple et des campagnes, des maires, des instituteurs, des propriétaires et des fermiers. (Numéro spécimen du 15 février 1849) ; bureaux: rue des Fossés-Montmartre, 6. Imprimerie Proux.

Paysan du Danube (le), Journal politique et littéraire. (2 juillet 1848) ; rédacteur en chef : P. Poitevin ; gérant : A. Gamory.— Couleur monarchique. bureaux : rue Suger, 9. Imprimerie Claye. — S'est fondu après les événements de juin, avec les *Saltimbanques.*

Peine de mort (la). — N'est pas un journal comme l'indiquait plusieurs listes. M. Ed. Houel, en publiant cet écrit, n'a pas mieux réussi qu'avec le *Baillon.* (26 septembre 1818); bureaux : rue du Rocher, 6. Imprimerie Pilloy, à Montmartre.

Penseur républicain (le). — Démocratique-socialiste. (Mai 1848) ; rédacteur en chef : E. Poulet : bureaux : rue d'Enghien, 42. Imprimerie Lacombe. Malgré son *canard,* nous soutenons que ce *Poulet* n'était pas une *oie.*

Perdu chêne (le) de la révolution. (An I.er de la république. (Confiance, sécurité, intelligence, patrie). Publiée par des spéculateurs pendant la suppression du *Père-Duchêne,* en juillet 1848 ; rédacteur-gérant : A. J. Lacroix ; collaborateur : Lelarge ; bureaux: rue Constantine, 18. Imprimerie Schneider.

Père André (le). — Deux numéros ont paru en 1848 à la suite du *Catéchisme républicain* : bureaux : rue du Petit-Carreau, 32. Imprimerie Blondeau.

Père Duchêne (le), ancien fabricant de fourneaux et sans-culotte en 93.—Journal-brochure démocratique. Opposition au gouvernement provisoire. (Numéro 1 du 12 mars 1848) bureaux : chez Havard, rue des Mathurins-Saint-Jacques. Imprimerie Proux. Le numéro 2 était annoncé pour le 19 mars, mais la venue en avril du *Père Duchêne* (gazette de la révolution), en retarda la publication. Il sortit en juin, pendant l'état de siége. — Couleur démocratique-socialiste. Gérant : Jules Bordot ; bureaux: rue Grange-Batelière, 22. Imprimerie Schneider. (Voir la *Gazette de France.)*

Le rapport Bauchard indique mal le sous-titre du *Père*

Duchêne ; ce n'est pas fabricant de journaux qu'il fallait dire, mais de fourneaux, — erreur typographique.

* Père Duchêne (le), Gazette de la révolution. An Ier de la nouvelle république. (Vigilance, sûreté, indépendance, fermeté). — Un des plus populaires journaux montagnards. Gérant : Emile Thuillier ; rédacteurs : Colfavru (président du club des Hommes libres,) Laroque, président du club de la Montagne, Gautier, délégué au Luxembourg, Jules Choux, F. Celestin, Cazotte, Pr. Drosne, Eug. Levasseur, V. R***, — Numéro 1, 10 avril 1848. — Rare. Bureaux ; rue Rambuteau, 66. Imprimerie Boulé. Paraissant 2 fois par semaine.

Numéros 2 à 4, les 16, 20 et 23 avril ; numéro 5 du 25 avril. Rare. Numéro 6 du 30 avril, numéro 7 du 2 mai. Très-rare. — Des exemplaires ont été copiés à la main et celui que nous possédons est du nombre. — Numéros 8 à 10, les 4, 7 et 9 mai. Imprimerie Bonaventure.

Numéros 11 à 19, les 11, 14, 16, 18, 21, 23, 25, 28 et 30 mai. Numéros 20 à 23, les 1er, 3, 4 et 6 juin. Même imprimerie. Bureaux : rue Montorgueil, 32. Le numéro 21 a paru extraordinairement le samedi à cause des élections.

Numéros 24 à 30, les 8, 11, 13, 15, 18, 20 et 22 juin. Imprimerie Boulé. — Annonce qu'il publiera quatre pages à dater du 25 juin. Est suspendu par arrêté du 27 juin, levé le 6 août. — Numéros 31 à 34, les 13, 15, 17 et 20 août. — Suspendu par arrêté du 21 août, reparaît encore le 22, numéro 35 et dernier. Semblable aux précédents. — La collection du Père Duchêne est très-recherchée. Ce journal a eu assez d'influence pour qu'on ait cru devoir l'accuser d'avoir été l'une des causes les plus irritantes de l'insurrection de juin. — Il avait deux compositions : la première portait le sous titre Gazette de la Révolution en caractères dits normandes, et la deuxième portait Gazette de la Révolution en normandes italiques. — Il s'est rencontré quelquefois entre les deux compositions des différences plus ou moins importantes. Le numéro 14, par exemple, se trouve avec un sommaire un peu long et avec un sommaire moins développé. Le numéro 13 se rencontre avec une chanson de J. Choux (les Lampions de 1848), et le même numéro 13 existe sans chanson. — La rédaction du Père Duchêne a publié un très-curieux almanach le 31 octobre 1848.

Père Duchêne (le) **de 1848**, — est un canard publié en mai par les éditeurs du *Vieux Cordelier*. Gérant : Marcel Deschamps.

Père Duchêne (le) **de 1849**. — « Liberté, égalité, fraternité. » Numéro 1 sans date (mai 1849). Couleur ultra-démocratique. Bureaux : rue Saint-Jacques, 40. Imp. Bautruche. Gérant : A. J. Lacroix. Déjà nommé.

Père du Peuple (le). — Journal politique hebdomadaire, fondé en 1848 ; paraissant à Lyon et à Mâcon, mais a eu un bureau à Paris, depuis mars 1848. — Couleur démocratique et sociale. Gérant : D Cornier ; administrateur-général (*sic*) Durand aîné ; directeur-général, J.-B. Gondy ; collab. Gardie, Deshge, Suv. Lapointe. — Bureaux à Paris, rue des Postes, 43 ; à Lyon, rue de Puzy, 11 ; imprimé à Mâcon. Le numéro 29 est du 8 mars. — Fin juin, il est imprimé à Paris. Gérant : F.-E. Jacquet. Bureaux à Paris, rue Croix-des-Petits-Champs, 33, et à Lyon, rue de Puzy, 11 ; imprimerie Frey. — Le numéro 44 est du 8 juillet. Le 24 juillet, le *Père du Peuple* annonce qu'il sera quotidien à la levée de l'état de siège. — Fondateurs, Hélouis, Dinard, Séjourné, Dubois ; rédacteur en chef, Francisque Ducros. A disparu depuis cette époque.

Père Guillotin (le). — N'a jamais existé. — Journal resté à l'état de projet, ainsi que le suivant !

Père Lustucru (le), qui devait se marier avec la *Mère Michel*.

Père Pipelet (le), — titre inexact donné à *M. Pipelet*, par un catalogue de tous les journaux parus depuis le 25 février, pour servir à l'histoire de la révolution de 1848 (liste de 180 titres de journaux, 1 p. in-4 ; imprimée chez Soupe et débitée fin août 1848, passage du Caire, 37.

Perruque sociale (la). — Vignette : une perruque à queue, instruments à poudrer, etc. « Faites des perruques ; les modernes n'ont pas inventé la poudre. » — Numéro 1, commencement de mai 1848. — Le but de ce journal est de prouver que les théories socialistes sont renouvelées des Grecs ;

des Romains, et du siècle de Louis XIV !... — Très-rare.

Persifleur (le). — Journal Mensuel de la république dé-mocratique et sociale. Rédacteur en chef gérant, Laroche.— Démocratique. — Numéro 1, 14 décembre 1848. — Bureau : quai Pelletier, 36. Imprimerie Appert.

Petit Caporal (le), journal de la jeune et vielle garde. Bureau : rue Saint-Louis, 46. Imprimerie Dondey-Dupré. — Vignette du titre : Napoléon au milieu d'une gloire (col-laborateurs : A. Collin. E. Martin, A. de la Fizelière, Ch. Deslys. J. Duflot, A. D***, Galvani, Paul de Lascaux, Thierry, Eug. Woestynn).—Numéro 1, 15 juin 1848, même numéro 1 daté du 16; numéro 2, 18 juin. Sans indication de pério-dicité; gérant, J Massé.

Numero 3, 20 juin; semblable. Paraissant les dimanches, mardis, jeudis.

Numéro 4, 22 juin; semblable. Gérant, E. Martin.

Bien qu'il n'ait pas été frappé par le décret du 27 juin, le *Petit Caporal* a disparu avec les journaux suspendus; a reparu en même temps qu'eux.

Numéro 5, 7 août; même numéro 5 daté du 8, avec un supplément intitulé : *Révolutions curieuses et importantes ou premier interrogatoire des insurgés* (4 août 1848). Dépôt rue Saint-Louis, 46. Imprimerie Dondey-Dupré. —Numéros 6 à 8, les 10, 13 et 17 août. Semblables aux précédents, Gérant : A. Collin. Numéros 9 à 12, les 20, 24, 27 et 31 août. Même périodicité, bureau et imprimerie.

Numéros 13 à 16, les 3, 10, 17 et 24 septembre. Numéros 17 a 20, les 1er, 8, 15 et 22 octobre. Semblables, paraissant les dimanches.

Depuis le mois d'août, le numéro du dimanche a donné quelquefois une page de caricatures sur bois, sous le titre de : *Dimanche illustré du Petit Caporal;* ce journal a publié aussi des articles périodiques, intitulés *le Panthéon du Petit Caporal.* — Il y a des exemplaires sur papier rose.

Faute d'un cautionnement, *le Petit Caporal* a dû se borner à ne plus paraître qu'une fois par mois :

Petit Caporal (le), journal politique. Edition men-suelle. « Président de la république démocratique : Louis-

Napoléon. Amnistie, respect au travail. • Numéro 21 (pub'ié vers le 4 novembre). Sans vignette. — Rédacteur-gérant, A. Collin. Mêmes format, bureau et imprimerie que le pré-cédent.

Les éditeurs du *Petit Caporal* ont aussi publié *le Succès.* — Qui en a eu beaucoup. (Voir ce titre.)

Petit Chapeau (le). — Un canard a, dit-on, été publié sous ce titre, en juin 1848. — Nous est inconnu.

Petit fils (le) **du père Duchêne.** — • *Is pater, non talis filius* • (21 juin 1848). N'a publié que 5 numéros. Bureaux : rue Bergère, 8, à Paris, et à Londres : *Finch Lane*, 1. Impri-merie Boulé. Gérant : A. Frétet. Rédacteur : Bobain.

Petit Glaneur Allemand (le). — Titre mentionné à tort par le rapport Bauchard ; on prétend qu'il a voulu désigner par là : *Pariser abend zeitung* (*Gazette Parisienne du soir.*)

Petit Homme Rouge (le), — (anti démocratique), avec une vignette nouvelle à chaque numéro (14 avril 1848); bureaux : boulevard de la République, 23. Imprimerie La-combe.— Le numéro 4, paru en mai, porte le sous-titre de : *Pamphlet hebdomadaire.* Imprimerie Louis. — Le numéro 11 (juin) celui de *Revue politique et satirique.* Le titre est imprimé en rouge et la vignette en noir. — Le numéro 12, celui de : *Revue parisienne.* Imprimerie Marc-Aurel. Colla-borateurs : Marc Fournier, Alex. Weill, Bourget et Alexandre Baron, directeur gérant. Ces derniers faisaient partie du club des Augustins.

Petit Journal des Enfants. — Récréations illustrées du jeune âge. Education, religion et morale, histoire, voyages jeux. (Septembre 1849.) Imprimerie Caron, à Amiens; bu-reaux : rue Hautefeuille, 24.

Petit Lucifer (le). — *English and french* (septembre 1849); bureaux : rue Richelieu, 3. Imprimerie Pilloy, a Montmartre. Gérant : Buchoz-Bilton. —Continuation du *Lucifer*. (Voir ce journal.)

Petit Messager du Village (le). — (1er mai 1849); bureaux: rue Montorgueil, 19 (ue pas lire. 21). Rédacteur-gérant : Sugier *du grand Prat.* Collaborateur : docteur A. Clavel.

Petit Moniteur des Communes (le). — Garde-notes de l'histoire. Décrets, lois, compte rendu de l'Assemblée nationale. N° 1, mai 1848 ; bureaux : passage Jouffroy, 48. Imprimerie Cosson. — Assez rare.

Petit Poucet (le). — Journal des petits enfants. Imprimerie Gerdès ; bureaux : chez Dumineray, rue Richelieu, 58. Rédacteur : Ch. Warrée.

Petites Affiches pharmaceutiques et médicales. Journal recueil publiant et classant tous les renseignements utiles à la pharmacie et à la médecine (août 1851). Imprimerie Bailly ; bureaux : rue Guénégaud, 3. — Mensuel, Directeur-fondateur : Philippe.

Petites Affiches du monde savant, artistique et littéraire. Feuille d'annonces de l'enseignement public, de la littérature, des sciences et des beaux-arts, paraissant tous les samedis en journal, et deux fois par semaine en placards affichés dans Paris (septembre 1857). Imprimerie Martinet ; bureaux : rue Percée-Saint-André-des-Arts, 11.

Peuple (le). — (1er mars 1848). Couleur, démocratique et socialiste ; bureaux : rue des Mathurins-Saint-Jacques, 21. Imprimerie Lacour. Rédacteurs : Alphonse et Adèle Esquiros (Sophie Battanchou). Gérant : Pierre Bry. — Ce journal a donné son nom à un club et est devenu, le 18 juin, l'*Accusateur public*. (Voir ce journal.)

Peuple (le). — « Division des fonctions, indivisibilité du pouvoir. Liberté, égalité, fraternité. Qu'est-ce que le producteur ? Rien. — Que doit-il être ? Tout. — Qu'est-ce que le capitaliste ? Tout. — Que doit-il être ? Rien. (*Représentant du peuple* de 1848.) — Plus d'impôts, plus d'usure, plus de misère. Le travail pour tous, la famille pour tous, la propriété pour tous. » N° 1, spécimen sans date (2 septembre 1848) ; bureaux : rue Montmartre, 151. Imprimerie Boulé. Rédacteur en chef : P.-J. Proudhon. Administrateur : Ch. Fauvety. Gérant : G. Duchêne. Collaborateurs : A. Darimon, J.-A. Langlois, Ph. Faure, L. Vasbenter, Arnould-Frémy, Taxile Delord, L. Ménard, A. Crétin, Ch. Chevé, A. Madier de Montjau ainé, F.-V. Raspail, Gabriel Mortillet, Pierre Dupont, Pierre

Cachambeaudie, A.-D. Laumondays, A. Tabole, Jean Verlot, Félix Elie, Ramon de la Sagra; Pauline Roland, etc. — Fait suite au *Représentant du Peuple*, suspendu le 21 août 1848.

Le *Peuple* a été saisi le 3 septembre sur la voie publique et enlevé chez les étalagistes, parce que le gérant n'avait pas déposé de cautionnement; pendant qu'il ouvrait une souscription pour le faire (circulaires imprimées *ad hoc* chez Lacrampe, le 28 septembre), son rédacteur en chef, P.-J. Proudhon, écrivait dans le *Peuple souverain* de Lyon, Le *Peuple* ne trouva son cautionnement qu'en novembre, et le 1er il paraît, avec le sous-titre *Journal de la République démocratique et sociale*, hebdomadairement, jusqu'au 23 novembre; à partir de cette époque, il publie une édition quotidienne de quatre pages, et une du lundi avec huit pages; — le 7 décembre les bureaux sont transportés rue Coq-Héron, 3. — Il faudrait une page pour relater les saisies et condamnations du *Peuple*, qui a eu 206 numéros. — Ce qui est resté ignoré de beaucoup de collectionneurs, c'est que le 13 juin une édition du soir du *Peuple* devait être distribuée sur les barricades. — Deux numéros seulement en ont été tirés au rouleau. L. Vasbenter en a eu un, et l'autre nous a été communiqué par M. de S... Il n'est imprimé que d'un côté, et contient seulement quatre articles. Le premier finit ainsi : « Le temps des paroles est passé, celui de l'*action commence*. » Les autres sont intitulés : *Républicain ou Cosaque*; *Aspect de Paris* et *Dernières Nouvelles de Rome*. — La collection du *Peuple* est recherchée, et les étrangers surtout s'en montrent très amateurs.

Peuple (le) de 1850. (15 juin 1850.) — Mêmes format et couleur que le *Représentant du peuple*, le *Peuple* et la *Voix du peuple*. Bureaux : rue Coq-Héron, 5. Imprimé d'abord chez Brière, puis chez Blondeau — Supprimé le 26 septembre 1850; mais a paru jusqu'au 13 octobre (33 numéros). A publié en feuilleton, sous le titre d'histoire contemporaine la *Conspiration impériale*, par Alexis Lagarde. — Gérant responsable : E.-A. Bisson. Collaborateurs : P.-J. Proudhon, Fr. Favre, Alfred Darimon, Chevé, Cretin, Taxile Delord, Deluc, Faure, Gyrés, Massol, Maublanc et Vasbenter. Conseil de rédaction : Michel (de Bourges), E. Baune, Boysset, Colfavru, Deflotte, Eugène Sue, Edgard Quinet, Madier de Mont-jau (aîné), représentants du peuple.

Peuple (le). Journal hebdomadaire de la Démocratie fran-çaise. — Couleur montagnarde. — N'a paru que le prospec-tus sans date (mai 1848.) Bureaux : rue Notre-Dame-des-Victoires, 16. — Imprimerie Delanchy. Directeur-gérant : V. Pilhes, commissaire de la république dans le départe-de l'Ardèche.—Très-rare.

Peuple (le). — Journal du soir. Couleur légitimiste (7 mai 1848). Bureaux : rue du Doyenné, 12. Imprimerie Sapia ; gérant : Ch. Thorez (proté de la *Gazette de France*). (Voir ce dernier journal.)

Peuple constituant (le). — République démocratique, ardente. Rédacteur en chef, l'abbé de Lamennais ; (collabo-rateurs, Pascal Duprat, Aug. Barbet). Imprimerie Schneider. — Numéros 1 à 3, du 27 au 29 février 1848 ; numéros 4 à 35, du 1er au 31 mars ; numéros 36 à 58, du 1er au 28 avril ; numéros 59 à 63, du 25 au 30 avril ; numéros 64 à 81, du 1er au 18 mai ; numéro 82, 19 mai ; autre numéro 82, 20 mai; même numéro du 20 mai numéroté 83 ; numéros 84 à 94, du 21 au 31 mai; numéros 95 à 113, du 1er au 30 juin. (Reste un jour sans paraître pendant l'insurrection). Numéros 114 à 133, du 1er au 10 juillet ; numéro 134, 11 juillet, a la pre-mière page encadrée de noir, et contient une protestation très-éloquente contre la loi du cautionnement, qui oblige le journal à ne plus reparaître. Le gérant a été condamné le 12 septembre, pour cette protestation, à 6 mois de prison, 3,000 fr. d'amende, et 3 ans d'interdiction de droits civiques. Jusqu'en mai, le journal n'est pas signé. Gérant depuis juin, P. Veyron-Lacroix. Les bureaux sont d'abord rue Jacob, 33 ; depuis mai au plus tard, rue Montmartre, 154.—Collection rare.

Peuple constituant (le) *La République du bon sens*. Tendances napoléoniennes. Gérant, Alex. Pierre (collabo-rateur Desmarest.) — Un numéro sans date (5 août 1848). Bureau : rue des Noyers, 27. Imprimerie René.— Ce journal s'est attiré des réclamations de la part de l'abbé Lamennais qui s'est plaint, dans quelques journaux, qu'on ait usurpé son titre.

Peuple constitue-en (le) — s'est timidement hasardé dans la rue en août 1848 ; mais les bibliophiles se sont bruyamment moqués de sa veste percée et ont forcé cet ignoble canard sauvage de revoguer à pleines voiles sur la mer de l'oubli. Tous ces volatiles perfides, mystificateurs impudents de la crédulité parisienne, voleurs audacieux des plumes du paon, laissaient percer trop maladroitement leurs vêtements de geai, et le collectionneur, qui toujours se *constitue en* juge habile et sévère des accapareurs de célébrités, a passé sans détourner la tête devant ces parodistes ridicules et maladroits. Bureau : rue des Noyers, 27 ; imprimerie Bonaventure. Gérant : Alexandre Pierre.

Peuple français (le), bulletin de l'assemblée nationale. Vignette : un lion, avec la devise : « Vote universel. » (8 mai 1848); bureaux : rue du Doyenné, 12. Imprimerie Sapia. Gérant : Ch. Thorez.— Le 16 mai, ce journal ajoute à son sous-titre : *Bulletin de la Bourse et des nouvelles du jour.* Même vignette. Gérant : Dubreuille ; bureaux : place de la Bourse, 13. —Nº 8, du 21 mai ; bureaux : place du Carrousel. Imprimerie Schneider. — Voir, pour plus de détails, à la *Gazette de France*, qui, suspendue par arrêté du 24 août 1848, s'est déguisée dès le 25, sous le titre de : *Peuple français* (le), journal du soir. Bureaux : rue de Chartres, 12. Imprimerie Schneider. Gérant : Ch. Thorez. — Le 30 août, cette feuille prend le sous-titre de : *Journal de l'appel à la Nation.* Mêmes gérant, bureaux et imprimerie que le précédent.

Peuple représentant (le). — Journal mensuel. Un numéro a paru sans date (16 septembre 1848). Imprimerie Boudey. Bureaux : rue des Noyers, 27. Gérant : Alexandre Pierre. — Les dépositaires de ce canard donnaient à croire aux acheteurs que c'étaient le *Représentant du Peuple*, déguisé. — Mensonge !

Peuple souverain (le).—Journal des travailleurs (Liberté, égalité, fraternité, solidarité, unité). République ardente, démocratique socialiste. Fondé par le club républicain des Travailleurs libres. Rédacteurs et membres du club : Robert (du Var), Cariot, Aug. Salières (rédacteur-gérant), Ch. Soudan, Hip. Blay, Couturat, Lenz. — Numéro 1,

8

26 mars 1848. Bureaux : rue des Grands-Augustins , 28 ; imprimerie Gratiot.

Peuple triomphant (le). — Des listes inexactes désignent ainsi le *Triomphe du Peuple*, journal de M. Amédée de Ceséna.

Phalange (la), revue de la science sociale ; se publiait avant 1848 ; mais a pris de l'extension dans les premiers jours de mars. Bureaux : rue de Beune, 3.

Phare commercial (le). — Journal des négociants, industriels, capitalistes (avril 1849). Imprimerie Pousielgue ; bureaux : rue Notre-Dame-des-Victoires, 40. Gérant : Fabri.

Philologue et l'Artiste. — Journal mensuel d'enseignement général, plus spécialement destiné à propager l'enseignement des langues vivantes et des beaux-arts (novembre 1852). Imprimerie Royaal, à Rambouillet. Bureaux à Paris, rue Tivoli, 19.

Physionomie de la Presse, — ou catalogue complet des nouveaux journaux qui ont paru depuis le 24 février jusqu'au 40 août 1848, avec les noms des principaux rédacteurs, par un chiffonnier (sic) (par Besson ; a été attribué à E. Pelletan). — Contient une revue de 183 journaux, avec un aperçu de leurs mérites littéraires et politiques. Ce catalogue, facile et spirituel, est écrit avec trop de rapidité pour qu'on ait pu y donner place aux minuties bibliographiques, si chères aux collectionneurs. Publié le 2 septembre 1848. — Dépôt : rue de Moscou-Amsterdam, 3. Imprimerie Léautey.

Pierrot (le). — Journal-programme des spectacles, concerts, bals et folies amusantes (novembre 1851). Imprimerie Juteau. Bureaux : rue Saint-Denis, 239. (Le numéro 1 a été imprimé chez Appert). Rédacteur en chef, Dunand-Mousseux. Administrateur, Boulanger. Directeur-gérant, Bayot. Collaborateur, A. Boiron. — Le rédacteur en chef a été condamné pour deux articles publiés les 12 et 20 juillet 1852, sur le *Casino Paganini* et dans lesquels on passait en revue toutes les célébrités chorégraphiques, *Clientes* de la mère Jérôme , dont les élégants salons sont établis boulevard Saint-Denis, 5. — M. Dunand-Mousseux est le père de ces énormes affiches où, sous une apparence politique, (par les mots en relief), il était question de la *Malle aux Habits* du passage du

Grand-Cerf. Pourquoi ne pas les avoir éditées sous le titre pompeux de *Blagorama des Merveilles?*

Pilier des Tribunaux (le). — Compte rendu des cours d'assises, police correctionnelle, justice de paix, conseils de disciplines. (Chroniques, nouvelles, variétés). Paraissant à des époques indéterminées. — Numéro 1, 20 juillet 1848. Bureaux : rue de la Harpe, 45. Imprimerie de Surcy. Gérant, Rozet. — Ancien journal le *Colporteur.* — A publié dans son numéro 2, les débats du procès de Michelot, dit Jean-Juin d'Allas, président du club démocratique de la Sorbonne, et rédacteur de la *Souveraineté du peuple.*

Pilori (le). — Couleur république ardente. Deux numéros ont paru avec vignettes, le 1er M. Thiers, par L. Barré (18 juin 1848) ; le 2e M. Dupin aîné, par J. Vaumale (22 juin). Rédacteur-gérant : J. Vaumale, Collaborateur : William. Bureaux chez Havard, rue des Mathurins Saint-Jacques, 24. Imprimerie Schneider. — Suspendu par un décret du 27 juin ; n'a pas profité, le 6 août, de la levée de sa suspension. — Rare.

Pilori (le) **des Maygides**, — est une publication périodique sans importance (mars 1848). Imprimerie Guiraudet.

Piquet-Lanterne. — Journal qui a été, dit-on, imprimé le 25 août 1848 et saisi chez Brière, l'imprimeur du *Lampion.*

Plus de Bourreau. — Reproduction textuelle de la *Peine de Mort*, par Ed. Houel. Imprimerie Pilloy à Montmartre. Bureaux : rue du Rocher, 6. Tirage sur papier blanc et sur papier rouge. — Sur quelques exemplaires, le mot *Bourreau* est en caractères d'enseignes pour tromper le public sur le titre.

Plus de grands Journaux!!! — Journal des nouvelles diverses, avec prime de loterie. «Premier journal de ce genre, fondé en France» (février 1851). Imprimerie Gendès. Bureau : rue Neuve-des-Petits-Champs, 61.

Polichinelle (le). — Journal satirique ; république socialiste. Rédacteur-gérant : A. Carré ; collaborateurs : D. F***, J. B***, G. R***. — Avec une caricature politique lithographiée. Bureaux : rue Saint-André-des-Arts, 13. — Numéro 1, 7 mai, sans vignette de titre ; imprimerie Bautruche. — Numéros 2 et 3, 14 et 21 mai ; avec vignette; imprimerie Bonaventure.

Polichinelle socialiste — n'est pas le titre d'un journal : l'*Arlequin démocrate* désigne ainsi le *Polichinelle* d'A. Carré.

Politique (le). — Journal quotidien (avril 1849). Bureaux : rue du faubourg Montmartre, 10. Imprimerie Poussielgue. Gérant : C. Thierry. — Couleur entre le *National* et la *Réforme.*

Politique (la) à la portée de tout le Monde. — (Décembre 1848). — Par Eude-Dugaillon. Sans indication de bureaux. Imprimée à Auxerre.

Politique des femmes (la). — Journal paraissant tous les dimanches ; publié pour les intérêts des femmes et par une société d'ouvrières. Couleur : socialisme ardent. — Gérante : Désirée Gay, déléguée de la société d'éducation mutuelle des Femmes. Collaboratrices : Jeanne Deroin, Marie Dalmay, Augustine Genoux, H. Sénéchal, directrice aux ateliers nationaux. — Numéro 1, 18 juin 1848, se trouve avec ou sans nom de gérante. Bureaux : rue Constantine, 11, et rue Croix-des-Petits-Champs, 50 ; imprimerie Lacour. — Les événements de juin ont interrompu la publication du numéro 2 jusqu'au 6 août.

Politique des femmes (la). — Publiée par des ouvrières. « Liberté, égalité, fraternité pour tous et pour toutes.» Mêmes couleur, gérante, rédactrices, format, prix et imprimerie que le précédent. — Le deuxième et dernier numéro a été publié le 6 août 1848. Dépôt rue des Vieux-Augustins, 12. — A reparu le 21 août sous le titre de l'*Opinion des Femmes* (voir ce journal).

Politique du Peuple (la). — Par Pascal Duprat, représentant du peuple (novembre 1849). Bureaux : rue des Beaux-Arts, 15.

Politique (la) Nouvelle. — Revue hebdomadaire. Politique, sciences, beaux-arts (1851). Imp. Prève. Bureaux : rue Montmartre, 141. Gérant : Léopold Amail. — Couleur du *Crédit.*

Politique et Socialisme. — Histoire du Drapeau rouge (janvier 1849). Rédacteur : Gabriel Mortillet, ancien president du *club des Agriculteurs.*

Pologne (la). — Journal slave de Paris ; organe des intérêts fédéraux des peuples de l'Europe orientale, paraissant tous les dimanches (janvier 1850). Imprimerie Pilloy, à Montmartre. Bureaux : passage du Commerce, 7.

Pologne (la). — Journal des slaves confédérés. *Lékhites, Tcheks, Illyriens, Bulgaro-Serbes et Rhuténiens.* Publication de la société slave de Paris. Propriétaire-gérant, Cyprien Robert. Chez Blosse, passage du Commerce, 7 ; imprimerie Martinet — Numéro 1, 1er juin 1848. Numéro 2. 1er juillet, avec deux drapeaux armoriés en tête. — Rare. Collaborateurs H. Desprez, Zdzislaw, Zamoiski.

Pologne (la) de 1848. « Union patriotique. Appel en faveur de la Pologne. » Propriétaire-rédacteur-gérant, Ch. de Forster (major). Sans indication de périodicité. — Première livraison (publiée le 11 avril 1848). Bureaux : rueNeuve-Saint-Roch, 32 ; imF. Didot. Assez rare.

Pommes de terre (les) au **Boisseau,** — avec quatre vignettes sur bois. Démocratique socialiste. Satire contre les professions de foi des candidats de la république gouvernementale et des monarchistes (25 septembre 1848). Imprimerie Bonaventure. Bureaux : rue des Noyers, 27. — Signé : Alexandre Pierre.

Populaire (le). Communiste icarien. A acquis depuis Février une importance plus grande. Directeur rédacteur en chef : Cabet ; gérant : Robillard ; bureaux : rue Jean-Jacques-Rousseau, 18. Imprimerie Malteste. — A pris quelquefois pour titre : *le Populaire de 1841.* — *Le Populaire* a été remplacé en octobre 1851 par le *Républicain Populaire et Social.*

Portefeuille (le). — Revue diplomatique. Titre entouré d'une ceinture de 12 écussons aux armes de France-Orléans, Grande-Bretagne, Russie-Moscou, Prusse, Hesse, Grèce-Bavière, Rome, Turquie, Hollande, Autriche-Espagne, et Espagne-Autriche. Journal dynastique, fondé en 1844, par M. Molé; s'était acquis sous la monarchie une importance diplomatique. Rédacteurs: Loys, — L'Herminier, Henné de Kesler, Ch. Fauvety, F. Ségoffin, Texier d'Arnout, Deschères, G. d'Alaux, Anat. de la Forge, de Chanul, baron de Billing. — En 1847, la rédaction se renouvela: une partie des collaborateurs se dissémina dans divers journaux; Ch. Fauvety fonda la *Vérité*, devenue en septembre 1847 le *Représentant du Peuple*, puis le *Peuple*. (Voir le *Représentant du Peuple*): Gérant: Lévêque. — Hebdomadaire. Bureaux: passage Jouffroy, 44. Imprimerie Gerdès. — Numéros 1 à 8, les 2, 9, 16, 23, 30 janvier, 6, 13 et 20 février.

Portefeuille (le), revue internationale. — Les numéros 9 et 10 de la troisième année, 26 et 29 février 1848, n'ont plus d'écussons. (République gouvernementale; maintien de la paix universelle). Mêmes gérant et bureaux; rédacteurs: Capo de Feuillide, Gust. d'Alaux. — Hebdomadaire. Imprimerie d'Aubusson. Paginé. — Le numéro 10 reproduit le premier article du numéro 9. Au commencement de mars le *Portefeuille* a changé de titre et est devenu le *Garde National*. Nous avons compris ce journal dans notre statistique, à cause de sa transformation politique en 1848.

Portraits Républicains. — Réponse aux profils révolutionnaires, par D. de Chavanay. « La République a horreur du sang. » Couleur de *la Réforme*; vives critiques contre V. Bouton. — Nº 1 sans date (novembre 1848). Imprimerie Olivier, à Poissy.

Positif (le). — Journal des travailleurs (juillet 1849). Rédacteurs: Charles Fauvety, Victor Combet, P. Chabert, P. D...., A. C...., Jean Henriquez, C. Tessié du Motay. Gérant: V. Lubatti. Bureaux: rue de Seine, 36. Imprimerie De Soye.

Positif (le), « réforme des abus, » (octobre 1850). Bureaux: rue Saint-Jacques, 125. Imprimerie Bonaventure. Rédacteur: L.-T. Voisin.

Pot aux Roses (le), journal mensuel. République ardente, démocratique et socialiste. Rédacteur-gérant: M. Blavé (rédacteur de la *Langue de Vipère*, journal qui a été très-remarqué). — Nº 1 (publié le 18 décembre 1848); bureaux : rue Coquillière, 15. Imprimerie Lacour.

Pouvoir (le). — Journal du 10 décembre (18 juin 1850); bureaux : rue Geoffroy-Marie, 9. Imprimerie Schiller. Rédacteur en chef : A. Vitu. Gérant : Lamartinière. — Est la continuation du *Dix décembre.*

Présidence (la). — Journal quotidien, publié sous les auspices d'une fraction importante de l'assemblée nationale. Rédacteurs : A. Lireux et L. Lurine ; bureaux : rue du Croissant, 16. Un spécimen seulement paru en juin 1848. — Ne doit pas être confondu avec :

Présidence (la). — Journal bonapartiste. A été annoncé le 28 octobre 1848 comme devant paraître prochainement. N'a lancé qu'un prospectus lithographié chez Vernon.

Presse (la), Bulletin du soir. Rédacteur en chef : Emile de Girardin. Administrateur : Rouy. Gérant : A. Nefftzer ; bureaux : rue Montmartre, 131. — Numéros 1 à 12, du 4 au 15 mai 1848; numéro 13, 16 mai; autre 13, 16 mai, avec le texte du numéro 14. Numéro 14, 17 mai; numéro 15, 17 mai; autre numéro 15, 17 mai, avec le texte du 18 mai. Numéro 16, 18 mai; autre numéro 16, 19 mai. Numéros 17 à 27, du 19 au 31 mai. Numéros 28 à 37, du 1ᵉʳ au 10 juin; numéros 38 et 39, 12 et 13 juin. Numéro 40, 14 juin; autre numéro 40, même jour. Numéros 41 à 51, du 15 au 25 juin. Imprimerie Plon jusqu'à la dernière semaine de mai. Imprimerie Boulé en mai et juin. Le 27 juin *la Presse* est suspendue et son rédacteur en chef incarcéré. Le dernier numéro du matin publié en juin, est du 25 (4475). — A peine relâché, Emile de Girardin a publié en brochure le *Journal d'un Journaliste au secret,* et il a envoyé à ses abonnés : *Histoire d'un mois,* du 25 juin au 25 juillet 1848. — Sans signature. Imprimerie Plon. — Au commencement d'août les souscripteurs de *la Presse* (journal fondé en 1836) ont reçu une feuille intitulée : *Aux abonnés de la Presse* (voir à son ordre alphabétique). Pendant son interdit, la *Presse* a publié ; *Documents pour servir à l'histoire de la Révolution française de 1848. Liberté de la presse. Protestation contre la suspension de la Presse* et l'incarcération de son rédacteur en chef. Sans nom de gérant, titre de journal, ni indication de périodicité. Sans date (commencement d'août). Imprimerie Plon. A été affichée. — Le 6 août, l'interdit de *la Presse* est levé. Le journal reparaît le 7 août, numéro 4426, plus hostile que jamais. — A publié, vers le 16 novembre, un numéro extraordinaire intitulé : *le général Cavaignac devant la commission d'enquête.* — Une double feuille à 5 cent. Imprimerie Plon. — A été saisi et a donné lieu aux explications présentées le 25 novembre a l'Assemblée nationale par le général Cavaignac. — Le cercle club de l'Association démocratique des Amis de la Constitution (président Buchez), a cherché à contrebalancer l'effet de cette publication, en faisant répandre une feuille intitulée : *le général Cavaignac devant l'Assemblée nationale,* format 6 cent., 4 pages (27 novembre). Cette dernière feuille a été distribuée à un nombre d'exemplaires si considérable, qu'il a fallu la faire tirer dans plusieurs imprimeries. — *La Presse* paraît maintenant à sept heures du soir avec la date du lendemain. Les rédacteurs sont : Emile de Girardin, Emm. Hubaine, A. Erdan, A. Neffzer, Ed. Hervé. Chargé du compte rendu théâtral : Th. Gautier ; du bulletin financier : Alph. Lauvray. Imprimerie Serrière.

Presse de la Banlieue (la). — (Mai 1849) ; bureaux : rue d'Aboukir, 48. Imprimerie Sirou.

Presse du Peuple (la), journal de tous. — « Abolition du monopole de la pensée. » — (République démocratique). Fondateurs : Gust. Biard, typographe ; Pourrat - Alof, ingénieur ; Eug. Fontenay, employé ; Jean, prêtre ; (numéro 1, 6 mai 1848) ; bureaux : rue des Francs-Bourgeois. 14. Imprimerie Gros. — Rare. — Voir *Socialisme dévoilé.*

Presse dramatique (la), musicale et littéraire (19 octobre 1851). Imprimerie F. Didot ; bureaux : rue Richelieu, 112. — Rédacteur en chef : E. Laugier ; propriétaire-gérant : Gaston ; collaborateurs : Constant Guéroult, Th. Labourrieu, etc.

Presse industrielle (la). — Journal politique, industriel, commercial, artistique et littéraire. « Dagobert 1er, premier protecteur de l'industrie française. » — « Des eaux pour le travail, employez le concours. » — Numéro 1 et dernier, février 1848. — Très-rare. Bureaux : rue Sainte-Barbe, 11. Imprimerie Gratiot. Rédacteur-gérant : Courtois.

Presse littéraire (la).—Echo de la littérature, des sciences et des arts (2 mai 1852). Imprimerie Brière ; bureaux : rue Sainte-Anne, 55 (hebdomadaire). Collaborateurs : Ch. Romey, A. Rollet, Chalons d'Argé, Ern. Leguével, Aph. Meuilherat ; gérant : Laborde.

Presse médicale (la), journal des journaux de médecine. (décembre 1852(. Bureaux : cité Trévise, 6. Imprimerie Poussielgue. Rédacteur en chef : le docteur Alex. Mayer ; collaborateurs : Félix Boubaud, H. Huguet.

Presse parisienne.— Catalogue de 383 journaux de Paris, publiés depuis février, par Henry Izambard (8 octobre 1848). Imprimerie Bonaventure. Depôt : chez tous les libraires.

Presse parisienne. — Journal non politique (littérature, sciences, bibliographie, arts). Décembre 1849. — Bureaux : rue Saint-Lazare, 10. Imprimerie Bonaventure. Collaborateurs : Constant Guéroult, Emile Mailler, Henry Izambard, Marie-Emélie Cheyron, Jeanne de Quesnel. — A publié l'histoire des 496 almanachs parus en l'an de grâce 1849. (Par votre très-humble serviteur).

Presse prophétique (la). — « Contre la presse Girardin, Lamartine, etc., en présence des représentants du peuple et des socialistes. » Journal unique de tous les jours et de tout le monde. Edition nouvelle perfectionnée. » (sic) Sans date (août 1848). Mystique et socialiste. Chez Jacquet, rue Saint-Nicolas-d'Antin, 41. Imprimerie Lacour. — Stupidité, insolence, voilà tout.

Presse religieuse (la). — Journal du clergé et des familles chrétiennes (mai 1852). Imprimée d'abord à Limoges, chez Descurtieux, puis à Orléans, chez Constant aîné, ensuite à Paris, chez De Soye ; bur : rue de Grenelle-Saint-Germain, 54. Collaborateurs : l'abbé Michon, Emile Jay, Henry Feugueray, l'abbé Le Noir, Faure-Méras ; secrétaire de la rédaction : A. Martin. — Ce journal, dans son numéro du 30 décembre 1852, annonce qu'à partir du 4 janvier 1853, il tiendra ses lecteurs au courant du mouvement politique, « afin d'avoir plus de liberté pour aborder les grandes questions religieuses dans leur rapport avec les institutions humaines. »

Presse républicaine (la). — (Numéro 1, 4 juillet 1848). Rédacteur en chef : Ch. Marchal ; collaborateur : P. M***, bureaux : place de la Bourse, 13. Imprimerie Chaix. — Ce numéro a été crié pendant l'interdit de *la Presse*. Les vendeurs assuraient que c'était le journal d'Émile de Girardin, ressuscité ; ils se gardaient bien de crier autre chose que : *la Presse*, supprimant le sous-titre *Républicaine*, qui était imprimé en caractères peu apparents. Dans le numéro 2, le rédacteur s'excuse de ce plagiat, dont la faute est rejetée sur le metteur en page, — L'on sait à quoi s'en tenir à cet égard. *La Presse républicaine*, qui était la continuation du *Conservateur de la République*, s'est transformée sous le titre de la *Fraternité*, cri de guerre en faveur de l'Italie et la Pologne, rédacteur en chef : Charles Marchal, aujourd'hui détenu à Sainte-Pélagie.

Prévoyant. (le) Revue mensuelle illustrée (littérature, sciences, arts, industrie, études historiques, cathédrales, églises, etc , hygiène publique, économie domestique, connaissances utiles). Tirage annoncé à 50,000 exemplaires. — Prospectus-spécimen paru en novembre 1849. Seule publication assurant à ses abonnés : 1° 100 fr. pour les frais d'inhumation ; 2° 100 fr. à l'héritier désigné ; 3° 200 fr., après dix ans d'abonnement. (« Le souscripteur peut concéder ses droits à sa famille, à une personne désignée ou aux établissements de bienfaisance. ») Primes en peinture, sculpture, gravure, objets d'arts, exposées dans les bureaux, rue Lamartine, 7. Imprimerie Schiller.—Sous la direction de M. A. Déterville. Rédacteur en chef : Paulowski : — Le premier numéro devait paraître le 1er décembre 1849. — N'a jamais été publié,

Principaux établissements publics de France, recevant l'*Indicateur national*. — Journal de renseignements utiles, illustré, remplaçant tous les Guides. Imprimerie Chaix ; bureaux : rue Bergère, 20. (Octobre 1851,)

Procès des insurgés des 23, 24, 25 et 26 juin. — Seule édi-

non complète, publiée par des sténographes de l'Assemblée nationale, et revue par un avocat à la Cour d'appel. Deux éditions par jour : la première paraissant le soir in-folio ; la deuxième le matin, in-8. — 1re audience, 19 août 1848. Chez Giraud, rue de Buci. Sans indication d'imprimerie. — Les détails de ce procès ont paru aussi sous le titre de *Conseils de guerre*. — Dépôt : rue Neuve-des-Bons-Enfants, 19. Imprimerie Boulé.

Producteur vinicole (le). — Organe de la délégation provinciale, ayant pour présidents : Arago, Marie, Ledru Rollin (janvier 1849). Rédacteur : Alfred Monbrial de Bassignac ; Gérant : Figuel. Collaborateur : P. Véry. — Feuille s'occupant exclusivement de la question des vins et de celle de l'adresse... des boissons. Bureaux : rue Montmartre. Imprimerie Bureau.

Production française (la), littéraire, artistique et industrielle, (16 pages grand in-4° oblong. — Nouvelles inédites, Chronique de la semaine, Revue des théâtres ; texte illustré.) N°. 1. Décembre 1852. Bureaux : rue de la Jussienne, 4. Imprimerie Serrière. — Publicité universelle et permanente. — Distribution gratuite de 100,000 exemplaires par mois (25,000 par semaine) dans l'élite de la population : chaque numéro du Recueil distribué régulièrement dans 6,000 principaux établissements publics. Justification de la distribution par pièces authentiques. Annonces illustrées. Reproduction par la gravure des articles de l'industrie de luxe. « Publicité à 100,000 exemplaires moins chère dans la *Production française*, pour un mois, que dans les journaux politiques pour un seul. » Directeurs : Ed. Ramadié et Maubert. Collaborateurs : les sommités littéraires et artistiques de l'époque.

Professions de foi réunies des candidats, etc. — Texte des circulaires et affiches des candidats à l'assemblée. Contient huit annonces des éditions postérieures destinées à reproduire les professions de foi omises dans le premier numéro. — 1re édition sans date (vers le 15 septembre 1848). Au bureau des Archives historiques, rue de Richelieu, 95. Imprimerie Bureau.

Profils révolutionnaires. — Pamphlet sans signature, édité

et rédigé par Victor Bouton. Bur: rue des Noyers, 52. Couleur
socialiste. Imprimerie Chaix. — N° 1 sans date (juin 1848);
n° 2, septembre; n° 3, 9 octobre; n° 4, 31 octobre; n° 5,
décembre. A eu 7 livraisons. Le numéro 1 a motivé contre
l'éditeur un procès en diffamation intenté par M. Pagnerre.
Le même V. Bouton a rédigé la *Voix des Clubs* et la *Sentinelle des Clubs.*

Programme des spectacles *de l'Eventail des théâtres.* —
In-folio oblong d'une demi-feuille, imprimé en forme d'éventail. Imprimerie Bureau; bureaux: rue Gaillon, 14. Rédacteur en chef: Louis Eckert (mai 1850). Gérant: Coupigny.

Programme (le) des théâtres, des spectacles et des concerts
(3 septembre 1849). Bureaux: rue du Croissant, 12. Imprimerie Schiller. Rédacteur en chef: Emile Solié. Collaborateurs: Jules de Prémaray; Raymond-Deslandes; Ch. Schiller.
— Est devenu l'*Argus*, programme quotidien des théâtres.

Programme des théâtres et du commerce. — Journal d'annonces distribué gratis aux hôtels, cafés, cabinets de lecture. — Annonces réduites à 6 c. la ligne. Imprimerie Delacombe. Bureaux: rue de la Banque, 21. Propriétaire-direc-
teur: Aron. Rédacteur-gérant: Ayasse.

Programme (le) des véritables doctrines socialistes, ou le
Socialiste commandé par la nature, la justice et la vérité.—
(Mai 1849.) Signé Deleuze, chef d'institution. Bureaux: rue
des Marais, 27.

Programme du physicien.—Répertoire de physique théo-
rique et expérimentale, par la Société de physique de Paris.
(Mai 1851.) Imprimerie Plon; bureaux: à l'Athénée national, rue du 24 Février, 8. — Doit paraître sous le titre de :
Le Physicien.

Progrès (le). — Revue démocratique. (Politique, administration, industrie, sciences, littérature, beaux arts.) Numéro 1, décembre 1849; bureaux: rue du Faubourg-Montmartre, 15. Imprimerie Schneider.

Progrès (le). — Revue médicale et scientifique, littéraire
et artistique (octobre 1851). Imprimerie Lacour; bureaux:
rue de Seine, 31. Directeur-fondateur: Antonin Bossu, d. m. p.

médecin de l'infirmerie Marie-Thérèse. Collaborateur : Ernest de Bélenet.

Progrès Industriel (le), — commercial, judiciaire, artistique, littéraire. (Journal de la bourse, des chemins de fer, des sociétés industrielles, des compagnies d'assurances, des travaux publics.) Existait avant 1848, mais est devenu *la Presse industrielle* (voir cette feuille). Bureaux : rue Sainte-Barbe, 12. Imprimerie Gratiot.

Progrès Social (le). — Organe des idées napoléoniennes et des intérêts populaires. Numéro spécimen (le seul paru), sans date (7 décembre 1848); bureaux : place de la Bourse, 13. Imprimerie Poussielgue. Propriétaire-gérant : Hamel.

Prolétariennes. — Satires politiques et littéraires, par Savinien Lapointe, ouvrier cordonnier, et Charles Deslys; première satire (11 juin 1848) : *la Tache*; deuxième et dernière satire : le *Donjon de Vincennes*, dédié à Barbès (19 juin); bureaux : rue Pagevin, 7. Imprimerie Boulé. Ont paru en feuilletons dans l'*Organisation du travail.*

Propagande (la). — Journal mensuel d'éducation électorale démocratique (septembre 1849); bureaux : rue des Bons-Enfants, 1. Directeur : Gustave Biard. Collaborateurs : P. Joigneaux, Gillardeau, etc. — Était tirée à un très-grand nombre d'exemplaires. Imprimerie De Soye.

Propagande Populaire (la). — Par livraisons, en septembre 1849 ; bureaux : chez Guillaumin, rue Richelieu, 14. Rédacteur en chef : Aristide Dumont.

Propagande Républicaine (la). — Intérêts moraux et matériels. Séances des clubs. (République montagnarde). Rédacteur en chef : J.-J. Dandnran, vice président de la Société des Droits de l'Homme. — Numéro 1, 23 mars 1848 ; chez Breteau, passage de l'Opéra, 12. Imprimerie Cordier. — Le numéro 2 a paru sous le titre : *la Propagande révolutionnaire.*

Propagande Socialiste (la). — Ce titre était la rubrique générale des diverses publications socialistes du club du faubourg du Temple, présidé par E. Courtois, rédacteur en chef des *Mystères de la Bourse.* — Il a paru en décembre 1848 :

9

le *Droit au travail*, chant socialiste, en vers, par Henri Piaud, suivi d'un commentaire en prose, par B. Courton. bureaux : rue Sainte-Barbe, 11. Imprimerie Marc-Aurel.

Propagateur des Sciences appliquées — « Recueil scientifique, avec gravures, mettant à la connaissance et à la portée de tout le monde les progrès qui se font journellement dans les sciences et dans les arts mécaniques et industriels » (mars 1852). Imprimerie Claye ; bureaux : quai Malaquais, 15. Directeur-fondateur : Th. Du Moncel.

Propagateur Catholique (le). — (Mai 1848) ; bureaux : rue Jean-Jacques-Rousseau, 13. Imprimerie Prève. Rédacteur en chef : Ch. Lefebvre.

Propagateur (le) du commerce et de l'Industrie. Fondé en 1847 ; consacre depuis mars 1848 sa première page à la politique. Couleur du *National*. Rédacteur : Delarue. Bureaux : rue de Provence, 14 ; Imprimerie Piloy, à Montmartre. En juin, il a changé de sous-titre :

Propagateur (le) républicain. Mêmes format, bureaux, etc. En juillet, *le Propagateur* ne s'affiche plus comme républicain ; son titre est : *Propagateur du commerce*.

Propagateur Républicain (le). — Recueil général des plans, projets et autres écrits, sur les améliorations que réclame la prospérité des nations, par Auguste Lambert. (En faveur du papier-monnaie). — Numéro 1, mai 1848. Chez Bernard-Latte, boulevard des Italiens, 2. Imprimerie Lacombe.

Propagateur Universel, — moniteur des villes et des campagnes. — Journal populaire. Revue de tous les journaux. — Compte rendu de la semaine, Rédacteur en chef : E. Jourdan de Berg. Gérant : Aug. Leverdier. Spécimen sans date (juin 1848. Démocratique ; bureaux : rue Geoffroy-Marie, 1. Imprimerie Marc-Aurel. — Très-rare.

Prophète républicain (le) — Almanach du peuple, est un canard publié le 1ᵉʳ octobre 1848, par les rédacteurs de la *Voix du Peuple libre*. Imprimerie Malteste.

Propriété (la). — Journal des intérêts de tous. — Politique, agriculture, industrie, commerce, science, littérature, beaux-arts (Avril 1848). Couleur république gouvernementale. Bureaux ; rue de Choiseul, 23, imprimerie Schneider. Rédacteur en chef, Julien Lemer. Collaborateurs, Oscar Honoré, Henry Nicolle, Rabuteau, Richter, A. Vitu. — La *Propriété* est un des journaux qui ont donné le plus de souci aux collectionneurs, à cause de sa triple édition. Ce journal publiait à quatre heures une édition intitulée : *les Nouvelles du Soir* (journal quotidien, politique et littéraire), le lendemain, le titre seul était changé, et un nouveau tirage avait lieu pour Paris, sous la rubrique : *l'Égalité.* Mêmes rédaction, format, bureau, imprimerie, etc., etc. Et comme *l'Égalité* paraissait un titre trop révolutionnaire pour la province, le même journal était tiré pour les départements et pour certains quartiers de Paris sous l'enseigne de *la Propriété.* Comme *l'Égalité*, *la Propriété* reproduisait exactement le numéro de la veille, intitulé *Nouvelles du Soir.*

Les *Nouvelles du Soir* ont eu 8 numéros, datés du 15 au 19 et du 21 au 22 avril.

L'Égalité et *la Propriété* ont eu 8 numéros, datés du 16 au 20 et du 22 au 24 avril. Le numéro 1 de *l'Égalité* est sans signature.

Propriété est un Vol (la). « Première lettre au citoyen Proudhon sur son principe concernant la propriété, » par J. Giraud-Hubert (antiprudhonien). — Publié en juillet 1848. Bureaux : rue Saint-Jacques, 110. Imprimerie Sirou.

Propriété (la), industrielle, artistique et littéraire; revue mensuelle (janvier 1852). — Imprimerie Carrion père. Bureaux : rue du Vingt-quatre-Février, 8. Rédacteur en chef : Labourieu.

Proscrit (le). — Journal de la République universelle. — Numéro 1er du 5 juillet 1850. Rédacteurs : les citoyens Berjean, Daratz, Ch. Delescluze, Dupont, Étienne Arago, le général Haug (de Vienne), L. Leclanche, Ledru-Rollin, Martin Bernard, J. Mazzini, D. Pillette, Podolecki, Ratier, Ch. Bibevrolles, Worel. Bureaux : rue des Petites Écuries, 31. Imprimerie Brière. Administrateur : Autome.

Providence (la), journal des peuples. — Monarchique

et religieux (15 mai 1848). Bureaux : rue de Choiseul. 8. Imprimerie Proux. Gérant : Bancias. Collaborateurs : Ach. Comte, A. Jubinal, A. Laya, Ch. Len..., était la continuation du *Salut public*. La *Providence* a publié dans son feuilleton les *Dominicales*, satires par Edmond de Serigny, dont de rares exemplaires, ont, dit-on, été tirés à part.

Province (la). — Journal politique, quotidien (grand format). Prospectus in-4, sans date, publié vers le 25 septembre 1848. Signé Ch. Mévil. Bureaux : place de la Bourse, 40. Imprimerie Claye. Annonce que le journal publiera une feuille quotidienne et une revue.—(Monarchique.)

Public (le), journal de tout le monde, publié sous le patronage et avec le concours de plusieurs ex-représentants, banquiers, fabricants, propriétaires, chefs d'ateliers (14 décembre 1851). Imprimerie Schiller. Bureaux : faubourg Montmartre, 11. Rédacteur-gérant : Ernest Dubarrail. Collaborateurs : T. de Ville, Louis Steins. — Le *Public*, premier journal politique publié après le coup d'État de décembre 1851, change son sous-titre, son format, son gérant, son rédacteur en chef, ses bureaux et son imprimerie, en février 1852; il devient *Moniteur du soir*. Rédacteur en chef : Amédée de Césena. Gérant : Lamartinière. Bureaux : rue Bergère, 20. Imprimerie Chaix. — Que quelque temps après, le journal disparaît, et subit une condamnation pour défaut de cautionnement.

Public-Office (le). — Journal et bureau de commission, intermédiaire général de Paris, des départements et de l'étranger (mai 1852). Imprimerie Bureau. Bureaux : rue Richelieu, 54.

• Envoyé gratuitement à toutes les personnes qui adressent à M. Aubert une commande de musique et de livres, s'élevant à 8 fr. ou 20 fr. »

Publicateur universel (le). — Numéro 1 du 2 mars 1848. Bureaux : rue Laffite, 27. Imprimerie Schiller.

Publication de la Renommée. — Esquisses et portraits biographiques des candidats de l'Assemblée législative. Rue Geoffroy-Marie, 7. Rédacteur : Duperret de Sainte-Marie.

Publicité permanente, « liberté, égalité, fraternité, solidarité et communauté d'intérêts. La *Vérité pour Tous*, » journal-affiche, par Reydemorande, propriétaire travailleur. (Apologie des billets hypothécaires). — Numéro 1, sans date (septembre 1848). Autographie Gabillet, chez l'auteur : rue Sainte-Avoye, 63. — Très-rare.

Punch à Paris. — Revue diabolique du mois (février 1848). — Imprimerie Lange-Lévy. Bureaux : rue du Croissant, 16. — Caricatures par Cham, texte par Louis Huart (du *Charivari*), auteur de beaucoup de physiologies très-spirituelles.

Quatre hommes et un caporal. « Entretien de Jean Pichu avec son sergent au sujet du discours du citoyen Bugeaud. » (Mai 1849.) Rue Richer, 9. — Voici comment l'auteur de ce placard parle de ses amis les *réactionnaires* : « Ceux qui font des phrases pour nous endormir et nous prouver qu'il faut obéir et crever de faim sans rien dire, ça ne vaut pas une vieille chique de tabac qui a resté quinze jours au soleil. » — Que penser de l'auteur si, comme l'a dit Buffon, le style c'est l'homme.

Queue de Robespierre (la). — Pamphlet démocratique et social. (Montagnard.) Rédacteur en chef : de Bassignac (Alfred Monbrial.) Un numero (14 mars 1848) contient un article de Lamennais. Bureaux : rue du Boul01, 26. Imprimerie Bautruche. — Rare. — A. Monbrial, secrétaire du club de l'égalité et de la fraternité, a renoncé à la *Queue de Robespierre* pour collaborer à la *Commune de Paris*. Après la mort de la *Commune*, la *Queue de Robespierre* est ressuscitée sous le titre : le *Volcan*.

Quinzaine (la). — Journal des besoins actuels. (15 août 1848.) Imprimerie Proux : bureaux : 14, rue de l'Abbaye.

Quinzaine (la). — Journal des jeunes gens (mai 1850). Imprimerie Vrayet de Surcy ; bureaux : 44, rue Lamartine.

Radical (le). — (22 avril 1848.) Un seul numéro a paru sur un quart de feuille, avec vignettes. Rédacteur : Dupeyret-Sainte-Marie, directeur de la *Renommée*. Bureaux : rue de Provence, 14. Signé : Constant Verneuil, blessé de Février. Rare.

Railway (le). — Chronique des chemins de fer, paraissait avant 1848. — On l'a compris sur les listes par inattention.

Raison (la), bien-être du foyer domestique, (août 1850). Bureaux: rue Montmartre, 167. Imprimerie Lacombe.

Ralliement des socialistes (le). — Revue mensuelle (25 février 1850.) Imprimerie Blondeau ; bureaux : rue Guénégaud, 14.

Rapport de la Commission d'enquête sur les événements des 15 mai et 23 juin ; 3 vol. in-4° (août 1848) —Le deuxième numéro contient un relevé de 170 journaux publiés depuis Février. Sans autre indication que les titres ; sans ordre alphabétique ni chronologique. Ce relevé a été reproduit par le *Constitutionnel* du 22 août, le *Journal*, etc. Dans le chapitre qui concerne les clubs, on rencontre quelques détails sur certains rédacteurs de journaux, entre autres sur le *Bon Républicain* (qui n'a jamais paru), etc.

Rapport par M. Roux, vicaire des Quinze-Vingts.—Voir le *Peuple Constituant* d'Alexandre Pierre.

Rat de cave (le).—Gazette politique et commerciale. Avec une vignette. Propriétaire rédacteur en chef : ********. Fondé en 1847, a subi en 1848 des modifications. (Une page lithographiée et une page de prix-courants.) Publiait en juin une feuille hebdomadaire les jeudis, et une feuille commerciale mensuelle ; en septembre, octobre et novembre, la feuille hebdomadaire paraît le lundi.—Bureaux, à Paris : rue Fontaine-Saint-Georges, 25 ; dépôt à Valenciennes et à Lille. Imprimerie Proux. — Le numéro du 10 septembre a deux éditions. Dans la première, la lithographie n'offre pas toute la chasteté désirable. Elle représente un malade couché ; la garde vient de lui poser huit sangsues à un endroit dont l'artiste s'est plu à dessiner tous les contours. Pour légende : « C'est singulier, je n'en vois plus que sept....—Eh bien ! et la huitième, où est-elle allée? » Cette lithographie ayant paru trop immodeste, on fit refaire une deuxième édition. La caricature y représente deux gardes-malades qui causent clyso-pompe. Légende : « Et la canule? Ah ! mon Dieu ! elle sera restée... »

Réactionnaire (le). — Est le titre d'un canard vendu au

monde en mai 1849; il n'a pas tardé à rendre le dernier soupir. Deux heures après sa mise en vente, on le saisissait place Maubert.

Recettes et formules anciennes, nouvelles et inédites, pour les arts, la chimie, l'industrie, la pharmacie, la médecine, l'économie rurale et domestique (juillet 1849) Bureaux : rue Dauphine, 32. Directeur : le docteur Quesneville, chimiste-manufacturier.

Recueil de documents et de mémoires relatifs à l'étude spéciale des sceaux du moyen âge et des autres époques, publiés par la société de sphragistique, et accompagnés de cartes gravées d'après les monuments originaux (juin 1811). Imprimerie Boucquin ; bureaux : quai des Orfevres, 58, chez M. A. Forgeais.

Recueil catholique. — (Avril 1852.) Imprimerie Prévot, à Saint-Denis ; bureaux : avenue d'Antin, 35. — Mensuel. — Rédacteur en chef : l'abbé C. Massiot.

Recueil encyclopédique d'agriculture. — (Janvier 1851.) Bureau et imprimerie chez Bouchard Huzard. Collaborateurs : Boitel-Lemaire ; Harlé ; Casanova ; Delaporte ; Lesénéchal ; Chazely ; Londet, etc., etc.

Redingote grise (la). — « République démocratique, une et indivisible ; liberte, égalité, fraternité. » Numéro 1er du 17 juin 1848. Bureaux : place de l'Ecole, 16. Imprimerie Bonaventure. Gérant-signataire : Simon Jude.

Réformateur (le). — journal de la ligue viticole et de tous les intérêts de l'agriculture et de l'industrie nationale. (République démocratique). Gérant : Oct. Dechevaux. Spécimen (14 novembre 1848). Quotidien, Contient un plan d'association pour la réforme économique et un tableau statistique. — Bureaux : rue Ménars, 12. Imprimerie Schneider.

Réformateur des abus (le). — journal du commerce, de l'industrie et des travailleurs. Couleur : république démocratique. Rédacteur en chef : E. Bouchereau, président du comité central républicain de Seine-et-Marne ; collaborateur : Ville, secrétaire du comité ; bureaux : rue du Faubourg-Saint-

Denis, 56. Imprimerie Lacombe. — Numéro spécimen, première décade de mars 1848. Contient un projet de constitution. — Numéro 2, sans numéro d'ordre, deuxième décade de mars. — Numéro 3, sans numéro d'ordre, feuille du comité central républicain des élections du département de Seine-et-Marne, sans date (publié entre le 12 et le 20 avril). — Rare. La *Physionomie de la Presse* mentionne un numéro daté de la première décade de février, qui nous est inconnu.

Réforme (la). — Fondée en 1833, mais a publié une édition du soir qui a paru irrégulièrement en mai et juin 1848. Rédacteur en chef : Ch. Ribeyrolles; collaborateurs : Ledru-Rollin, P. Flocon, Ét. Arago, P. Joigneaux, Aug. Billard, J. Benoît, P. Pezerat, C. Blaze, J. Charrel, Ch. Loiseau, J. Cabaigue; A. Daugeliers, Et. Enault, F. Jeandeau, H. Bosselet, A. Poupart; gérant, jusqu'au 1er septembre : J. Gouache; depuis le 2 septembre : V. Léoutre. — Bureaux: rue Jean-Jacques-Rousseau, 3. Imprimerie Boulé, puis L. Lévy. A été suspendue par arrêté du pouvoir exécutif du 16 juin.

Réforme administrative (la), — journal spécial de tous les employés des administrations publiques, fondé sous leurs auspices, et assuré du concours de leur rédaction. Guerre au népotisme et aux abus administratifs. Gérant rédacteur en chef : A. Ménard. — Numéro 1, 3 mai 1848. Bureaux : place de la Bourse. 10. Imprimerie Brière.

Réforme agricole, scientifique, industrielle, — journal populaire des sciences utiles dans leurs rapports avec l'agriculture, l'industrie, les mines, les travaux publics, la marine, la guerre, l'enseignement. Faisant suite aux cinq premières années de l'*Echo du Monde savant*. — Rédacteurs : Nérée Boubée, Moreau : de Jonnès fils — République modérée. — Numéro 1, septembre 1848. Chez Éloffe, rue de l'Ecole-de-Médecine, 10. Imprimerie Bailly. — Le prospectus a les mêmes titre, sous-titre, rédacteurs, bureaux et imprimerie.

Réforme judiciaire (la). — « Guerre aux abus, abolition des privilèges. » — Numéro 1, 8 juillet 1848. — Le numéro 2 (et dernier), sans indication de périodicité, est du 19 juillet. Bureaux : rue Sainte-Barbe, 11. Imprimerie Gratiot. Rédacteur en chef : E. Courtois de Gressac. — Ce journal avait pour but de demander la justice à bon marché, l'abolition des abus, des avoués, de la Cour des comptes et autres « machines inutiles. » Son rédacteur en chef a composé l'*Histoire des trois glorieuses journées des 22, 23, 24 Février*, 40 pag. in-12, chez Avisse, rue de la Lune, 37; imprimerie Bénard (éditée fin février);— *Mémoire* sur les chemins de fer, publié lors de la discussion du rachat par l'État et *le Catéchisme des droits et devoirs de l'électeur constituant*, impr. Gratiot (publié en avril).

Règne du Diable (le). — (Août 1849.) Bureaux : rue du Petit-Lion-Saint-Sauveur, 10. Imprimerie Bonaventure. Rédacteur : le citoyen Delclergues (du *Christ républicain*). — En tête de la première page de cette vision mystique, se trouve un dessin fort bête : au milieu, est placé le diable, qui grince les dents ; en avant, une panthère tenant un crapaud et un serpent ; à gauche, le frère Léotade et Cécile Combette, Louis-Philippe et un capucin; à droite, un jésuite, le duc de Praslin et sa victime, un pape; dans un angle, caché, on voit, en forme de démon ailé, la tête de P.-J. Proudhon. — Le *Règne du Diable* a été de courte durée, et le citoyen Delclergues, en présence de si fâcheux résultats, grimaçait comme ses affreuses vignettes.

Renseignement (le), — moniteur universel du travail, publié par la Société nationale d'assistance (11 octobre 1851). Imprimerie Cosson ; bureaux : rue de Lille, 59. — Hebdomadaire.

Répertoire de Pharmacie. — Recueil pratique (juillet 1851). Imprimerie Martinet ; bureaux : rue de l'École-de-Médecine, 17; rédacteur en chef : le Dr Bouchardat.

Représentant du Commerce (le), — journal des commerçants et des commis voyageurs. Direct.-gérant, Alex. Meyer, (Lhomond). — Numéro 1, 5 novembre 1848. Sans indication de périodicité. — Imprimerie Claye; bureaux, place de la Bourse, 36.

Représentant du Peuple (le), — journal de l'association des travailleurs dite *la Fraternité*. Numéro 1, 27 févr. 1848. — Cité par la *Physionomie de la Presse* (supplément). C'est

9.

probablement le numéro du *Représentant du Peuple* publié le 27 février, par J. Viard et Fauvety. (Voir plus loin.)

Représentant du Peuple (le) La plupart des collectionneurs qui ont ce journal ignorent qu'il a été conçu, qu'il est même né sous la monarchie.

Nous avons dit à l'article du *Portefeuille* que cette revue diplomatique perdit une partie de sa rédaction. Ch. Fauvety s'en sépara pour fonder la *Vérité*, revue réformiste. En septembre 1847, la *Vérité* essaya de se transformer en un journal quotidien intitulé :

Représentant du Peuple (le). — Journal quotidien et hebdomadaire des producteurs. Réformiste et socialiste. Prospectus sans date (septembre 1847), signé Jules Viard et Ch. Fauvety. — Annonce une édition quotidienne et une édition hebdomadaire ; bureaux : rue des Petits-Augustins, 4. — Imprimerie Brière. — Très-rare. — Au prospectus succédèrent deux spécimens : le premier, du 14 octobre 1847 ; le second, du 15 novembre 1847. — Tout à fait dissemblables. — Très rares. — Le *Représentant du Peuple* cherchait encore son cautionnement quand survint la Révolution. Dès le 27 février, il publia son numéro 1 :

Représentant du Peuple (le). — Journal des travailleurs. — Couleur : république démocratique et socialiste ; gérant : Lubath jeune ; rédacteurs-fondateurs : Ch. Fauvety et J. Viard ; collaborateurs : Allien, H. Barclay, A. Bougeart, Bourgoum, L. Deboek, Duchêne, Haret, Hermanville, A. Laudin, A. Legallois, A. Lesourd, J. Mairel, N. Mairet, Rauch, F.-B. Saumont, L. Vasbenter. — Numéro 1, 27 février 1848. — Sans indication de périodicité. — Même bureau. — Imprimerie Schneider. — Très-rare. — Les numéros 2 et 8 sont imprimés chez Boulé. — Le *Représentant du Peuple* tarde à s'organiser. En attendant, une partie de sa rédaction passa à la *Vérité* (Voir ce journal). Le 1er avril vit reparaître le *Représentant du Peuple*. («Qu'est-ce que le producteur ? — Rien. — Que doit-il être ? — Tout. ») — Gérant : L. Vasbenter ; rédacteur en chef : P.-J. Proudhon ; rédacteur-fondateur : Ch. Fauvety, J. Viard ; collaborateurs : Alf. Darimon, Ph. Faure, Joach. Hounau, J.-Am. Langlois, J. Lethévalier,

P. Lachambeaudie, Aug.-P. Legallois, L. Ménard, F.-G. Orbino. — Numéros 1 à 15, du 1er au 15 avril; bureaux : rue Jean-Jacques-Rousseau, 8. — Imprimerie Boulé. — Numéros 16 à 87, du 16 avril au 27 juin; numéros 88 et 89, des 28 et 29 juin. Autres numéros 88 et 89, les 30 juin et 1er juillet. Numéros 90 à 93, du 2 au 5 juillet. Semblables. Imprimerie Chaix. Les numéros des 28 et 89 juin n'ont que deux pages. Numéros 94 à 97, du 6 au 9 juillet. Semblables. Imprimerie Lacrampe. — Le *Representant du Peuple* n'a pas été suspendu le 27 juin; mais il a disparu de lui-même pendant un mois, ne trouvant pas la discussion suffisamment libre pendant l'état de siége. Dans la deuxième semaine de juin, il avait publié un numéro extraordinaire sans date ni numéro d'ordre.

Représentant du Peuple (le). — Journal quotidien des travailleurs. Ne contient qu'un article intitulé : *Réforme économique.* BANQUE D'ÉCHANGE. Gérant : L. Vabenster. — Format 5 c.; 2 p. à 3 col; impr. Boulé. (Voir *Banque du Peuple.*) — Le *Représentant du Peuple* a reparu le 9 août avec les mêmes titre, sous titre et épigraphe. — Numéros 96 et 97 (*bis*) à 108, du 9 au 21 août. Bureaux : rue Montmartre, 154. Imprimerie Lacrampe. — Suspendu le 21 août. Reparaît fin août à Lyon sous le même titre : a été saisi dès son début. — Très-rare. — A reparu à Paris dès le 2 septembre, en s'appelant : *Le Peuple.* (Voir ce journal.)

Républicain des Campagnes (le). — (Avril 1847.) Imprimerie Gratiot. Rédacteur : Eugène Sue, qui a fait distribuer gratuitement dans le département du Loiret les quatre numéros parus. — Rare.

Républicain lyrique (le). — Journal des chanteurs; politique, comique et satirique. Chansons, par A. Alais, Baillet, A. Bourgeois, Chaplain, A. Dalès, Hyppol. Demanet, V. Drappier, L.-C. Durand, L. Festeau, A. Fosset, A. Frontin, Cl. Genoux, Ch. Grille, A. Jolly, G. Lecreux, G. Leroy, A. Loynel, A. Pister, V. Rabineau, Vinçard, L. Vonelain. — République ardente. — Chez Durand, rue Rambuteau, 32. — Une vignette nouvelle à chaque numéro. — Numéro 1, premier tirage, sans date (en juin 1848). — Imprimerie

Boulé. — Deuxième tirage, daté de juillet. — Est· devenu mensuel à dater du numéro 2. — La même rédaction a publié l'*Album des Chansonniers,* ou extrait des chansons les plus en vogue des soirées lyriques et réunions chantantes.

Le Républicain, populaire et social. (*Liberté, égalité, fraternité, suffrage universel.*) *Fondé par le peuple, rédigé par M. Cabet et un grand nombre de républicains socialistes, paraîtra tous les dimanches, puis deux, ou trois, ou quatre, ou cinq fois par semaine, en attendant qu'il puisse être quotidien.* Avec épigraphe : *D'après la Constitution, nous sommes tous frères, tous égaux, tous électeurs et éligibles.* — Rédacteur en chef : Cabet; collaborateur : G. Vauzy; gérant signataire : Ch. Costel. — Numéro 1, du 11 octobre 1851 ; bureaux : à Paris, rue Baillet, 3 ; à Troyes, quai des Prisons, 1; imprimerie de Cardon, rue Moyenne, 2, à Troyes. — Continuation du *Populaire.* A vécu fort peu de temps.

Républicain rouge (le). — Drapeau de la démocratie (janvier 1849). — Bureaux : rue de l'Echiquier, 6 ; imprimerie Blondeau ; gérant : Quélin ; rédacteurs, les citoyens : Gally et Jacques Danin ; feuilletons en vers satiriques, par Victor Hérault et Eude Dugaillon.

Ce journal paraissait à un jour donné de la semaine. Il en était de même de la *Montagne* et des *Droits de l'Homme,* feuilles rédigées par les citoyens Gally et J. Danin. De cette manière, la publication était très-hebdomadaire sans qu'on fût obligé de payer le cautionnement : les *Droits de l'Homme* se vendaient le dimanche ; la *Montagne,* le mardi, et le *Républicain rouge,* le jeudi ou vendredi.

République (la). — Journal quotidien, politique et littéraire. Rédacteur : Bareste. Prospectus, sans date (24 février 1848). Imprimerie Boulé : ·

République (la). — Journal du soir. Liberté de la presse, réforme électorale, organisation du travail. Association des peuples, association pour tous ; ordre, liberté, progrès. République démocratique. Rédacteur en chef : Eugène Bareste ; collaborateurs : Chatard, Laurent (de l'Ardèche), J. Langlois, A. Leclerc, Eugène Mahon. Numéro 1, 26 fé-

vrier. (La dernière colonne en blanc.) Quotidien. Bureaux :
rue Coq-Héron, 3. Imprimerie Boulé. Le numéro 2 du
27 février n'a plus de sous-titre, mais la devise *Liberté,
Egalité, Fraternité!* depuis, a paru jusqu'en 1851, en mettant en tête de son titre : Journal fondé le 24 février. Le 13
avril 1858, M. Boulé a lancé le *Messager de la République*
(journal du soir), mêmes rédacteurs, format, bureaux et imprimerie. (Les numéros 1 et 2 des 13 et 14 avril sont très-
rares).

République de 1848 (la). — Journal politique, littéraire,
industriel et agricole des départements du centre. (Républicain.) Gérant : J.-B. Aloncle. Imprimé à Bourges Le numéro
15 est du 25 juin 1848. A eu un bureau à Paris, rue Notre-
Dame-des-Victoires, 46, et nous l'avons compris pour cela
dans notre statistique. Tous les collectionneurs recherchent
les numéros de juin.

République des arts (la). — Peinture. Statuaire, Architecture, Archéologie. (Couleur républicaine ardente.) Bureaux : rue de la Monnaie, 11. Rédacteurs : E. Pelletan,
Th. Thoré, P. Mantz, A. Esquiros. Imprimerie Gratiot.
Un numéro, 5 mars 1848. — Rare.

République des femmes (la). — Journal des Cotillons.
Contient la Marseillaise des Cotillons en 1848, et le Chant du
Départ de ces dames, « ou grande expédition contre ces gueux
de maris ; » chansons par L. C***, auteur de *Ordre et Liberté*.
2 vignettes. Gérant : L. Guillemain. (L. de Chaumont.) Un
numéro (vers le 1er) juin 1848. Bureaux : rue de Seine, 32 ;
dépôt : rue des Gravilliers, 25. Imprimerie A. René. Le
Journal des Cotillons s'est transformé le 3 juin, et a pris le
titre de les *Lunettes du Père Duchêne*.

République démocratique (la). — (Novembre 1848). Imprimerie Beaulé ; bureaux : rue Montpensier, 25.

République démocratique et sociale (la). — (Octobre
1848). Un seul numéro a paru ; bureaux : rue Bergère, 20.
Imprimerie Chaix.

République française (la).— Journal quotidien. « Liberté,
égalité, fraternité, justice, économie, ordre. » (République
gouvernementale.) Rédacteurs : Fréd. Bastiat, Hip. Castille,

:**Molinari, Quotidien**, paraissant à 4 heures du soir ; 15 cent. Bureaux : rue Bergère, 8. Imprimerie Chaix. Numéro 1 du 26 février 1848.

Ce journal publiait chaque jour le programme des spectacles et dans son 27° et dernier numéro, du 24 mars 1848, il reproduisait la circulaire adressée aux électeurs du Finistère par M. Paul Féval.

République Napoléonienne (la) — Voir la *Constitution* de M. Domenge (pas celui du boulevard Saint-Martin).

République nouvelle (la). — Revue mensuelle publiée par des représentants du peuple (mars 1848) ; bureaux : rue de l'Université. Directeur : le citoyen Pradié, représentant du peuple ; administrateur-gérant : le citoyen Duviot. Imprimerie Vrayet de Surcy.

République possible (la), « journal des intérêts de tous et de la mobilisation de la propriété foncière. Organe de la société centrale de l'organisation hypothécaire. Projet de banque immobilière ; fondation de la commandite du travail. » Rédacteur en chef : Émile Lambert (Anat. Saulnier) ; rédacteur-gérant : Maget (propriétaire à Paris). Un numéro, 21 juin 1848 ; bureaux : rue de Tracy, 8. Imprimerie Frey. N'a pas survécu aux événements de juin. Son rédacteur a publié en septembre une lettre au futur Président de la république ; mêmes idées. Prix : rue du Bouloi, 26. Imprimerie Bureau. La *République possible* était la continuation du *Manifeste des Provinces*.

République rouge (la). — Journal montagnard. Numéro 1 du 10 juin 1848 ; bureaux : rue des Boucheries-Saint Germain, 38. Imprimerie Dupont. Rédacteur en chef : C... P....

République universelle (la). — 1er juillet 1848. Bureaux : rue de Sèvre-Saint-Germain, 13. Imprimerie Vrayet de Surcy. Rédacteur en chef : Pradié, représentant du peuple.

Réveil du Père Duchêne (le). — Mars 1850. Bureaux : Palais national, 185. Imprimerie Malleste.

Tout ce que nous pouvons dire de ce *réveil* là, c'est qu'il avait un style soporifique. Son premier Paris était un véritable éteignoir. — Il nous en souvient !...

Réveil du peuple (le), politique, littéraire, artistique, commercial et industriel. (Couleur socialiste modérée. (N° 1 du 28 février 1848. Bureaux : rue Grange Batelière, 13. Imprimerie Choix. Rédacteur-gérant : S. Snerbe. Directeur-général (sic) : Ch. Félix. A dater du n° 11, 5 avril 1848, M. Ch. Félix devient rédacteur en chef; ses collaborateurs sont : Henry Buise, Lordin, Laurent Saint Cricq, R. D***, F. Zépernick. — Dans la liste des feuilletons annoncés pour être publiés à partir du 15 avril, nous remarquons : le *Réveil des morts aux champs de Clamart*; la *Somnambule*, et la *Bande noire*. Cela nous a involontairement rappelé le *Voleur de cadavres* du commandeur Léo Lespès!...—Le n° 16 du 27 avril est imprimé chez Marc-Aurel, le n° 18 du 14 mai chez Blondeau. — Le *Réveil du peuple* meurt en mai et reparaît en juillet, avec le sous-titre de *Journal judiciaire*, etc. Il paraît être un des journaux de 1848 qui ont eu le plus de peine à vivre... et à mourir.

Réveil du peuple (le). — Journal des intérêts populaires. Fondé par une société d'ouvriers. Rédacteur, délégué de la société : Victor Rozier ; collaborateur : Ch. Pimprenneau, teneur de livres. République ardente, démocratique et socialiste. N° 1 du 19 mars 1848. Bureaux : rue de la Harpe, 90. Imprimerie Bautruche.

Réveil du peuple (le). — Est encore le titre d'une feuille à la main, non périodique. (mars 1848.) Dépôt : rue Coquillière, 15. Imprimerie Lacrampe.

Révélateur (le). — Journal prophétique. Recueil de rapprochements, faits mystiques, etc., avec tendance légitimiste. Attribué à tort à Jean Journet. Directeur : Amédée Thuillier. Hebdomadaire. Le n° 1 est daté du 18 juin (a paru le 20); les n°s 2 et 3, de juillet. Bureaux: rue d'Anjou, 12 ; dépôt : rue de Seine, 32. Imprimerie Belin-Mandar, à Saint-Cloud. Sauf deux articles, le n° 2 n'est que la reproduction du n° 1. Le n° 4 a paru en août avec le sous-titre de *Feuille prophétique*. Annonce qu'il paraîtra à des époques indéterminées. Rédaction : rue Mazarine, 47. Imprimerie René.

Révélations curieuses et importantes, ou premier interrogatoire des insurgés (4 août 1848). — Bureaux : rue Saint-

Lonis, 46. Imprimerie Dondey-Dupré. Par la rédaction du *Petit caporal* d'Achille Collin.

Révélations (les) d'un ex mouchard sur les véritables candidats socialistes. — Signé : Flamaing ; passage.Verdeau. 27. (mai 1849.) — Nous pensions retrouver la une appréciation biographique de Charles Marchal ou de Lucien de la Hodde, mais l'*ex-mouchard* sus-désigné ne nous a rien *révélé* de la-meux.

Revenants (les). — Pamphlet démocratique et social, extrait du journal la *Réforme*. Signé : Pierre Lefranc, représentant du peuple. (Mai 1849.)

Révision (la) **de la Constitution** — Journal spécial. Exposé. Imprimerie Saintin. Sans indication de lieu d'abonnement ni signature. (Avril 1851.)

Révolution (la). — Journal des intérêts populaires. (Mars 1850.) Bureaux : rue Blanche, 70. Imprimerie Prève. Rédacteurs : Gustave Robert, Alphonse Herment, Emile Pilou.

Révolution (la). — (17 septembre 1851.) Couleur ultra-démocratique et socialiste. Bureaux : rue Jean-Jacques-Rousseau. 11. Imprimerie Dubuisson. Rédacteur en chef : Xavier Durrieu. Collaborateurs : Kesler, Fauvelet de Charbonnière, Gaspérini, Edmond le Guével, E. Bonnassieux. Gérant : Léon Watripon. Charge du feuilleton du lundi : Babou. — Réduit son format dès le lundi 24 novembre, tout en ayant pris ses mesures « pour donner à ses lecteurs la même quantité de matières que par le passé, par une combinaison de *caractères* que le public appréciera, et sur laquelle il est inutile d'insister. » A publié en feuilletons les *Zigs-zags dans Londres et partout pendant l'exposition,* par Félix Tournachon (lisez Nadar).

Révolution (la). — Organe de la Société : Aide-toi. (Numéro spécimen du 14 décembre 1848). — République universelle, démocratie ardente. Paraissant a Briel, canton de Berne, et à Paris. rue Notre-Dame-de-Nazareth, 23.

Révolution de 1848 (la). — Démocratique et socialiste. Gérant : Bossens; collaborateur : Gustave Schwob. Quotidien.—Numéros 1 à 7, du 23 au 29 mai. Point de numéro 8.

Numéro 9, 30 mai ; autre numéro 9, 31 mai. Numéros 10 à 34, du 1ᵉʳ au 25 juin ; bureaux ; rue Neuve-Saint-Augustin, 18. Imprimerie Chaix. — A été suspendu par arrête du 27 juin : n'a pas profité le 6 août de la levée de sa suspension.

Révolution démocratique et sociale (la). — Direct., A. Dalican ; rédacteur en chef-gérant : Ch. Delescluze, ex commissaire général à Lille ; collaborateurs : H. Castille, A. Carré, Désiré Pilete, Alphonse Clavelly. Novembre 1848. (République ardente.) Bureaux : rue Damiette, 1. Imprimerie Lange-Lévy. — A publié dans son numéro 1 les statuts de la société de la solidarité républicaine. Le 10 avril, Delescluze, rédacteur en chef, est condamné à trois ans de prison et 10,000 francs d'amende ; et le 19 septembre, Robillard, gérant, à deux ans de prison et 5,000 francs d'amende. — A eu 216 numéros.

Révolution littéraire (la). — Revue parisienne (10 mars 1851). Imprimerie Lacour ; bureaux : rue du Faubourg-Poissonnière, 40. Rédacteur en chef : Achille Poincelot ; gérant : H. Lacombe, collaborateurs : Julien Lavergne, Edward, Lawrence, Elisa de Mirbel, etc., etc.

Révolution musicale (la) et le répertoire des chanteurs. « Journal paraissant provisoirement par numéro, et régulièrement le 1ᵉʳ et le 15 de chaque mois, lorsque le nombre des abonnés sera assez grand » (mars 1851). Imprimerie Vinchon ; bureaux : boulevard Montmartre, 14. Rédacteur en chef : Maurice Delcamp.

Révolution sociale (la). — Pamphlet hebdomadaire, par Edouard Georges. — Républ. socialiste ; hebdomadaire, 25 cent. — Numéro 1, 10 mars : chez Sartorius, quai Malaquais. Imprimerie Chaix. — Le même a publié en mai le *Journal du Diable.*

Révolutionnaire (le). — (Février 1849). — Couleur démocratique et socialiste ultra ; bureaux : rue Bellefonds, 2. Imprimerie Lacombe. Gérant : A. Bureau. Feuilleton en vers du citoyen Adrien Delaire, ouvrier ébéniste.

On ne parle dans cette feuille que de montagnes de cadavres, et que de rivières de sang. — Cela n'est pas du *bon sens,* assurément.

Revue de la banlieue et des départements de Seine-et-Oise et de Seine-et-Marne. — Journal politique, administratif, industriel et littéraire. (Numéro spécimen du 7 juillet 1849) ; bureaux : rue Montmartre 181. Imprimerie Vinchon. Rédacteur en chef : Ch. Lepage.

Revue de la colonisation agricole. — (Septembre 1850) ; bureaux : place de la Bourse, 11. Imprimerie Plon. Directeur : Paganelli de Zicavo, avocat. — Est la continuation des *Annales de l'extinction du paupérisme.*

Revue de la ligue des peuple. — (Avril 1850) ; bureaux : rue Notre-Dame-de-Lorette, 34, et à la propagande démocratique-socialiste, rue des Bons-Enfants, 1. Imprimerie Preve.

Revue de la littérature et des beaux-arts. — (Février 1850) ; bureaux : rue Saint-Hyacinthe-Saint-Michel. Rédacteur en chef : Ernest de Belenet.

Revue de l'Écho. — Fondée par Durand de La Bouvardière ; bureaux : rue Saint-Joseph, 6. C'est le titre d'une feuille supplémentaire ajoutée à l'*Écho des Provinces* (juin 1848).

Revue de l'Éducation nationale. — Journal de l'instruction primaire et de l'agriculture (juillet 1849) ; bureaux : rue Jacob, 52. Collaborateurs : l'abbé Orsini, vicaire général de Gap, chevalier de la Légion d'honneur ; Roselly de Lorgues. Imprimerie Vrayet de Surcy.

Revue de l'Éducation nouvelle. — Journal des mères et des enfants. (Numéros 1 et 2, les 1er novembre et 1er décembre 1848.) Planches représentant des instruments de cuisine, etc ; musique gravée. Rédacteurs : J. Dellbruck, T. Robertson, Laverdant, Jubé de la Perrelle ; bureaux : grande galerie des Panoramas, 16. Imprimerie Plon.

Revue de l'Enseignement chrétien. — Recueil périodique, publié par les professeurs de l'Assomption (novembre 1851). Imprimerie de Ballivet, à Nimes ; bureaux : à Paris, chez Giraud et Dagneau.

Revue de l'Ordre social, « indispensable comme avertissement aux familles contre les mœurs de l'époque » (31 juillet

1849); Bureaux : rue des Grands-Augustins, 7. Imprimerie
Pillet fils aîné. Rédacteurs : J. Wallon et l'abbé J.-B.-E.
Pascal.

Bien que cette revue soit dans septième année d'existence,
nous avons dû la classer ici à cause de son importance depuis 1818. A notre avis, les familles pourront fort bien se
passer de lire cet ouvrage où, d'un bout à l'autre, l'ironie et
l'injure sont à l'adresse des publicistes. — Tant de fiel entre-
t-il dans l'âme des dévots ! —

Revue de Paris (la). — (Octobre 1851). Imprimer Pillet
fils aîné ; bureaux : chez Victor Lecou, 10, rue d' Bouloi.
— Romans, articles de modes, critique des hommes et des
choses, etc. etc. Collaborateurs : Alphonse de Lamartine,
Théophile Gautier, Arsène Houssaye, Alphonse Esquiros,
Maxime du Camp, Louis de Cormenin, Gérard de Nerval,
Théodore de Banville, etc., etc. Les bureaux sont maintenant
15, boulevard des Italiens, à la librairie nouvelle.

**Revue des arts, de la littérature, depuis 1791 jusqu'en
1848**, par Mme Fusil (née Louise Fleury, morte, fin décembre
1818, à Sainte-Périne-de-Chaillot) directrice-gérante. Ancienne revue qui avait paru en 1844, sous le titre de : Pro-
serpine à Paris, puis de : Revue des Dames. — Numéro 1,
1re édition, juillet 1818 ; seize pages in-8 et une introduction
de quatre pages. Sans indication de prix ni de périodicité
Au salon de la Tente, Palais-National. Imprimerie Lacrampe.
La seconde édition du même numéro 1 n'a eu que seize pages.

Revue des Réformes et du Progrès. — (15 juin 1849).
Couleur montagnarde ; bureaux : rue Jacob 3. Imprimerie
Vrayet de Surcy. Rédacteurs : l'abbé Chantôme, Savouillan,
Guilbert, Feugeray, E. Rendu, l'abbé Loubert, Léon Danne,
Arnaud (de l'Ariége), Léon Lagrange, L.-F. Guérin, C.-B.
Brullon, Montanelle, Auguste Nicolas, etc., etc.

Revue des Murailles. — Musée comique, journal des
grandes et petites affiches pour rire. Ce titre a été celui d'une
série d'articles insérés dans la Carmagnole et dans le Gamin
de Paris ; il est devenu celui d'une publication extraordinaire du Petit Caporal qui n'a eu qu'un numéro (13 août
1848). Vignettes sur bois ; 10 cent. — Bureaux : rue

Saint-Louis-aux-Marais, 46. Imprimerie Dondey. Gérant : E. Nyon. On a tiré des exemplaires sur papier jaune, vert et rose. — Assez rare. A paru aussi, dit on, sous le titre de : *Gazette des Murailles.*

Revue des Voyages. — (Avril 1852). Imprimerie Dupont ; bureaux : rue Coquillière, 32. Redacteur en chef : Emmanuel Gonzalès.

Revue du socialisme chrétien. — (Mai 1850) ; bureaux : rue de Tournon. Imprimerie V. de Surcy.

Revue archéologique, ou recueil de documents et de mémoires relatifs a l'étude des monuments, a la numismatique et à la philologie de l'antiquité et du moyen âge, publié par les principaux archéologues français et étrangers, et accompagnés de planches gravées d'après les monuments originaux (15 avril 1851). Imprimerie Crapelet ; bureaux : rue Pierre-Sarrazin, 9.

Revue bibliographique militaire. — (Février 1852). Imprimerie Brière ; bureaux : rue d'Aumale, 29.

Revue catholique de la jeunesse. — (Juillet 1850) ; bureaux : rue de Lulli, 3. Imprimerie Plon. Est la continuation de l'*Image.*

Revue comique, — à l'usage des gens sérieux, publiée par Roussel, propriétaire du *Spectateur républicain.* Avec caricatures sur bois. En faveur de la candidature Cavaignac (novembre 1848) ; bureaux : chez Dumineray, rue Richelieu, 52. Imprimerie Lacrampe. Rédacteurs : Lireux et E. de La Bédollière.

Revue contemporaine. — Philosophie, histoire. sciences, littérature, poesie, romans, voyages, critique, archéologie, beaux-arts (15 avril 1852). Imprimerie Brière ; bureaux : faubourg Montmartre, 13. Mensuelle. Collaborateurs : Ad. Adam (de l'Institut), Agostini de Hospedalez (ancien ministre de Vénezuela), Emile Augier, Bamberg, docteur ès-lettres, de Belleval, de Bernard, comte Beugnot, A. Boucart, F. de Bourgoing, Alph. de Calonne, Jules Canonge, duc de Caraman, comte G. de Caraman, Hippolyte Castille, Philarète Chasles, baron Desmousseaux de Givré. J. Ducuing, Ad.

Dumas, docteur des Etangs, Paul Féval, Guinot, Ed. Jo-
ma d. Kératry, G. de la Landelle, Ch. de Louandre, comte
de Marcellus, X. Marmier, P. Mérimée, Méry, Alf. Michiels,
Alfred Nettement, E Pacini, Paulin Paris, Edmond Texier,
Thomassy, R. P. Ventura, Viennet, Villemain, Vitet, Ed.
Wacken, Fr. Wey, docteur Yvan, etc.

Revue critique française et étrangère. — Journal des médecins praticiens, publié sous les auspices et avec le concours
des principaux médecins et chirurgiens des hôpitaux civils
et militaires (décembre 1849); bureaux : rue Neuve-de-l'Université, 10.

Revue critique de la jurisprudence en matière civile,
administrative, commerciale et criminelle, formant le com-
plément doctrinal des recueils d'arrêts (janvier 1851). Imprimerie Thunot ; bureaux : rue des Grès-Sorbonne, 16. Collaborateurs : C. Demolombe, V. Marcadé, P. Pont, de Cormenin, V. Molinier, etc.

Revue critique des Journaux publiés à Paris depuis la
révolution de Février, jusqu'à la fin de décembre 1848, par
J. Wallon. (Extrait du *Bulletin de censure*, examen critique
et mensuel de toutes les productions de la librairie française.
Revue indispensable comme avertissement aux familles contre les erreurs de l'époque). « Prime offerte aux nouveaux
abonnés du *Bulletin de censure* pour 1849 ; bureaux : rue des
Grands-Augustins, 7. Imprimerie Pillet, fils aîné. » — Si
vous aimez l'insulte, on en a mis partout.

Revue élémentaire de médecine et de pharmacie do-
mestiques, ainsi que des sciences accessoires et usuelles
mises à la portée de tout le monde. Imprimerie Rançon ; bureaux : rue Monsieur-le-Prince, 93. Rédacteur en chef : F.-V.
Raspail.

Revue gastronomique. — (Octobre 1851). Imprimerie
Bonaventure ; bureaux : rue de l'Echiquier, 38.

Revue générale de l'architecture et des travaux publics.
Journal des architectes, des archéologues, des ingénieurs et
des entrepreneurs (mars 1851). Imprimerie de Martinet ; bureaux : rue de Furstemberg, 4. Directeur-rédacteur en chef :
César Daly, architecte.

Revue historique et anecdotique. — (Juin 1854). Imprimerie Pilloy, à Montmartre; bureaux: rue de Buffault, 5. Mensuelle.

Revue indépendante (la). — Est un journal antérieur à la République, mais a publié en mars 1848 une livraison extraordinaire. Imprimerie Martinet. Cette livraison ne renferme qu'un article intitulé : *Victoires du peuple sur la royauté; Inauguration de la République.* Rédacteur en chef : Pascal Duprat.

Revue mensuelle des intérêts et des faits religieux, — Par une réunion d'ecclésiastiques et d'hommes de lettres (mai 1848); bureaux : quai des Grands-Augustins, 33.

Revue mensuelle, scientifique et littéraire, à l'usage spécial des institutrices, des mères de famille et des jeunes personnes (décembre 1851) — Imprimerie Bailly; bureaux : rue des Beaux-Arts, 5. Directrice : Virginie de Beaufort.

Revue municipale (la). — Journal administratif, historique et littéraire. Recueil de documents relatifs à l'administration et à l'histoire de Paris. Titre encadré. Rédacteur-gérant : Louis-Lazare, employé aux archives de la ville, auteur du *Dictionnaire des rues de Paris* (juin 1848). Bureaux : rue Charlot, 17. — Imprimerie Dondey Dupré.

Revue orientale et algérienne, — Recueil de documents sur l'histoire, la géographie, les religions, les mœurs, les coutumes, la littérature, les sciences, l'agriculture, l'industrie, le commerce des diverses contrées de l'Orient, et sur les intérêts des possessions françaises en Afrique et dans l'Inde, rédigé par des orientalistes, des consuls, des voyageurs et des publicistes (janvier 1852). — Imprimerie Thunot. Chez Gide et Baudry, 5, rue des Petits-Augustins. (Mensuel.)

Revue patriotique, — par Bédarès, franc-maçon, A eu deux numéros en avril 1848. Anti-démocratique. Chez Martinon, rue du Coq-Saint-Honoré, 4, Très-rare.

Revue politique et littéraire du Mois. — Résumé de la presse quotidienne (9 janvier 1849); bureaux : rue du Pon-

céan, 9. — Imprimerie Rousseigue. Rédacteur en chef : N.
Destigny,

— Est-ce le poète de la patrie de Cornel ?...

Revue provinciale. — (15 septembre 1848); bureaux : rue
du Helder, 5. — Imprimerie Proux. Rédacteur : Louis de
Kergollay et Arthur de Gobineau.

Revue rétrospective ou Archives secrètes du dernier gouvernement. Recueil non périodique. Recueil de pièces par
J. Taschereau. Le numéro 1 est de mars 1848, le numéro 31
et dernier a paru le 27 novembre. La revue complète forme
496 pages. Chez Paulin, rue Richelieu, 60. — Imprimerie
Lacrampe. — A excité contre son auteur des colères extrêmement vives.

Revue sociale ou Solution pacifique du problème du
prolétariat (décembre 1849); bureaux : 16, rue des Saints-
Pères. — Imprimerie Gerdes. Rédaction : Jules Leroux, Paul
Rochery, Louis Nétré.

Revue universelle. — Journal de la politique, de la littérature, des arts, des sciences et des tribunaux. Gérant : Jacques; collaborateurs : Ch. Tissot, P. Durange, Paturle, Ren-
nepont, Ornano. Numéro 1, 20 mars 1848; bureaux : rue de
Surène, 29. — Imprimerie Bonaventure. — A cessé sa publication en avril pour la reprendre en juillet 1849; bureaux :
67, rue Richelieu. — Imprimerie Pilloy, à Montmartre.

Robespierre (le). Journal de la réforme sociale. « Le peuple est le seul souverain, les représentants sont ses commis.
Abolition de la peine de mort, abolition de la misère. Liberté,
égalité, fraternité, solidarité, unité » (juin 1848); bureaux provisoire : rue Montesquieu, 9. — Imprimerie Bureau. Signé :
l'un des directeurs-gérants, Marcel Deschamps. Sous le titre
et entre filets, se trouvent ces lignes : « Cette publication est
« une œuvre de dévouement à la cause du peuple ; elle est
« fondée dans le double but de signaler le remède à la misère
« sociale et de dénoncer les *réacteurs* qui endorment le peu-
« ple, et les charlatans ou les faux *démagogues* qui exploitent
« sa bonne foi, en flattent ses préjugés dans un but d'ambi-
« tion égoïste et personnelle. Le *Robespierre* de 1848 ne fait

« lira pas à sa mission; il dénoncera le mal et signalera le
« remède avec la persévérance indomptable et patiente qui
« est l'apanage de sa conviction. » — Le numéro 3 publie
un article fulminant contre Constant Hilbey, à propos de la
saisie du *Journal des Sans-Culottes*. — Il faut voir ça, Mes-
sieurs, Mesdames!...

Rôdeur des Théâtres et des Concerts (le). Janvier 1849.
Bureaux : rue de Crussol, 6. Nous n'en avons plus entendu
parler depuis son numéro spécimen. — Imprimerie Lacombe.

Rôdeur des Théâtres (le). — Programme détaillé des
spectacles (20 mai 1851). — Imprimerie Bureau. — Bureaux:
boulevard Bonne-Nouvelle, 10. Rédacteur en chef : X Fau-
velle.

Rouge (le). Journal de la démocratie et du socialisme
chrétien (octobre 1849); bureaux : rue Jacob, 3; imprimerie V. de Surcy; rédacteur en chef : l'abbé P. Chaulôme. —
Était l'avant courrier du *Drapeau du Peuple*.

Rouge ou Blanc, publié à propos des élections de 1849.
— Sgné : Napoléon Lebon. — Extrait du journal l'*Égalité*,
rue de Cléry. 74, chez Raginel.

Rouges et les Blancs (les). — Janvier 1849. — Canard
peu appétissant. Voici un quatrain de son cru :

> « Le *rouge* dit qu'un blanc, depuis la république,
> Peut se changer en *bleu* sans procédé chimique.
> En revanche l'on peut, sans se dire un Gannal,
> Du rouge, en général, faire un *noir* animal. — »

Ruche de l'arrondissement de Sceaux (la). — Octobre
1849. — Bureaux : chez M. Ory, route d'Orléans, 13, à
Montrouge.

Ruche d'or (la). — Journal de la Compagnie californienne
portant ce nom. (Avril 1850.) Bureaux : 40, rue Notre-Dame-
des-Victoires ; imprimerie Boulé.

A l'heure qu'il est, deux heures un quart du matin, le caissier de la *Ruche....* dort, après avoir *bercé* ses dix-neuf actionnaires !.....

Sagesse d'autrefois (la). — Journal politique, paraissant
de temps en temps (*sic*) (juin 1848). Sans signature; bureaux:
rue de La Harpe, 45. Imprimerie V. de Surcy. Contient un

conte intitulé : le *Maître de l'heure,* dont la moralité est que le temps a son prix et le travail son mérite. — La *Sagesse d'autrefois* est la continuation du *Colporteur.* Les mêmes éditeurs ont publié le *Pilier des tribunaux.*

Salon (le). — Journal des dames de la province et de l'étranger. Guide de l'acheteur à Paris (septembre 1852). Imprimerie Maulde ; bureaux : rue Sainte-Anne, 9.

Saltimbanques (les), Pochades politiques. Vignette : saltimbanques sur leurs tréteaux. (Monarchique), articles satiriques, épigrammes, feuilletons en vers. Gérant : Alexis Gamory. Rédacteurs : P. Poitevin, Emile Mazius. Delcasso (11 juin 1848) ; bureaux : rue Suger, 9. Imprimerie Claye. A été affiché sur papier rose. Après les événements de juin les *Saltimbanques* ont pris le titre de : *le Paysan du Danube.*

Salut public (le). — Journal des principes sociaux et des intérêts de tous. République modérée. Gérant : Brunemaire. Rédacteur : Eug. Loudun. Sans indication de périodicité ni de prix. Numéro 1, 27 février 1848 ; bureaux : pl. de la Bourse, 12. Imp. René.

Salut public (le). Journal quotidien, politique, scientifique et littéraire. Monarchique. Administrateur-gérant : Guérant. Rédacteur en chef : l'abbé Orsini. Collaborateurs : Achille Comte, Ach. Jubinal, Laya, vicomte de Lépine ; bureaux : rue du Bouloy. 24. Imprimerie Boulé. Numéro 1, du 26 mars 1848. A partir du 7 avril, le gérant est : Conrard. Le 1er mai le *Salut public* a changé de titre, et est devenu la *Providence.* — Le numéro de vendredi, 31 mars, a publié un avis dont le sens ne nous paraît pas très-clair. Jusqu'ici nous avions pensé qu'une fois la mise en page d'un journal, donnée par le rédacteur en chef. le metteur en pages n'avait plus à s'occuper de la correspondance *trouvée dans la boîte,* surtout après onze heures du soir ; nous nous étions trompé, à en juger par l'avis suivant du *Salut public :* « On lisait hier en tête de notre journal : Une déviation de la ligne que devait suivre le *Salut public* a pu être remarquée par ses lecteurs ; ce n'était qu'un malentendu ; désormais le journal sera ce qu'il doit être, c'est-à-dire *progressiste républicain.*»
« En vérité, de notre temps, il se passe d'étranges choses, de

ces surprises, de ces malentendus, qui seraient de nature à
nous étonner, si tout cela n'était excusé par le laisser-aller
dans lequel nous vivons. Voilà ce qui s'est passé : Nous avions
à onze heures du soir, terminé notre travail, et nous avions
donné même la note si délicate de l'ordre des matières : tout
était classé; notre feuille était au complet; mais voilà que,
ce matin, en ouvrant paisiblement notre journal, nous lisons
l'avis ci-dessus, puis l'article qui se trouve au dessous. Or,
il faut que nos lecteurs sachent que cet avis, cet article n'ont
pas été rédigés par les écrivains attachés au journal. Cet article, cet avis ont été trouvés dans notre boîte, et imprimés
à notre insu. » — **Nos lecteurs apprécieront.**

Salut public (le). — Deux numéros ont paru, le 1ᵉʳ le 27
février 1848, le second le 28, avec une vignette représentant
une barricade. Rédacteurs : Champfleury, Baudelaire et Tou-
bin. Nous y avons remarqué un article intitulé : *les Châti-*
ments de Dieu, où il n'est question que de l'ex Roi. — Très,
très-rare.

Salut social (le). Moniteur du commerce véridique. Journal des droits de l'homme, rédigé par les opprimés. « A bas
la guillotine politique! A bas la guillotine de la faim! » Rédacteur en chef : le Vieux de la Montagne; premier rédacteur
adjoint : Arthur de Bonnard, gérant. (Couleur communiste.)
L'an d'une ligue de salut social : commerce véridique exercé
au nom et au profit des travailleurs ; bénéfices employés à
l'organisation du travail par l'association. Projet d'épiceries
véridiques, débitant des comestibles sincères, de franches
épices. Numéro 1, du 18 au 21 juin 1848, même numéro, tiré
le lendemain avec la date du 19 au 22 ; numéro 2, 23 juin;
bureaux : rue Brongniart, 1. Imprimerie Proux. — A été affiché sur papier de couleur. Le *Salut social* a cherché à revi-
vre sous le nom de : la *Ligue sociale* qui est devenue le
Progrès social, organe des idées napoléoniennes. Le rédacteur en chef, Arthur de Bonnard, a été en mars président du
club du Salut public, de la rue de la Douane, connu sous la
dénomination de : *Club des épiciers.*

Salut du peuple (le). — Journal de la science sociale (10
décembre 1848) ; bureaux : rue Bords, 4. Imprimerie Mal-

este. — Couleur Cabet. Rédacteur en chef : le citoyen Mallarmet, ouvrier monteur en bronze, délégué du Luxembourg, etc.

Sanguinaire (le). — « Ordre et propriété. Le communisme conduit à l'abrutissement. On ne peut pas mettre trois têtes dans un bonnet. » Antisocialiste ; tendances monarchiques. Directeur : Louis Armand. Collaborateurs : H. P...., Eugène Fourliery. — Un numéro, daté de l'an 1er de la République, publié vers le 22 septembre 1848 ; bureaux : rue des Prouvaires, 38. Imprimerie Juteau. Tirage sur papier rose vif. — Rare. le *Sanguinaire*, mentionné dans le rapport Bauchart comme antérieur à juin, est introuvable.

Sans-Culottes (journal des). — Par le citoyen Constant Hilbey, tailleur. Couleur Blanqui. Numéro 1, 28 mai ; bureaux : rue de La Harpe, 90. Imprimerie Bautruche. Devait reparaître le 1er juin ; n'a reparu que le 4, par suite de l'injonction faite par le procureur de la République à l'imprimeur de ne plus prêter ses presses à ce journal. Devenu le *Journal des Sans-Culottes*. — Singulier titre pour un tailleur...!

Santé publique et privée (la). — Journal utile à tous (22 avril 1849) ; bureaux : rue Saint-Georges, 29. Imprimerie Malteste. Rédacteurs : Dancel et J. Blin.

Santé universelle (la). — Guide médical des familles, des curés de campagne, des instituteurs, des dames de charité et des personnes bienfaisantes (octobre 1851). — Imprimerie Vrayet de Surcy ; bureaux : rue de Grenelle Saint-Germain, 39. Directeur : le docteur Jules Massé ; collaborateurs : les professeurs Récamier, Rostan, Nélaton, etc.

Satires populaires (les). — (juin 1848) ; bureaux : chez Simonnet-Delaguette, rue Sainte-Croix-de-la-Bretonnerie, 52. Signé : A. Jaugey.

Sauve qui veut (le). — (mai 1849). Signé : le citoyen C. Vermasse, dit Maraille. Chez l'auteur, rue Neuve-Sainte-Geneviève, 10. Projet de Caisse universelle démocratique destinée à fournir des fonds aux associations ouvrières. On voit qu'il s'agit, là, de mitraille.

Scorpion politique (le). — Satire sur les événements du

jour, par le citoyen Bouché, de Cluny. **En vers.** République gouvernementale. Numéro 1, 17 juin 1848, numéro 2, daté du 24 juin, tiré le 23, avant l'insurrection. Sans indication de bureau. — Imprimerie Penaud. Assez rare.

Scrutin (le). — Journal des mœurs républicaines. République ardente. Directeur : Eugène Roch ; collaborateur : Claude David, ouvrier mécanicien. Premier tirage, numéro 1, publié le 7 mai 1848; bureaux : boulevard Poissonnière, 12. Imprimerie Chaix. Rare. S'est transformé sous le titre de *les Archives de la République*, qui sont devenues *les Archives du peuple*. Aux approches des élections de juin 1848, le *Scrutin* a repris son premier nom avec le sous-titre de Journal du vote universel.

Séance (la) — N° 1 du 8 mai 1848. Compte rendu satirique de la séance du jour. Guerre aux hommes du *National*. Bureaux : rue Sainte Anne, 55. Imprimerie Brière. Rédacteurs : Auguste Lireux, Louis Lurine. A dater du 10 mai, les bureaux sont rue du Croissant, 16. Imprimerie Lévy.

Secret des Arts (le) — (avril 1850); bureaux : 9, rue Hautefeuille. — Imprimerie Martinet. Rédacteur-fondateur : le docteur Quesneville.

La Seine. — Journal judiciaire de l'arrondissement, pour Paris, Sceaux et Saint-Denis. Commercial et maritime (26 avril 1852). — Imprimerie Simon-Dautreville ; bureaux : boulevard Saint-Martin, 8. Rédacteur : Laloubère; collaborateur : A. Charles.

Seine (la). — Journal commercial et maritime paraissant tous les dimanches (octobre 1852). — Imprimerie Dondey-Dupré; bureaux ; rue Saint-Maur, 18.

Semaine théâtrale — Revue artistique, littéraire et musicale (6 novembre 1851). — Imprimerie Gratiot ; bureaux : rue Vivienne, 7. A vécu peu de temps.
Collaborateurs : Charles Monselet, André Thomas, Champfleury, etc., etc.

Semaine de maître Pierre (la). — Journal des communes de France au XIXe siècle. Bureaux : rue du Faubourg-Mont-

martre, 8. — Imprimerie lithographique de Flonry, rue
Monthyon, 15. Redacteur en chef: Lefebure de Bucy.

Ce journal avait pour epipraphe : « Dieu, la famille et
« la propriété, un chef, des lois, une force publique, le pro-
« grès partout et pour tous. »

Semeur (le). — Journal philosophique et littéraire. Directeur : H. Lutteroth; gérant : Cabanis. Figure à tort parmi
les journaux fondés en 1848. Existait déjà au commencement
du dernier règne; bureaux : place Vendôme, 14, et rue
Rumfort, 8.

Sentinelle de l'agriculture (la). — (Avril 1850); bureaux :
rue de Vaugirard, 32. — Imprimerie Pommeret.

Sentinelle des clubs (la) — (avril 1848); bureaux : rue
des Bons-Enfants, 2. — Imprimerie Malteste. Continuation
de la *Voix des Clubs*. (Voir ee journal).

Sentinelle du peuple (la). — Journal quotidien, politique
et littéraire (27 février 1848); bureaux : rue Croix-des-Petits-
Champs, 33. — Imprimerie Frey. Rédacteur en chef: Charles
Dupressoir.

Sentinelle du peuple (la). — Journal des intérêts nationaux, quotidien, politique et littéraire « La République quand
même! La liberté pour tous! » République ardente. Gérant :
Jules Ladimir. Rédacteur en chef : Ch. Supernant. Collaborateur : H. Mareuille; bureaux : boulevard Saint-Denis, 14.
Imprimerie Juteau. Numéro 1, 20 mars 1848. N'a eu que
douze numéros.

Le 15 avril au matin, la *Sentinelle du peuple* se sentant
mourir, a légué ses abonnés au *Bon sens du peuple*, qui en
a peu profité, son trépas ayant eu lieu aussi dans la même
journée.

Sentinelle républicaine (la) figure à tort sur quelques
listes. C'était un journal publié à Alger par M. Mouginot,
secrétaire du général Cavaignac.

Sybille (la). — (Mars 1848); bureaux : rue du Jour-Saint-
Honoré, 12. Imprimerie Claye. Rédacteur : Bouy. — Rare.
L'exemplaire que nous possédons nous a été vendu 10 cent.
au coin de la rue de Rivoli. Le marchand était monté sur une

chaise, et à l'instar des banquistes, il annonçait des brochures révolutionnaires.

Silhouette (la), illustration pour rire. — Antérieure à 1848, mais a publié depuis la république des caricatures politiques sur bois. Le numéro du 5 mars donnait un récit détaillé des trois journées de février, avec illustration et portraits des membres du gouvernement provisoire. — Couleur monarchique. — Bureaux : rue Feydeau, 23. Imprimerie Brière. Rédacteur en chef : Eugène Pau; collaborateurs : de Bragelonne, Ad. de Balathier, Aug. Vitu, Max de Revel, Gérard de Nerval, etc.

Silhouette des Théâtres (la), — des concerts. bals, courses, fêtes publiques, etc. Bulletin de la Bourse (8 octobre 1841); bureaux : rue Jean-Jacques-Rousseau, 18. Imprimerie Prève.

Slave (le). — Revue périodique, politique, économique et littéraire, organe des intérêts, de l'unité et de l'affranchissement de toutes les nations de la race slave. Rédacteurs : Aug. Barny, Vinceslas Jablonowski Kunaszewski. — Premier numéro-spécimen, 25 août 1848. Chez Julien, rue de Bussy, 6. Imprimerie Julien, au Mans. Le même éditeur a publié en brochure les *Bulletins de la République*.

Socialisme dévoilé (le). — Dialogue entre un socialiste et un bourgeois, par Gust. Biard. Premier dialogue, sans date (15 septembre 1848). République socialiste. Imprimerie Cordier. — Gust. Biard, ouvrier typographe, a encore publié : *Principes constituants propres à servir de base à la Constitution républicaine; Cent avis généraux à l'adresse des hommes de rien*, par un égalitaire. Chez Darby, rue Coquenard, 6. Imprimerie Delanchy.

Socialisme (le) — et la révolution française, par Constant Hilbey (1er novembre 1848). Sans indication de prix ni de périodicité. Imprimerie Baulé.

Socialisme napoléonien (le). — Organe de la ligne démocratique pour l'extinction du paupérisme (janvier 1849); bureaux : rue de Ménars, 12. Imprimerie Prève. Signé : Lefeuvre; collaborateurs : Grandvalet, Junius, Lelièvre, etc.

— était publié avec « l'appui sympathique de M. Pierre Bonaparte. «

Socialiste (le). — Journal de l'égal échange (8 juillet 1849); bureaux : rue Palatine, 4. Imprimerie De Soye. Gérant : J. Tourneux.

Société (la). — Journal mensuel (juillet 1850) ; bureaux : rue du Cherche-Midi, 24. Imprimerie Vrayet de Surcy.

Société fraternelle centrale (la — n'est pas un journal. C'est la reproduction des discours du citoyen Cabet. 16, rue Jean-Jacques Rousseau.

Soir (le). — Bulletin de la journée. Édition complètement inédite (sic). Incolore. Rédacteur en chef : Lefuoll. — Quotidien ; mis sous presse à quatre heures. — Numéros 1 et 2, 10 et 11 avril 1848 ; bureaux : rue Bergère, 9. Imprimerie Chaix. — Rare.

Soirées républicaines (les). — Lectures populaires des familles, par Léo Lespès. — Première soirée : *Histoire d'une Balle perdue*. Sans date (juin 1848). — La deuxième soirée : *le Dernier Garde municipal* ; bureaux : rue Montmartre, 169. Imprimerie Bailly.

Soldat représentant (le). — « Deuxième entretien de Jean Pichu avec son sergent au sujet des élections » (mai 1849). Rue des Bons-Enfants, 1, au bureau de *la Propagande socialiste* — « Nommons des ouvriers, des paysans ou des soldats ; sans cela, ça sera comme si l'on tirait dans un canon de fusil. » (*Textuel*).

Soleil (le). — Journal universel (10 janvier 1849). Prospectus spécimen ; bureaux : 45, faubourg Montmartre. Imprimerie Schneider. Directeur-propriétaire : Dutacq. — M. Dutacq, l'un des administrateurs autrefois du *Siècle*, aujourd'hui du *Pays*, semble avoir la manie des titres. Il a fait à ce sujet une douzaine de déclarations, au moins, au ministère de l'intérieur, et tout cela s'est éclipsé comme son *Soleil*.

Soleil mystique (le). — Journal de la Maçonnerie universelle : sciences, littérature, voyages. — Prospectus paru en novembre 1852. Imprimerie Martinet ; bureaux : rue Richelieu, 92. Rédacteur en chef : Marconis de Nègre.

Soleil du daguerréotype (le). — « Photographie plaquée, papier-verre et collodion ; sciences et beaux arts » (Septembre 1851.) Imprimerie Vinchon ; bureaux : galerie de Valois, 116, au Palais-Royal.—Mensuel.—Directeur·gérant: Legros. — M. Legros est un de nos daguerriens le plus en vogue ; il a une collection précieuse de dessins qu'il a rapportés de Constantinople, et ce sont ces épreuves photographiées qu'il offre en primes à ses abonnés.

Solidarisme (le).—Bulletin spécial et mensuel de la société la *Solidarité du travail* (mars 1850). Bureaux : rue de Choiseul, 22. Imprimerie De Soye.

Solidarité (la).—Bulletin intérieur de la société populaire pour la propagation et la réalisation de la science sociale. (Octobre 1848.) Bureaux : boulevard Saint-Martin , 43. et rue Meslay, 48. Imprimerie Lacombe.— Sous forme de dialogues populaires, par Dameth.

Solidarité (la). — 25 octobre 1849. Bureaux : rue Hautefeuille, 32. Rédacteur en chef : E. Fombertaux.

Solidarité démocratique (la). —Journal mensuel (24 février 1849). Bureaux : chez Sartorius, quai Malaquais, 17. Rédacteur en chef : J. Déplace.

Solution du problème social. — (Avril 1848.) Par P.-J. Proudhon. A été publiée par livraisons, chez Pilhes , rue Croix des-Petits Champs, 9, et chez Guillaumin, 14, rue Richelieu. Imprimerie Proux.

Solutions grammaticales. — Par une société de grammairiens. (Janvier 1851.) Imprimerie Cosse ; bureaux : quai des Augustins, 29. Directeur : J.-B. Prudhomme.

Sorcière (la). — Devait être le titre du journal l'*Avenir* qui, de peur d'être confondu par la police ou par le public avec la *Sorcière républicaine*, a paru sous le titre de l'*Avenir de la France*. (« Haine à l'anarchie. ») — L'*Avenir de la France* n'a pas été composé avec les articles de la *Sorcière républicaine*, comme quelques-uns l'ont prétendu.

Sorcière républicaine (la). — Des affiches ont annoncé l'apparition de la *Sorcière républicaine*, qui devait être publiée le 23 juillet 1848. Plusieurs imprimeurs en refusèrent la copie. Le 22 juillet, parut sans date le nº 1 (unique); mais la police empêcha son émission. — Mêmes couleur, collaborateurs, format et bureau que le *Bohémien de Paris* (voir ce journal). Rédacteur en chef : C. Vermasse, dit *Mitraille*. Imprimerie Marc-Aurel. — Assez rare. — A reparu sous le titre de *M. Pipelet,* qui reproduisait, le 5 août 1848, deux articles de la *Sorcière républicaine* : La Situation et la Conjuration. (« Le monde est une huître, et je l'ouvrirai avec mon épée. ») — A été expédié par ballots dans les provinces. —Tirage sur papier blanc et jaune.

Soupirs et les Larmes (les).—En vers — (juin 1848). « Aux martyrs des prisons » avec des notices biographiques sur les principaux détenus politiques. Imprimerie Bonaventure et Ducessois. Signé : L -F. Coltin.

Souvenir (le). — Revue des modes et des salons (octobre 1849); bureaux : rue Duphot. 12. Imprimerie Belin-Mandar, à Saint-Cloud. Rédacteur : Ch. Warée.

Souvenirs numismatiques — de la *révolution de 1848,* par un membre de l'Institut. Recueil curieux de toutes les monnaies, pièces d'essai, médailles populaires et jetons qui ont paru en France depuis le 22 février. In-4º, publié par livraisons de 4 a 8 pages de texte et de trois planches lithographiées; 50 cent. Les planches représentent environ 500 pièces. — Le texte est une histoire quelque peu satirique de tous les événements survenus depuis le 22 février. (19 octobre 1848). — Couleur de la rue de Poitiers. Dépôt chez J. Rousseau, rue du 24 Février, 31. Imprimerie Duverger; lithographie Vial. — Il y a des exemplaires sur grand papier.

Souveraineté du peuple (la).—République ardente Rédacteur - directeur - gérant : Michelot, dit Jean Juin d'Allas, président du club de la Jeune Montagne, condamné à 5 ans de travaux forcés. Imprimerie Proux. Numéro spécimen, 1er avril ; contient le règlement du club de la Sorbonne. Numéros 2 et 3, les 4 et 8 avril 1848; bureaux : rue Serpente, 10. — Numéro 4, 10 avril. Semblable ; bureaux : rue du Bouloi, 26. Le numéro 5 et dernier nous manque. Le numéro 2 a été tiré sur papier blanc et sur papier vert.

Spartacus (le), — libérateur du peuple. « Justice, travail, indépendance. — Tyrans, disparaissez, votre règne est fini. » République ardente, démocratique et socialiste. Gérant, Barraud, typographe Collaborateur: A. Comet. Deux numéros, 18 et 22 juin 1848; rue de Bailleul, 9. Imprimerie Maulde. — N'a pas survécu aux événements de juin.

Spectateur républicain (le). — Journal du soir et du matin. Couleur Cavaignac. Rédacteur en chef: Louis Jourdan. Collaborateurs : Tax. Delord, Th. Lavallée, Blaise, Barral, N. Parfait. Directeur : Rousset, ancien libraire. Passait a tort pour être patroné par le général Cavaignac. Quotidien le soir et le matin; bureaux : rue Bergère, 19 (ou 27). Imprimerie Chaix. — Numéros 1 à 3, du 29 au 31 juillet 1848; numéros 4 a 34, du 1er au 31 août; numéros 35 à 42, du 1er au 8 septembre. A dater du numéro 9, au plus tard, jusqu'au numéro 39, le *Spectateur* est imprimé chez Schneider, et il ajoute à son titre la devise : « L'union fait la force. » A dater du numéro 13, au plus tard, il n'y a plus qu'une édition du matin, et le *Spectateur* modifie ainsi son sous-titre : « Journal quotidien, politique et littéraire. » Les numéros 40 à 42 sont imprimés chez Lacrampe. A publié presque continuellement des suppléments politiques, littéraires, etc., tels que des proverbes in 4°: *Madame de La Chanterie*, par Balzac (8 p., supplément aux numéros 1 et 2); *Rapport de la Commission d'Enquête*, etc. Les suppléments littéraires ont été réunis en brochure in-folio. — A paru 2 fois le 26 août; les 2 éditions portent chacune le numéro 29. Mort faute de cautionnement. Son rédacteur en chef a pris, avec quelques autres saint-simoniens, la rédaction du *Crédit*. — Il est aujourd'hui un des collaborateurs les plus actifs du *Siècle*.

Spectateur de Londres (le). — Journal politique, philosophique et littéraire. Rédigé, dit-on, par M. Guizot, — qui n'en veut pas convenir. — Publié à Londres, en français. Administrateur : Adolphe Schulze ; secrétaire de la rédaction : Humann. Un numéro tous les samedis, 4 col. Un shelling (1 fr. 25 c). Le numéro 1er est du 1er juillet 1848. Contient une profession de foi curieuse. Bureau : Poland Street, 13. Dépôt à Paris, chez Amyot, rue de la Paix, 6.

Stranger advertiser (the). — Le Conseiller de l'étranger. (18 février 1850). Publié en français et en anglais ; bureaux : 14, rue de Provence. — Imprimerie Pilloy, à Montmartre.

Succès (le). Journal des illustrations dramatiques. Directeur-gérant : Ach. Collin. Collaborateurs : Edouard Martin, H. Bosselet, Chalons d'Argé, Cl. Caraguel, Chamfleury, Ed. Thierry, E. Woeystynn. *Le Petit Caporal*, réduit par la loi du cautionnement à ne paraître qu'une fois par mois, a fondé le *Succès* pour occuper ses loisirs. — Papier satiné. Sans indication de périodicité. Numéro 1, sans date (21 octobre 1848 : bureaux : rue Saint-Louis 46. — Imprimerie Doudley-Dupré. Tirage sur papier blanc et sur papier de plusieurs couleurs.

Suffrage universel — (3 février 1849); bureaux : 37, rue d'Amsterdam. — Imprimerie Bonaventure. Directeur-gérant : Aigoin. — Continuation du *Messager des Campagnes.*

Suffrage universel (le). — Journal des idées démocratiques et sociales (mai 1850); bureaux : rue Richelieu, 102. — Imprimerie Boulé.

Suffrage universel (le). — Journal politique, commercial et littéraire, paraissant tous les samedis à Londres (avril 1852), — Imprimerie Bénard, à Paris. Rédacteur en chef : B. de Valency.

Tablettes européennes — (juin 1849); bureaux : place Louvois, 2. — Cette revue politique et littéraire, qui n'a eu qu'une très-courte existence, a, dit-on, été fondée par un membre du ministère de M. Odilon-Barrot, pour soutenir la politique libérale de l'ancien centre gauche. Gérant : E. Berry.

Tablettes portatives de publicité mutuelle, — brevetées pour quinze ans, S. G. D. G. 9, rue Montmorency. — Imprimerie Soupe (janvier 1851).

Tablettes révolutionnaires, — ou résumé complet de l'Histoire des Français depuis l'ouverture des États-généraux en 1789, jusqu'à nos jours, y compris l'année 1848, par le citoyen Debray aîné. Démocratique. Publié en 60 livraisons (décembre 1848). Chez l'auteur, rue Neuve-Saint-Denis, 25. Imprimerie Lacrampe.

Tablettes des Concerts — (27 janvier 1852). — Imprimerie Simon-Dautreville ; bureaux : rue Boucher, 10. Directeur-fondateur : Lepreux.

Tamtam de 1848 (le). — Revue des théâtres, du commerce et de l'industrie (juin 1848); bureaux : place de la Bourse, 10. — Imprimerie Schneider. Gérant : Ménard.

Tamtam républicain (le). — Vignette de titre. Fondé sous la monarchie sous le nom du *Tamtam*, s'est dédoublé ensuite sous le titre du *Tamtam* et du *Tintamarre*. Bureaux : rue Colbert, 4. — Imprimerie Brière. Rédacteur en chef : Jules Lévy. Gérant : Vaubardun. Collaborateur : Louis Couailhac. S'est intitulé *Tamtam républicain* à dater du 6 mars 1848. Le numéro du 9 s'appelle : *le Tamtam républicain*, organe des clubs. Mêmes gérant, format, bureaux et imprimerie.

Tarentule (la). — « Revue critique des actes sérieux, des utopies, des excentricités et des bévues de nos hommes d'État; Archives curieuses du gouvernement républicain. » Couleur de la rue de Poitiers. Sans signature. Publiée à des époques indéterminées. Numéro 1, sans date (vers le 15 avril 1848), Chez Dutertre, passage Bourg-l'Abbé, 20. — Imprimerie Belin Mandar, à Saint-Cloud.

Télégraphe (le). — Cours de la Bourse, programme des spectacles. Journal quotidien, littéraire, artistique, industriel, financier; le seul donnant, le dimanche, le cours des actions non cotées à la Bourse (6 septembre 1852). — Imprimerie Dubuisson ; bureaux : rue Coq-Héron, 5. Rédacteur en chef : F. d'Hénault. N'a eu que peu de numéros.

Télescope (le). — Journal des intérêts français en Californie (juillet 1850); bureaux : 167, rue Montmartre. — Imprimerie Lacombe.

Le *Télescope*, braqué de tous côtés, n'a rien fait voir de bon aux malheureux intéressés des compagnies californiennes. En regardant du côté de Mazas, on y apercevait certain directeur du quartier Poissonnière !...

Temps (le). — Prospectus-spécimen paru en février 1849. Le premier numéro en mars. Couleur démocratique. Bureaux : rue Chabannais, 5. Imprimé d'abord chez Proux, puis chez

Boulé. Rédacteur en chef: Xavier Durrieu, représentant du peuple. Gérant : P. Suquet. — A publié en feuilletons : les *Mémoires d'un représentant du peuple*, par Albert Blanquet, et des revues dramatiques, très-remarquables, par Achille Denis.

Terme (le). — Journal des locations et ventes de maisons (mars 1849); bureaux : rue d'Alger, 3. Plusieurs abonnés n'ayant pu payer leur *Terme*, le journal a disparu en maudissant les propriétaires.....

Théâtre (le). — Journal de la littérature et des arts ; bureaux : rue Cadet, 16. — Imprimerie Chaix, Rédacteur en chef: Victor Herbin. Gérant : S. Deschamps. Collaborateurs: Audibert, Ch. Mévil, Alb. Masquelier, Ed. Plouvier (Paul Verner) Ad. Schaeffer, S de Sacipière. Th. Labourieu, L. Mansard, Paul Mercier, Henry Gourdin, W. Romand. Le *Théâtre* a aujourd'hui pour rédacteur en chef M. Edouard Fournier, écrivain de mérite et bibliophile distingué. — Continuation du *Journal des Théâtres*.

Thémis. — Satires républicaines en vers, par F. Modelon. République modérée. Le numéro 1 a pour titre : *Au Peuple;* le numéro 2 est intitulé : *La Déchéance. Aux Rois.* Sans date (avant mai 1848). Rue de Seine, 32. — Imprimerie René.

Times french (the) — (avril 1852); bureaux : chez Havas et Lejolivet. — Imprimerie Bousquet, à Boulogne.

Tintamarre (le), journal de presque tout le monde. — Dédoublement du *Tamtam.* Fondé en 1842, hebdomadaire. Paraît les jeudis et dimanches à dater du 11 juin 1848. Républicain ; guerre aux hommes du *National* et à Louis Blanc. Rédacteur directeur-gérant : Commerson. Collaborateurs : Salvador, E. Martin, Furpille; bureaux : place de la Bourse, 10 (*bis*). — Imprimerie Lévy. A pris, dès le 18 juin, le sous-titre de : • blagorama national. • Le *Tintamarre* (non politique) dont les bureaux sont, aujourd'hui, 9 rue de Valois, paraît maintenant tous les dimanches. Ses rédacteurs sont : MM. Commerson, Salvador-Tuffet, E. Vachette, Dalès aîné, Aurélien Scholl, etc. — Imprimerie Chaix.

Tocsin électoral (le) — (mai 1849). Ultra-montagnard;

bureaux : rue Bourg-l'Abbé, 25. Rédacteur : le citoyen Casimir Vermasse, dit Mitraille. Déjà renommé ! Feuille imprimée sur papier rouge, tonnant contre le comité de la rue de Poitiers, qu'il appelle « un tripot où l'on joue la vie du peuple, et une infâme boutique tenue par des brelandiers. »

Tocsin des Électeurs (le), journal démocratique-bonapartiste (janvier 1849); bureaux : rue des Bons-Enfants, 1. Rédacteur en chef : le citoyen Charles Sieurac, professeur licencié.

Tocsin des Travailleurs (le). — République socialiste. Rédacteur-gérant : Émile Barrault, ex-saint-simonien. Collaborateurs : F. Delente, ouvrier; G. Gauny, Désirée Gay. Numéro 1 (1er juin 1848); bureaux : rue du Bouloi, 26. Imprimerie Lacour. Numéro 2 (2 juin). Semblable, format 4 c.; deux pages à trois colonnes. Numéros 3 à 21, du 3 au 21 juin. Semblables. A partir du numéro 22, du 22 juin, il a le sous-titre de « Journal quotidien, » numéros 23 et 24, du 23 au 24 juin. Pendant l'état de siége, le *Tocsin des Travailleurs* a publié un numéro sous le titre de la *Vraie Baie publique*. M. Émile Barrault a aussi fait paraître, à cette époque, une série de lettres contemporaines (voir à son ordre alphabétique).

Toison d'or. — Journal des intérêts californiens (mai 1850); bureaux : 42, rue Richer. — Imprimerie Lacombe. Directeur : Fleury. — Nous avons allumé nos cigarettes avec le papier rose, glacé, des actions de cette compagnie, actions que nous avions reçues en payement d'annonces faites dans le *Mercure universel.*

Transactions (les). — Titre fautif donné aux *Distractions*, par le rapport de la commission d'enquête.

Travail (le). — Journal du travailleur électeur et éligible (24 février). « Union du travail et de la vérité. Ordre, calme, douceur énergique. » Publication de la société des travailleurs-unis, fondée par Édouard Hovël, rédacteur-propriétaire. Collaborateur : Henri Boca. Démocratique et socialiste. Avec une vignette. Hebdomadaire. Numéro 1, daté du 30 mars 1848 au 2 avril; bureaux : rue du Rocher, 6. — Lithographie Mabaut. N'a eu qu'un numéro lithographié. — Assez rare. A reparu imprimé le 9 avril. Mêmes couleur, rédacteur et bureau. Avec une page lithographiée (la République sous les traits d'une sœur de charité). Sans date. — Imprimerie Gerdès. Lithographie Goyer. — Très-rare. Pendant l'état de siége, le *Travail* est devenu l'*Urne électorale*.

La même société des travailleurs-unis a publié depuis un journal qui changeait de titre à chaque numéro, afin d'échapper à la nécessité de fournir un cautionnement. (Voir la *Peine de mort*, le *Baillon*, *Plus de Bourreau* et les *Judas*.

Travail (le). — Véritable organe des intérêts populaires. République démocratique ardente. Collaborateurs : A. Dambel, Baune, Bosson, Chilmann, Dangeliers, J. Dupré, J. Leroux, Armand, Maillard, Raisin, Thomassin. Les dimanches, mardis, jeudis. Numéro 1 spécimen (28 mai 1848). Gérant : Jacques Dupré ; bureaux : rue du Faubourg-Saint-Denis, 56. Imprimerie Soupe. Numéros 2 et 3, 30 et 31 mai ; numéros 4 et 5, les 1er et 4 juin. Semblables. Gérant : Adam Bel (*sic* A. Dambel) Le numéro 2 n'a qu'une page, et porte le sous-titre de : « Véritable organe des intérêts populaires, donnant en entier le compte rendu des travaux du club de la Révolution. « Dieu et l'humanité, droits et devoirs. » Numéros 6 à 8, les 8, 11 et 13 juin. Rédacteur en chef : E. A. Dambel (*sic*), secrétaire du club. — Imprimerie Lacrampe. Numéros 9 à 11, les 14, 18 et 21 juin ; bureaux : rue Saint-Sauveur, 43. Imprimerie Lacrampe. Gérant : J. Dupré. Le numéro 9 contient le projet de réglement du club de la Révolution ; le numéro 11, qui est le dernier, est assez rare.

Ce journal comptait, parmi ses rédacteurs, des compositeurs d'imprimerie, qui travaillaient eux-mêmes à l'exécution matérielle de leur feuille. — Le bureau du club de la Révolution avait pour président Barbès, et pour membres du bureau, A. Raisin, Chilmann, A. Dangeliers, A. Baune, Millière, Kersausie, J. Langlois, Ch. Furet, Dambel, Jouy, etc.

Travail affranchi (le). — (7 janvier 1849) ; bureaux : rue des Saints-Pères, 16. — Imprimerie Poussielgue. Rédacteurs-fondateurs : F. Vidal, A. Toussenel, V. Meunier, L. Gräffin et P. Vinçard.

Travailleur (le). — Journal des associations (mai 1849).

« Échange, vente en gros et en détail de tous les produits de l'industrie parisienne. » Bureaux : rue Ollivier, 8. — Imprimerie De Soye. Rédacteur en chef : J.-J. Danduran.

Le *Travailleur* est encore, dit-on, le titre d'un journal publié en juin 1848, qui aurait eu plusieurs numéros, et aurait changé plusieurs fois de sous-titre. — On confond peut-être ce prétendu *Travailleur* avec le *Travail* d'A. Dambel.

Travailleur (le). — « Idées positives, industrie et annonces. » Sans signature. Fondé par le directeur de l'office de publicité de la rue Grange-Batelière. Républicain. Projet de remplacer le numéraire par l'échange. Les dimanches. Un numéro, 30 avril 1848; bureaux : rue Grange-Batelière, 21. Imprimerie Bautruche. — Rare.

Travailleur libre (le). — Organe spécial des ouvriers des villes et des campagnes. Journal fondé pour la défense des idées socialistes. Couleur de la montagne (juin 1848). Gérant : L. Routinon, typographe. — Très-rare.

Travailleur par la mère Duchêne (le). — Voir *Mère Duchêne*.

Triboulet. — Journal en chansons (janvier 1849); bureaux : 131, rue Montmartre. — Imprimerie Chaix. Rédacteur en chef : Charles Lepage. Il a été publié, dit-on, un autre *Triboulet* le 28 février 1848. — Nous ne l'avons pas rencontré.

Tribun du Peuple (le). — Organe des travailleurs. République démocratique et socialiste. Rédacteur : A. Constant. Collaborateurs : Legallois. M. N. Constant. Sans indication de prix ni de périodicité. Numéros 1 à 4, les 16, 19, 23 et 26 mars 1848; bureaux : chez Delahoche, rue Coquillière, 14. Imprimerie Bureau. — S'est transformé en mai sous le titre de : *la Montagne*.

Les mêmes rédacteurs ont publié, pendant l'état de siége : « Documents pour servir à l'histoire de la Révolution de 1848. « Procès des journées du 15 mai et de juin Détails curieux « sur l'intérieur de la maison de Sobrier. Quatre lettres en « trois numéros, par Léonard Gallois. » République ardente. Dépôt : rue Jean-Jacques-Rousseau, 3. — Imprimerie Pilloy, à Montmartre.

Tribun du Peuple (le). — Journal des révélations politiques, « archives du favoritisme, du cumul et de tous les abus » (juin 1848). Sans indication d'imprimeur ni de bureaux. Signé : le rédacteur en chef : P.-E. Laviron, président du club des hommes de lettres, 3, rue d'Isly.

Tribunal révolutionnaire (le). — « Justice !!! La peine de mort est abolie. » Couleur Blanqui. Rédacteur gérant : Ollivier. Articles supposant l'établissement d'un tribunal révolutionnaire, devant lequel on fait comparaître les hommes d'Etat qui ont commis des attentats contre la France ; condamnations imaginaires prononcées contre Louis-Philippe, ses ministres, Clément Thomas, etc. Les lundis, mercredis, vendredis. Numéros 1 et 2, 21 et 23 juin ; bureaux : rue des Vieux-Augustins, 8. — Imprimerie Boulé. Mort pendant les événements de juin.

Tribune (la). — Voir la *Tribune du Peuple.*

Tribune (la). — Fondée par L. Verberie ; bureaux : rue du Petit-Carreau, 17. N'a point paru. On n'a imprimé que le spécimen en mai 1848.

Tribune (la). — Est aussi le sous-titre de la *Ruche populaire,* premier journal publié exclusivement par des ouvriers. Fondé en décembre 1839. Couleur démocratique et socialiste; bureaux : rue Vieille-du-Temple, 75. — Imprimerie Dondey-Dupré. Gérant : Duquesne. Rédacteur : Coutant, typographe.

Tribune de 1848 (la). — République ardente. Gérant : J. Dupont. Rédacteur : Laberge. Collaborateurs : L. Allemand, F. Champin, O. L***. Numéro 1, du 9 mars 1848 ; bureaux : rue des Boucheries-Saint-Germain, 38. Rédaction : rue de Lille, 38. — Imprimerie Dupont. — Assez rare.

Tribune des Artistes (la). — Journal publié sous les auspices et avec la collaboration de la société libre des Beaux-Arts (juin 1849); bureaux : boulevard Beaumarchais, 55. Imprimerie Dondey-Dupré. Rédacteur-fondateur : A. Jacquemart.

Tribune des Beaux-Arts (la). — Antérieure à 1848. C'était un journal hebdomadaire fort joliment rédigé, par Albert de la Fizelière, Jacques Arago et Ludovic de Marsay (Giraudeau); bureaux : rue des Petites-Ecuries, 47.

Tribune des Employés (la). — Journal hebdomadaire. Gérant : Et. Brun. Rédacteur : Reboux ; bureaux : rue des Martyrs, 60. Numéros 1 et 2, les 3 et 10 avril 1848. Imprimerie Lacrampe. Numéro 3, 17 avril ; imprimerie Pilloy, à Montmartre. — Est devenu la *Tribune des Employés* de l'État, de l'industrie et du commerce.

Tribune des Femmes (la). — Journal des besoins, des droits et des devoirs de tous et de toutes, a été projeté en mars 1848, par la société pour l'Émancipation des Femmes ; bureaux provisoires : rue de Provence, 61. Fondateur : le docteur Malatier. — Il a paru un prospectus imprimé chez Guyot.

Tribune des Lettres (la). « appel à la jeunesse littéraire » (15 octobre 1852). — Imprimerie Gerdès ; bureaux : rue Joubert, 17. — Bi-mensuel. Rédacteur-gérant : Léonce Dupont. Collaborateurs : Gaston Robert de Salles, Emile Deschamps, Montalant, etc.

Tribune des Peuples (la). — Journal quotidien. Numéro 1 du 15 mars 1849 ; bureaux : rue Neuve-des-Bons-Enfants, 7. — Imprimerie Chaix, Démocratique. Rédacteur en chef : Mickiewicz, professeur au collège de France. Gérant : Eugène Carpentier. Collaborateur : André Calay.

La *Tribune des Peuples* a été suspendue par arrêté du pouvoir exécutif du 16 mai 1849.

Tribune des Réformes (la). — Solidarité universelle. Pondération des prospérités. Suite des publications du *Curateur général*, éditée par l'administration du *Curateur des Assurances*. Mobilisation de la propriété. Rédacteur en chef : Ledoux Riche. Numéro spécimen, sans date (fin avril 1848) ; bureaux : rue Portefoin, 14. — Imprimerie Chaix.

Tribune des Sans-Culottes (la). — Titre fantif donné au journal des Sans-Culottes, par l'historien des *Murs de Paris*.

Tribune du Peuple (la). — Journal d'éducation nouvelle. Résumé des nouvelles et des questions importantes de la semaine. Monarchique. Rédacteur en chef : Benjamin Laroche. Directeur-gérant : J. D. Giraldon. Collaborateurs : O'Reilly, Deschapelles. Ce journal a changé de sous-titre de la façon la plus capricieuse. Devait d'abord paraître tous les dimanches; plus tard, il se résolut à paraître quotidiennement. Le numéro du dimanche se distinguait d'abord des autres par son numéro d'ordre figuré en chiffres romains. Plus tard, il s'établit quelque confusion entre les chiffres romains et les chiffres arabes, qui se substituèrent indifféremment les uns aux autres. Période hebdomadaire. Numéro 1 du 30 avril 1848; période quotidienne, numéro 1 du 16 mai 1848. — Imprimerie Schneider. Prend, à dater du 17 mai, le titre de : *Tribune nationale*. (Édition du matin.) Une édition du soir a aussi paru le 16 à onze heures. Signé : Laroche. Reprend, le 21 mai, le titre de la *Tribune*, journal de l'ordre et de la liberté. Le numéro 7 s'appelle la *Tribune de 1848*; le numéro 19, la *Tribune de la Liberté*; le numéro 26 étale fièrement son titre de *la Tribune*, purement et simplement. — Imprimerie Schneider, et son dernier numéro, du 24 juin, est imprimé chez Boulé. — Collection rare.

Tribune agricole (a). — Journal des intérêts du sol français, paraissant une fois par semaine. — Imprimerie Dubuisson; bureaux : rue Montmartre, 18. Rédacteur en chef : T. Dinocourt.

Tribune chronométrique (la). — Journal consacré aux intérêts et à l'instruction professionnelle des membres de la corporation des horlogers (janvier 1851). — Imprimerie Plon; bureaux : rue du Pont-de-Lodi, 5. Directeur-rédacteur en chef: Pierre Dubois.

Tribune publique (la), journal de tout le monde. Organe spécial des pétitionnaires. Politique et quotidien. N'a paru que le prospectus en novembre 1851. — Imprimerie Guiraudet; bureaux : passage Jouffroy, 26.

Tribune nationale (la). — Organe des intérêts de tous les citoyens. République ardente, démocratique et socialiste. Collaborateurs : Alph. Esquiros, Jules Schmeltz. Numéro 1, spécimen, 12 mars 1848. Une colonne attenant à la troisième page, contient un appel aux instituteurs communaux de France. Signé : J. Schmeltz; bureaux : rue Montorgueil, 65. — Imprimerie Chaix. A changé de couleur et de rédacteurs le 29 mai. Rédacteur en chef : Combarel. Administrateur :

Cajani. Collaborateurs : B**********, J. Schmeltz. Tendances monarchiques. Sans numéro d'ordre (29 mai et 1er juin 1848); bureaux : rue de la Madeleine, 51. — Imprimerie Blondeau. Numéro 1, 3 juin. Semblable au précédent. — Imprimerie Lacour.

Tribune parisienne (la). — Journal des intérêts populaires. Républicain, tendances socialistes. Rédacteur en chef: Aug. Brugiliole. Numéro 1, 19 avril 1848 ; bureaux: rue Neuve-Saint-Augustin, 11. — Imprimerie Frey.

Tribune populaire (la). — République démocratique et socialiste. Gérant : A. Sarrazin de Montferrier. Redacteur en chef : L. Ménier. Administrateur : Denain. Numéro 1, 26 avril 1848. Autres numéros, les derniers, 27, 28 et 29 avril. Sans numéro d'ordre; bureaux : rue Bergère, 27. — Imprimerie Brière.

Tribune universelle (la). — (Octobre 1850); bureaux : faubourg Montmartre, 31. — Imprimerie Penaud.

Triomphe du Peuple (le). — Journal hebdomadaire. Couleur de *la Presse.* Rédacteur-propriétaire : Amédée de Cesena. Un numéro, 16 avril 1848. Au bureau central des Crieurs publics, rue de la Harpe, 45. — Imprimerie Chaix. Ra e.

Union (l'). (France, Quotidienne, Echo français.) C'est l'ancienne *Union monarchique* qui a supprimé son sous titre en mars. Ce journal est le résultat de la fusion de trois journaux légitimistes. Propriétaire-gérant : Mac-Sheehy ; rédacteur en chef : Laurentie; bureaux : rue du Bouloi, 4. Imprimerie Proux. Imprimé aujourd'hui chez Poussielgue, rue Croix-des-Petits-Champs, 29.

Union de la Presse républicaine (l'). — (Mai 1848); bureaux : 21, rue du Croissant. Imprimerie Lange-Lévy. Rédacteur en chef : Napoléon Gallois.

Union des Propriétaires (l'). — Journal général des locations (février 1851). Imprimerie Brière; bureaux : rue Montmartre, 148.

Ce journal, spécialement consacré aux propriétaires pour la publication des non-valeurs locatives de toute nature, est distribué gratuitement dans les principaux cafés, cabinets de lecture, etc., etc.

Union démocratique (l'). — (21 mars 1848). Petite feuille autographiee sans indication d'imprimeur ni d'adresse. Con tient un article signé H..., une profession de foi littéraire signée E.-G. D.., et un feuilleton de L. Jules d'O***. — Rare.

Union israélite. (l'). — (Mars 1848); bureaux : rue des Marais, 48. Rédacteur : Bloch.

Union littéraire (l'). — Moniteur universel des lettres et des sciences. «A tous les écrivains, à tous les amis des lettres.» Prospectus, décembre 1852; bureaux : rue Saint-Dominique, 26. Imprimerie Guiraudet. Signé : Eugène Hatin.

Union médicale (l'). — Journal des intérêts scientifiques et pratiques, moraux et professionnels du corps médical (janvier 1851). imprimerie Malteste: bureaux rue du Faubourg-Montmartre, 56. Rédacteur en chef : le Dr Amédée Latour.

Union sociale (l'). — Journal des travailleurs (janvier 1849). Spécimen sans importance. Bureaux : cour des Miracles, 9. Imprimerie Blondeau.

Union sociale (l'). — Journal hebdomadaire illustré (avril 1849) ; bureaux : rue Richelieu, 60. Imprimerie Plon. Dir c- teurs : Paulin et Lechevalier. Cette publication etait patronée par le comité de la rue de Poitiers.

Unitaire (l'). — Revue du peuple (février 1850) ; bureaux: rue de Seine, 71. Imprimerie Guiraudet.

Unité nationale (l'). — Organe des intérêts démocratiques (mai 1848); bureaux : rue Notre-Dame-des-Victoires, 34. Gérant : J.-E. Bérard.

Unité nationale (l'). — Courrier de la Chambre (publié sous le patronage d'une réunion de représentants). Couleur de la réunion de la rue de Poitiers. Gérant : Domercq ; bureaux : rue de Chartres, 12. Imprimerie Schneider (27 juillet 1848). Voir pour plus de détails les métamorphoses de la *Gazette de France.*

Univers israélite (l'). — Journal des intérêts conserva-

11.

teurs du judaïsme (septembre 1849). Continuation de l'*Union israélite.*

Universel (l').— Journal général (février 1849) ; bureaux : faubourg Montmartre, 43. Imprimerie Schneider. Gérant : Dutacq. — Il n'a été publié que le prospectus. — Encore un !

Universel (l'). — Journal du dimanche (août 1849) ; bureaux : rue de Seine, 6. Imprimerie F. Didot. Rédacteur en chef : W. Duckett ; gérant : A. Lainé.

Urne électorale (l').— , Élections sincères, union, dévouement par Guinet, Delclergues et Ed. Houël. République démocratique et socialiste. Sans date (vers le 15 septembre 1848). Sans numéro d'ordre ni indication de périodicité. Dépôt rue Feydeau, 3. Imprimerie Dondey-Dupré. Extrêmement rare. — Ce journal, tiré à 6,000 exemplaires, n'a jamais été livré au public. Il contient un article de nature à contrarier vivement un abbé légitimiste, qui a trouvé moyen, dit-on, d'empêcher l'*Urne électorale* de paraître. Publié par les éditeurs du *Travail* pendant l'état de siége. A été remplacé par la *Peine de mort.*

Urne électorale (l'). — Conseils aux démocrates socialistes (mai 1849). Signé : E. Courtois. 11, rue Sainte-Barbe. Collaborateur : H. Piaud.

Veillée (la). — Lectures du coin du feu (15 janvier 1850); bureaux : place de la Bourse, 40. Imprimerie Schiller.

Veillée pittoresque (la). — Musée encyclopédique illustré (février 1850); bureaux : 40, rue Notre-Dame-des-Victoires. Imprimerie Blondeau.

Veillées du Peuple (les). — Journal mensuel de la démocratie pacifique (novembre 1849); bureaux : rue Mazarine, 7. Imprimerie Dépée, à Sceaux. Saisies le 4 décembre 1849.

Véritable République (la). — Journal quotidien (avril 1848); bureaux : faubourg Montmartre, 15. Imprimerie Cordier. A eu trois numéros. Collaborateurs : Ch. Desolmes, Victor Combet, Ph. Compainville. — Le numéro 1 est fort rare.

Vérité (la). — Journal des intérêts du peuple. Couleur républicaine. Gérant : Jules Bordot (numéro 1, 3 mars 1848); bureaux : rue d'Erfurth, 1, et chez Havard, rue des Mathurins Saint-Jacques, 24. Imprimerie Schneider. Une semaine plus tard, *la Vérité* se transforme en un *Père Duchêne, ancien fabricant de fourneaux*, qui lui-même redevint en juillet *la Vérité*, pour ressusciter en décembre *Père Duchêne*. Mais comme ces deux journaux n'eurent plus en partie la même rédaction et qu'ils suivirent une autre fortune, nous renverrons le lecteur à l'article du *Père Duchêne, ancien fabricant de fourneaux*.

Vérité (la) — Journal des vrais intérêts du peuple (1 juillet 1848). Couleur de la montagne. Bureaux : rue Grange-Batelière, 24. Imprimerie Schneyder. Gérant ; Jules Bordot. Pendant l'état de siége, le *Père Duchêne, fabricant de fourneaux*, avait pris ce titre.

Vérité (la). — Journal des intérêts israélites (17 avril 1848); bureaux : rue des Petites-Écuries, 6. Imprimerie Appert. Rédacteur-gérant : A. Créhange (non Cahaigne comme l'a indiqué l'historien de la *Revue critique* des journaux de 1848. — Continuateur des journaux l'*Union israélite* et la *Paix*. L'avis aux lecteurs du premier numéro est signé Ben-Baruch.

Vérité (la). — Feuille mensuelle illustrée de la religion socialiste. (octobre 1849); bureaux ; rue Coq-Héron, 3. Imprimerie Prévo. Rédacteur-gérant: Pinto, auteur du *Libertisme*. La première page de ce pamphlet est illustrée et représente deux globes. Sur le premier, sont trois prêtres avec des chapeaux à cornes ; sur l'autre, M. Thiers, costumé en empereur, et coiffé d'une mitre.

Le rédacteur de cette feuille, qui signe Cavalier Pinto, est un libraire-éditeur, ayant nom Pinto, rue Sainte-Anne, 8. Il fait partie de la Société des Gens de Lettres.

Vérité (la). — Journal des arts, des modes et de l'industrie. (Novembre 1850); bureaux: boulevard Bonne-Nouvelle, 11. Imprimerie Guillois.

Vérité (la). — Journal littéraire, commercial, industriel, artistique, agricole et d'annonces, paraissant tous les dimanches. (8 avril 1852)); bureaux: Cour des Fontaines, 7. Imprimerie Poussielgue. — Directeur-fondateur: Besan de Bracon, agent d'affaires.

Vérité démocratique (la). — Exposé et application des principes de la vraie démocratie à l'amélioration du sort des ouvriers et à l'organisation réelle du travail. (« *Rien n'est beau que le vrai* »). (Mars 1848); bureaux: rue Thévenot, 20. Imprimerie Lacrampe. Rédacteur: A. Warrin. — Très rare.

Vérité sans chemise (la). — « Revue mensuelle, par un franc Gaulois. » (Mars 1849); bureaux: boulevard Poissonnière, 26. Imprimerie Lacombe. — Signataire: Gibory. — Canard omnicolore, mort des sa naissance.

Vert-Vert. — Messager des théâtres (Edition programme, avril 1850); bureaux: 13, rue Grange-Batelière, imprimerie Aubusson.

Vie à bon marché (la). — Moniteur du progrès. Journal de tous les intérêts matériels. (6 janvier 1852); bureaux: rue Richer, 42. Imprimerie Lange Lévy.

Vie des champs (la). — Journal du propriétaire et du fermier (15 novembre 1852); bureaux: 10, rue de Varennes, faubourg Saint Germain. Imprimerie Vrayet de Surcy. Directeur gérant: E. Jacquemin; collaborateurs: E. de Gracia; H. Seitz; Siémens; Kornas; Komerelle, cultivateur; de Sarca, négociant. — Ce journal offre en prime à ses abonnés un *herbier portatif* des plantes agricoles, avec les graines de celles dont il importe le plus de propager la culture; le tout contenu dans une boîte élégante, pouvant se placer dans une bibliothèque. — Pour 12 francs par an, c'est prodigieux !

La vie, la mort, et la résurrection du père Duchêne. — Notice historique sur Hébert. (Décembre 1848) : dépôt, rue du Cadran, 24. Imprimerie Boulé. — Signé: Thurot.

Vieux cordelier (le). — Drapeau du peuple. — « Fraternité, égalité, liberté. » (Du 10 mai 1848); bureaux : place de l'Ecole, 16, et rue Git-le-Cœur, 4. Imprimerie Frey. Gérant: Lardet

Vieux cordelier de 1848 (le). — Gazette de la révolution sociale. (18 mai 1848).— « Maintien de la famille et de la propriété; abolition de l'exploitation de l'homme par l'homme; organisation du travail par l'association; sainte alliance des peuples. Liberté, égalité, fraternité, solidarité, unité. »

Vieux père Grégoire (le). — Sages conseils offerts au peuple par un franc Jacobin. (mai 1849). — Son premier-Paris débute ainsi : « Bon Dieu de bois, camarade, qu'est-ce que ce ragot, ce tripotage, cette bouteille à l'encre ? Où donc allons-nous ?... fichtre ! du cœur, du courage, de l'énergie et du calme, car l'heure n'est point encore venue. » — Le reste est à l'avenant et ne vaut pas la peine d'être cité. — Le *vieux père Grégoire*, dans ses sages conseils, parle un peu trop du « royaume des taupes. » — Puisqu'il y est, lui, et pour jamais, que la terre lui soit légère ! !...

Vieux père Grégoire (le). — Journal mensuel, politique, critique et charivarique. (Juin 1849); bureaux: rue des Filles-Dieu, 21. Imprimerie Blondeau. — Que diable, cet autre *père Grégoire* allait il faire dans ce bouge infecte qu'on appelle, je ne sais pourquoi, la rue des Filles Dieu ! franchement, il avait là de bien ignobles voisines, dont son langage se ressentait un peu trop !.....

Vigilant (le). — Journal du cinquième arrondissement. Politique, charivarique, administratif, littéraire, artistique, scientifique et local (avril 1849); bureaux : 44, rue de Bondy. Imprimerie Lacombe. Rédacteur en chef: Albert Blanquet.

Ville de Paris (la) — (novembre 1850); bureaux : rue Bourbon-Villeneuve, 48. — Imprimerie Lacombe. Il n'a paru que le prospectus.

Vingt-quatre Février (le). — Journal de la République démocratique et des réformes sociales. « Liberté, égalité, fraternité, solidarité, unité; réforme politique, réforme économique, réforme administrative, réforme financière, réforme judiciaire. » Agriculture, industrie, commerce, chemins de fer, associations ouvrières. Bureaux : rue des Champs-Elysées, 13, et rue Saint-Georges, 56. — Imprimerie Lange-Lévy. Rédacteur en chef : Barillon. Collaborateur : Aristide Ollivier.

Voix de la République (la). — Némésis de 1848 (septembre 1848); bureaux : rue Michel-le-Comte, 13. — Imprimerie Lacombe. Signé : V. de Féréal.

Voix de Dieu et du Peuple sensé (la). — Février 1850; bureaux : rue d'Isly, 6. — Imprimerie Guyot. — Canard sauvage et indigeste.

Voix de l'Église (la). — Antérieure à 1848. mais devenue politique en août; bureaux : Grande Chaussée-d'Orléans, 13, à Montrouge. — Imprimerie Migne. Directeurs-rédacteurs : les abbés Couchoud, Mathieu et André.

Voix des Artistes (la) — Journal du comité central des Artistes; peinture, sculpture, architecture, gravure, archéologie, littérature, musique, art dramatique (15 août 1849); bureaux : place du Louvre, 20. — Imprimerie Pilloy, à Montmartre. Rédacteur en chef : d'abord, Albert de la Fizelière; puis, Paul Justus.

Voix des Clubs (la). — Journal quotidien des assemblées populaires (11 mars 1848); bureaux : rue des Bons-Enfants, 2. Imprimerie Malteste. Rédacteur en chef : Gustave Robert. Gérant : Seyert. Collaborateurs : Garay de Montglave et René Didier.

Voix des Femmes (la). — Journal quotidien, socialiste et politique. Organe des intérêts de toutes (20 mars 1848); bureaux : rue Neuve-Trévise, 8. — Imprimerie Delacombe. Directeur : Eugène Niboyet. Collaborateurs : J.-B. Junius, Eugène Niboyet, Jules de Saint-Félix, Hermance Lesguillou, Pierre Lachambeaudie, A. Constant, etc.

Voix des Instituteurs (la). — Tribune de l'instruction primaire (avril 1848); bureaux : place Saint Sulpice, 4. Imprimerie Renard. Rédacteur-gérant : Chabrol.

Voix du Peuple (la). — Numéro spécimen du 25 septembre 1849. Annonce que son cautionnement a été déposé au trésor, et que le journal paraîtra régulièrement à partir du lundi 1er octobre, à la réouverture de l'Assemblée législative; bureaux : rue Coq-Héron, 5. — Imprimerie Boulé. Gérant : P. Langrand. Le numéro 1 est publié le lundi 1er octobre. Mêmes bureaux, gérant et imprimerie. Contient une lettre de P.-J. Proudhon, à ses anciens collaborateurs, datée de Sainte-

Pélagie, le 30 septembre ; elle se termine ainsi : « Je vous
« dirai comme ce général à ses soldats : Si j'avance, suivez-
« moi ; si je recule, tuez-moi ; si je meurs, vengez-moi. »
Les numéros sont tous semblables jusqu'au 223ᵉ et dernier,
du 16 mai 1850.

Saisies de la *Voix du Peuple* : les 7, 14 et 28 février 1850 ;
15 mars ; 7, 8, 19 et 27 avril. Condamnations : le 20 mai
1850, à huit mois de prison et 2,000 francs d'amende ; le 28,
à dix mois de prison et 3,000 francs d'amende ; le 8 juin, à
six mois de prison et 3,000 francs d'amende. Le 15 avril, un
arrêt de la Cour d'assises de Versailles condamne le gérant,
P. Laugrand, à deux ans de prison et à 5,000 francs d'amende.
— La collection réunie du *Représentant du Peuple*, du *Peuple*
et de la *Voix du Peu le*, est fort recherchée.

Voix du Peuple (la). — Nouvelles du soir. Journal politique (26 février 1848) ; bureaux : rue Croix-des-Petits-
Champs, 33. — Imprimerie Frey. Gérant : Demonu. — Se
criait dans les rues de neuf heures du soir à minuit. L'édition
du matin a paru a dater du 28. Mêmes bureaux, imprimerie
et gérant.

Voix du Peuple libre (la), souverain et progressif. (21 mars
1818) ; bureaux : rue de la Jussienne, 22. — Imprimerie Malteste. Gérant : Landom. Rédacteur en chef : E. Muller.

Ce journal s'avouait « l'Organe du club-lycée des proléta-
taires. Parole de vérité salutaire, agent d'organisation et
d'unification, contenant la l'autosofie patriotique par la
parole. » Très-rare.

Vote universel (le). — Organe populaire des intérêts moraux et matériels de la France (mars 1819) ; bureaux : rue
Sainte-Anne, 55. — N'a paru qu'un prospectus.

Vote universel (le). — Journal démocratique quotidien
(14 novembre 1850) ; bureaux : rue Jean Jacques-Rousseau, 3.
Imprimerie Lambert. Directeur : Jacques Brive, représentant
du peuple. Couleur de la montagne.

Volcan (le). — par la citoyenne Sans-Peur. « Organisation
du travail, juste répartition de la richesse, guerre au despotisme, quel que soit son masque. » République ardente, démocratique et sociale. Rédacteur : Dassignac. Collaborateurs :

P. Véry, Armand Comet, Claude Genoux (15 juin 1848), bureaux : rue Boucher, 3. — Imprimerie Bonaventure.

Voyageur (le). — Cette feuille, qui était toute commerciale avant 1848, a traité, depuis, des matières politiques; bureaux : place de la Bourse, 27. — Imprimerie Brière. Rédacteur en chef : W. Froutin. Collaborateur : A. Warnery.

Voyant de 1848 (le). — Echo des temps passés, présents et futurs (octobre 1848); bureaux : rue de Cléry, 51. Imprimerie Juteau, Signé : Vileroy.

Voyant pourvoyeur de travail (le). — Moniteur des ateliers et bulletin des travailleurs (novembre 1849); bureaux : rue de la Cité, 45. Imprimerie de Mme veuve Stahl. Gérant : E Raymond; collaborateur: M. J. Hotteville, directeur de l'institution de Saint-Gervais.

Vrai catholique (le). — Journal de la réforme politique et sociale (novembre 1849); bureaux : rue du Faubourg-Saint-Denis, 15. Imprimerie Lacombe. Directeur-gérant : Elisée Lecomte, ancien rédacteur du *Journal de Genève* et du *Réveil de l'Ain*; collaborateurs : Francisque Bouvet et Mlle C. de P***.

Vrai démocrate (le). — Revue du mois, politique, religieuse, industrielle et agricole (novembre 1849); bureaux : 14, rue Mandar. Imprimerie Lacour.

Vrai Gamin de Paris (le). — « On s'abonne sur les quais, sur les boulevards, à Paris, à Pontoise, à Sampico (îles Sandwich). Affranchir. » Le numéro 2 du *Gamin de Paris* a paru le 9 juin 1848 avec ce titre. Vignette : un gamin jouant au piquet avec un roi; bureaux : rue Saint-Louis, 46. Imprimerie Dondey-Dupré. Rédacteur gérant : Edouard Martin. Le numéro 3 a paru le 11 juin, et le 15 le *Vrai Gamin de Paris* s'est transformé en *Petit Caporal* (voir ce journal).

Vrai Garde national (le). — (Juin 1848) ; bureaux : rue Dauphine, 25, Rédacteur en chef: Hilaire Bonafous, « grenadier de la 11e légion. » Imprimerie Wittersheim.

Il terminait ainsi son premier article adressé aux ouvriers:

« Voyons au moins ce qu'ils ont fait pour nous, ces flatteurs du peuple; au nom de la liberté, ils vous ont lancés dans une anarchie qu'ils espèrent exploiter ; au nom de l'égalité ils vous parquent comme des troupeaux a qui on donne chaque jour le vivre et le couvert ; quant a la fraternité, elle n'a pas place ici. Pour organiser le travail, ils ont fermé les ateliers ; mais l'égalité, ils vous l'ont donnée... oui, l'égalité de la misère.»

Vrai Père Duchêne de 1848 (le). — Journal des classes ouvrières (20 mai 1848) ; bureaux : rue du Bouloi, 19. Gérant : Camille Barrabé. Imprimerie Chaix. Couleur démocratique et socialiste.

Vraie Démocratie (la). — Titre fautif donné au *Vrai Démocrate.*

Vraie Liberté (la). — Propectus paru en juillet 1848 ; bureaux : rue Bergère, 8. Imprimerie Chaix. Gérant : Datacq.

Vraie Publicité (la). — Moniteur du commerce et de l'industrie (7 mars 1852) ; bureaux : rue Lepelletier, 21. Imprimerie Poussielgue. Propriétaire : Chamarante ; administrateur-gérant : Viacroze, chargé du compte rendu des théâtres : Jules Frey. Collaborateur : Henry Izombard. —Publie chaque soir le programme des spectacles.

Vraie Raie publique (la). — Un numéro sans date. Publié le 1er août, par les rédacteurs du *Tocsin des Travailleurs,* pendant la suppression de la *Vraie République.* Contient un songe allégorique à l'avantage du socialisme. Bureaux : rue du Bouloi, 26. Imprimerie Boulé. Gérant : L. Paillot ; rédacteurs : Emile Barrault et Delente.

Vraie République (la). — (26 mars 1848) ; bureaux : rue Coquillère, 12 *bis.* Rédacteur en chef : le citoyen Thoré ; collaborateurs : Pierre Leroux, Georges Sand et Barbès ; administrateur : Bianchi. Est devenue le *Journal de la Vraie République.* Imprimerie Bureau.

Zéphyr (le). — Bagatelle à la main, dédiée aux dames (avril 1848) ; bureaux : rue Saint-Louis, 21. Imprimerie Dondey. — Ayant la forme et l'utilité d'un écran, imprimé sur papier tres-fort, dentelé et destiné à recevoir un manche. — Est devenu l'*Éventail.* Rédacteur : Christian.—Mais qu'en sortait-il souvent?... du vent!.....

Zorze (l'*Aurore*). — Éphémérides politiques et scientifiqués. — En Polónais. — Prospectus, 24 mai 1848 : numéro 1, du 8 juillet ; bureaux : passage Dauphine, 10. Imprimerie Martinet.

Le prospectus a été imprimé lithographiquement chez Palluet.

— Et c'est ainsi que finit l'histoire... du journalisme parisien depuis 1848.

Henry IZAMBARD.

PRESSE DÉPARTEMENTALE

ABBEVILLE, *Pilote, Abbevillois.* — AGEN, *Journal de Lot-et-Garonne, Conciliateur, Mémorial.* — AIRE, *Vérité.* — AIX, *Mémorial, Provence, Écho.* — AJACCIO, *Insulaire, J. de la Corse.* — ALAIS, *Écho, Mémorial.* — ALBI, *J. du Tarn, Union.* — ALENÇON, *J. d'Alençon, Nouvelliste.* — AMBERT, *Écho, Mémorial.* — AMIENS, *Ami de l'Ordre, Mémorial, Petites-Affiches, Publicateur.* — ANCENIS, *Colibri.* — ANGERS, *J. de Maine-et-Loire, Union.* — ANGOULÊME, *Gazette, Charentais, Suffrage, Conciliation.* — APT, *Mercure.* — ARBOIS, *Echo du Jura.* — ARCIS-SUR-AUBE, *Écho.* — ARLES, *Courrier, Publicateur.* — ARRAS, *Courrier, Progrès, Liberté.* — AUBUSSON, *Mémorial.* — AUCH, *Courrier, Ami.* — AURILLAC, *Écho, Revue.* — AUTUN, *National.* — AUXERRE, *Union, Constitution, Yonne.* — AUXONNE, *Voix.* — AVESNES, *Observateur.* — AVIGNON, *Commerce, Mémorial.* — AVRANCHES, *J. d'Avranches.* — BARBÉZIEUX, *Narrateur.* — BAR-LE-DUC, *Echo, Patriote, Démocrate.* — BAR-SUR-AUBE, *Mémorial.* — BAR-SUR-SEINE, *Petit-Courrier.* — BAGNÈRES-DE-BIGORRE, *Bagnétais, l'Echo.* — BASTIA, *Ère, Progressif.* — BAYEUX, *Indicateur, l'Ordre, l'Echo.* — BAYONNE, *Messager, Courrier.* — BEAUNE, *Tribune.* — BEAUPRÉAU, *Echo.* — BEAUVAIS,

Bien public, J. de l'Oise, l'Ami de l'Ordre. — Belfort, J. de Belfort. — Bergerac, J. de Bergerac. — Besançon, Feuille hebdomadaire, Union, Feuille, Impartial. — Béthune, Revue, J. de Béthune. — Béziers, Hebdomadaire, Propriété, J. de Béziers, Indicateur. — Blaye, Espérance. — Blois, J. de Loir-et-Cher. — Bolbec, J. de Bolbec. — Bordeaux, Courrier, Guyenne, Indicateur, Petites-Affiches, Loyd Bordelais, Mémorial. — Boulogne-sur-Mer, Gazette, Nouvelliste, Impartial, Colonne, Télégraphe. — Bourbonne-les-Bains, Progrès. — Bourg, Courrier, J. de Bourg. — Bourganeuf, Chercheur. — Bourges, Droit commun, J. du Cher, Courrier. — Brest, Armoricain, Océan, Droit national, Courrier, — Brives, Echo, Progrès. — Brioude, J. de Brioude. — Caen, Intérêt, Pilote, Ordre. — Cahors, Industriel, Courrier du Lot. — Calais, Industriel, J. de Calais. — Cambrai, Gazette, l'Industriel. — Carcassonne, Echo, Conciliateur, Fraternité. — Carpentras, Echo, Indicateur, Conciliateur. — Cassel, Observateur. — Castelnaudary, Abeille, Echo, Ami. — Castel-Sarrazin, Messager, Journal hebdomadaire. — Castres, J. de Castres — Cateau, J. du Cateau. — Chalons-sur-Marne, J. de la Marne, le Progrès. — Chalon-sur-Saone, Courrier, Patriote. — Charleville, Vérité. — Charolles, Echo, J. de Charolles, — Chartres, J. de Chartres, Abeille. — Chateaudun, Echo. — Chateaubriant, Bourgmestre. — Chateaulin, Echo. — Chateauroux, J. de Chateauroux, Moniteur, Messager, Travailleur, le Conciliateur. — Chateau-Thierry, Réforme, Echo. — Chatillon-sur-Seine, Châtillonnais. — Chatellerault, Echo, Progrès, l'ienne. — Chaumont, Bien public, Echo, Union. — Chauny, Nouvelliste. — Cherbourg, J. de Cherbourg, Phare. — Chinon, J. de Chinon. — Chollet, Petites-Affiches. — Civray, J. littéraire, Echo de la Vienne. — Clermont-Ferrand, J. du Puy-de-Dome, l'Ami de la Patrie, J. de Clermont-Ferrand, Eclaireur. — Cognac, Indicateur. — Colmar, le Glaneur, Rhin, J. du Haut-Rhin, Impartial, Dimanche, Voix du Peuple. — Compiègne, Echo. — Condom, Echo. — Confolens, J. de Confolens. — Cosne, J. administratif. — Collommiers, Eclaireur. — Coutances, J. de Coutances. — Dax, Réveil, Echo. — Die, J. de Die. — Dieppe, Vigie. — Digne, Glaneur, Ami, J. des Basses-Alpes.

Dijon, *Elu, Union, J. de la Côte-d'Or, Spectateur, Ordre, Travail, le Travailleur.* — DINAN, *Union, Impartial, Dinanais, Sentinelle.* — DÔLE, *Album, Publicateur.* — DOUAI, *Réformiste, Indépendant, Libéral.* — DOUÉ, *J. de Doué.* — DOULLENS, *Authie.* — DRAGUIGNAN, *Union.* — DREUX, *J. de Dreux.* — DUNKERQUE, *Dunkerquoise, Commerce, J. de Dunkerque.* — ELBEUF, *Ami, J. d'Elbeuf, l'Industriel.* — EPERNAY, *J. d'Epernay, Echo.* — EPINAL, *J. des Vosges.* — E PALION, *Bulletin.* — ÉTAMPES, *Abeille.* — ÉVREUX, *Courrier.* — FALAISE, *Etoile, J. de Falaise.* — FÉCAMP, *J. de Fécamp, Nouvelliste.* — FIGEAC, *Impartial.* — FLORAC, *Propagateur.* — FOIX, *Ariégeois.* — FONTAINEBLEAU, *Indépendant.* — FONTENAY-LE-COMTE, *Indicateur.* — FORCALQUIER, *J. de Forcalquier.* — GANNAT, *J. administratif, Glaneur.* — GAP, *Annonciateur.* — GOURDON, *Gourdonnais.* — G URNAY-EN-BRAY, *Courrier.* — GRANVILLE, *J. de Granville, Pilote.* — GRAVILLE, *J. de Graville.* — GRASSE, *Affiches.* — GRAY, *Presse.* — GRENOBLE, *Courrier, Vœu national, Messager, Ami.* — GUERET, *Echo, Conciliateur.* — GUINGAMP, *Echo, Presse.* — HAVRE, *Courrier, Revue, J. du Havre, Arrondissement, Phare.* — HAZEBROUCK, *Ami, Indicateur.* — HONFLEUR, *J. de Honfleur, Echo.* — ISSOIRE, *J. d'Issoire.* — ISSOUDUN, *l'Echo.* — JOIGNY, *J. de Joigny.* — JONZAC, *Sérigne.* — LA CHATRE, *Echo.* — LA FLÈCHE, *Echo.* — LANGRES, *Messager.* — LANNION, *Lannionnais, J. de l'arrondissement.* — LAON, *Observateur, J. de l'Aisne.* — LAVAL, *Union, l'Indépendant.* — LE BLANC, *Affiches.* — LECTOURE, *Chronique.* — LE MANS, *Union, Courrier, Maine, Ordre.* — LIBOURNE, *Chronique.* — LILLE, *Echo, Gazette, Abeille, Indépendant, Liberté, Messager, J. de Lille.* — LIMOGES, *Echo, Conciliateur, le Vingt décembre.* — LISIEUX, *Lexovien, Normand.* — LODÈVE, *Echo.* — LOMBEZ, *Utilité.* — LONS-LE-SAULNIER, *Messager, Sentinelle, Intérêt, Tribune.* — LORIENT, *Nouvelliste, Lorientais.* — LOUDÉAC, *J. de l'arrondissement.* — LOUDUN, *J. de Loudun.* — LOUHANS, *J. de Louhans.* — LOUVIERS, *J. de Louviers.* — LUNÉVILLE, *J. de Lunéville, Petites-Affiches.* — LYON, *Moniteur, Tribune, Gazette, Courrier, Salut, Censeur.* — MACON, *Bourgogne, J. de Saône-et-Loire, Opinion, Mouche littéraire.* — MARENNES, *J. de Marennes.* — MARMANDE, *Echo, Revue.* — MARSEILLE, *Courrier, Gazette de Provence,*

Gazette du Midi, Indépendant, Nouvelliste, Sémaphore, Diapson.
— MAUBEUGE, *Indépendant.* — MAURIAC, *Annotateur.* — MEAUX, J. *de Seine-et-Marne, Publicateur.* — MELLE, *Echo.* — MELUN, *Affiches, Indicateur, Union.* — MENDE, J. *de la Lozère.* — METZ, *Courrier, Vœu national, Indépendant.* — MÉZIÈRES, *Courrier.* — MILHAU, *Echo.* — MONTARGIS, *Loing, Indicateur.* — MONTAUBAN, *Courrier.* — MONTBÉLIARD, *Doubs.* — MONTBRISON, J. *de Montbrison.* — MONTDIDIER, J. *de Montdidier. Propagateur.* — MONT-DE-MARSAN, J. *des Landes.* — MONTFORT-SUR-MEU, J. *de Montfort.* — MONTLUÇON, *Impartial, Courrier, Echo.* — MONTMÉDY, J. *de l'arrondissement.* — MONTPELLIER, *Messager, Indépendant, l'Ami des Salons.* — MONTREUIL-SUR-MER, *Montreuilloise, J. de Montreuil.* — MONTEREAU, *Courrier.* — MORLAIX, *Echo, Feuille, J. de Morlaix.* — MORTAGNE, *Affiches.* — MOULINS, *Echo, Mémorial, Constitution, Messager, Travailleur.* — MULHOUSE, *Affiches, Industriel.* — MURAT, J. *de Murat.* — NANCY, *Impartial, J. de la Meurthe, Espérance, Travail, Indicateur, Moniteur.* — NANTES, *Espérance, Alliance, Union, Breton, Etoile, Courrier, Phare.* — NANTUA, *Echo.* — NAPOLÉON-VENDÉE, *Publicateur.* — NARBONNE, *Narbonnais.* — NÉRAC, J. *de Nérac.* — NEUFCHATEAU, *Abeille.* — NEUFCHATEL, *Echo.* — NEVERS, J. *de la Nièvre.* — NIORT, *Revue, Organe, l'Etoile.* — NIMES, *Jurisprudence, Courrier, Gazette.* — NOGENT-LE-ROTROU, *Nogentais.* — NOGENT-SUR-SEINE, *Echo.* — NOYON, *Ami.* — NONTRON, *Nontronais, Union.* — ORANGE, J. *d'Orange, Ruche.* — ORLÉANS, *Moniteur, J. du Loiret, Union, Echo, Orléanais.* — ORTHEZ, *Mercure.* — PAIMBŒUF, *Echo.* — PAU, *Echo, Mémorial, J. des Pyrénées.* — PÉRIGUEUX, *Echo de Vézone, Ruche, le Périgord.* — PÉRONNE, J. *de Péronne, Gazette.* — PERPIGNAN, J. *des Pyrénées, Etoile.* — PEZÉNAS, *Languedocien.* — PITHIVIERS, *Courrier.* — POITIERS, *Courrier, J. de la Vienne, Echo.* — PONT-AUDEMER, J. *de Pont-Audemer.* — PONT-LÉVÊQUE, *Pays-d'Auge.* — PONTARLIER, J. *de Pontarlier, Courrier.* — PONTOISE, *Impartial.* — PRIVAS, J. *de l'Ardèche.* — PROVINS, J. *de l'arrondissement.* — LE PUY, *Annonciateur, Ami, Haute-Loire.* — QUIMPER, *Quimpérois, Impartial.* — RAMBOUILLET, *L'Annonciateur.* — REIMS, *Concorde, Industriel, Indicateur, Affiches.* — REMIREMONT, *Echo, Industriel.* — RENNES, J. *de Rennes,*

Progrès, Indicateur, Petit-Courrier, Auxiliaire. — RÉTHEL, *J. le Tribunal, Espoir.* — RIBERAC, *Libéral, Bulletin.* — RIOM, *Presse, Courrier.* — ROANNE, *Echo, Roannais.* — ROCHEFORT, *Tablettes, Travailleur, Union.* — LA ROCHELLE, *Ère nouvelle, Courrier, Echo, Charente-Inférieure.* — RODEZ, *Echo, J. de Rodez, l'Aveyron.* — ROMORANTIN, *Sologne.* — ROUEN, *Messager, Nouvelliste, Normandie, J. de Rouen.* — RUFFEC, *Observateur, J. de Ruffec.* — SAINT-AMAND-MONT-ROND, *Echo.* — SAINT-BRIEUC, *Bretagne, Publicateur, Foi.* — SAINT-CALAIS, *Antille.* — SAINT-CLAUDE, *Feuille d'annonces.* — SAINT-DIÉ, *J. de Saint-Dié.* — SAINT-ÉTIENNE, *l'Industrie.* — SAINT-FLOUR, *Haute-Auvergne, Impartial.* — SAINT-GAUDENS, *J. de Saint-Gaudens.* — SAINT-GERMAIN, *Industriel.* — SAINT-JEAN-D'ANGÉLY, *Echo, J. de Saint-Jean d'Angely, Affiches.* — SAINT-LÔ, *J. de Saint-Lô, Messager, Courrier.* — SAINT-MALO, *Commerce.* — SAINTE-MENEHOULD, *Revue.* — SAINT-MIHIEL, *Affiches.* — SAINT-OMER, *Indépendant, Eclaireur, Mémorial.* — SAINT-PONS, *Revue, Petit Glaneur.* — SAINT-QUENTIN, *Courrier, Guetteur, J. de Saint-Quentin.* — SAINT-SEVER, *Chalosse.* — SAINT-VALERY-EN-CAUX, *Pays.* — SAINT-YRIEIX, *Frelon.* — SABLES D'OLONNE, *Sablais.* — SAINTES, *Affiches, Indépendant, Travailleur.* — SALIES, *Salinois.* — SANCERRE, *Affiches, le Cher.* — SARREGUEMINES, *Petit Glaneur.* — SARLAT, *Sarladais.* — SAUMUR, *Courrier, Echo.* — SAVERNE, *Réalisateur, Feuille.* — SAVENAY, *Savenaisien.* — SEDAN, *Ardennais.* — SEGRÉ, *Mercure.* — SEMUR, *J. de Semur.* — SENLIS, *Courrier, J. de Senlis.* — SENS, *Senonais, Indicateur, Chronique.* — SOISSONS, *J. de Soissons, Argus.* — STRASBOURG, *Courrier, Affiches, Alsacien, Indicateur.* — TARASCON, *Conciliateur.* — TARBES, *Abeille, République, Reproducteur, Ère nouvelle.* — THIERS, *Album, J. de Thiers, Égalité.* — TOULON, *Toulonnais, Petites Affiches, Sentinelle.* — TOULOUSE, *Gazette, Midi, Indépendant, J. de Toulouse, Travailleur, l'Aigle, J. des Tribunaux.* — TOURCOING, *Indicateur.* — TOURS, *Commerce, J. d'Indre-et-Loire.* — TULLE, *Indicateur, Album, Union, Corrèze.* — TROYES, *Aube, Napoléonien.* — TRÉVOUX, *Journal.* — USSEL, *Facteur.* — UZÈS, *Petites Affiches.* — VALENCE, *Courrier, Commerce, Républicain.* — VALENCIENNES, *Courrier, Echo, Impartial.* — VALOGNES, *J. de l'arrondissement, J. de Valognes.* — VANNES, *Indépendant, Courrier.* — VENDÔME, *Loir.* — VERDUN, *Cour* rier. — Versailles, *J. de Seine-et-Oise, Concorde, J. de Versailles.* — Vervins, *Nouvelliste, J. de Vervins.* — Vesoul, *J. de la Haute-Saône, Courrier.* — Vienne, *J. de Vienne, Moniteur.* — V.gan, *Echo.* —Villeneuve-sur-Lot, *Progrès.* — Vire, *J. de Vire.* — Vitre, *J. de Vitré.* — Vitry-le-Français, *Echo.* — Vouziers, *Union, J. de l'arrondissement.* — Yvetot, *l'Abeille Cauchoise.*

PARIS. — DE SOYE ET BOUCHET IMPRIMEURS RUE DE SEINE, 36.

STÉNOGRAPHIE

DAGUERRÉOTYPE DE LA PAROLE

Par CH. TONDEUR

Cette Méthode, parvenue à sa quinzième édition depuis 1830, est *aussi facile à comprendre qu'à tracer et à lire.* Avec elle, on apprend, en moins d'un mois, seul et sans le secours du maître, cette écriture, véritable *daguerréotype de la parole.*

Toutes les personnes qui auront pu consacrer soixante heures de leur temps à cette étude seront émerveillées de trouver, dans certains cas, à l'aide d'un instrument qui prend la nature sur le fait dans son passage rapide comme l'éclair, les cours des professeurs, les discours des orateurs, reproduits sous leur plume et pour ainsi dire plaqués sur leur page blanche, comme s'ils avaient passé sous le rayon de la lumière phothograph que.

15e ÉDITION. — 1 VOL. IN-12. — PRIX : 1 FR.

En envoyant quatre timbres-postes bleus de 25 centimes dans une lettre affranchie, à **M. Ch. Tondeur,** rue de la Jussienne, 4, à Paris, on reçoit cet ouvrage *franco* par retour du courrier,

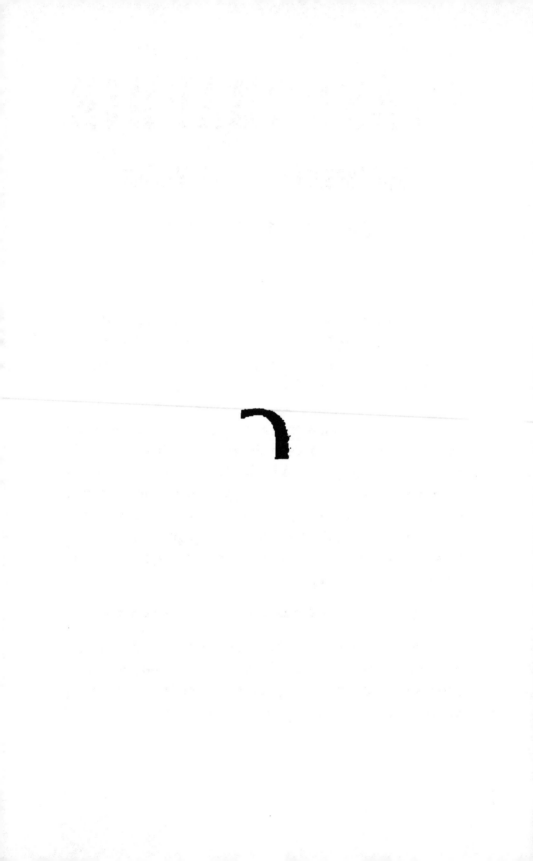

ERRATA

Nous avons dit, à la page 22, que M. Goupy se servait, dans différents journaux, du pseudonyme de Nozahic, cultivateur. C'est une
erreur grave que nous nous empressons de rectifier. MM. Goupy et
Nozahic, qui sont avant tout deux hommes de conviction et de talent, n'ont pas de pseudonymes; ils pensent ce qu'ils écrivent, et
ce qu'ils écrivent, ils le signent.

Page 41, ligne 37, au lieu de : *inconcevable,* lisez : *inconsolable.*

Page 84, ligne 25, au lieu de : *Mesvil-Blincourt,* lisez: *Melvil-
Bloncourt.*

Page 115, ligne 19, au lieu de : *Pour ce titre,* lisez: *Sous ce titre.*

CPSIA information can be obtained
at www.ICGtesting.com
Printed in the USA
BVHW041423220219
540923BV00007B/153/P

9 780260 380012